ウェブの民、未来へ向かう

21世紀のメガトレンド・デジタル文化とは何か

中村 重郎

東京図書出版

まえがき

「今日のイノベーションは明日の共通文化になる」(Today's innovation is tomorrow's common culture.)

北欧バルト三国のひとつ、エストニアの国立博物館の展示の中に書かれているこの短い言葉は、本書のメインテーマである「デジタル文化」の本質を、簡潔に言い尽くしている。これが出発点だ。

平成の時代は1989年から2019年までの30年間に及んだが、その時間の流れの中で、地球上の人々は未曾有の大変化を目撃した。それがアナログからデジタルへの社会パラダイムの大転換だ。そのコペルニクス的転回の実態については、この後本書でじっくり振り返ることにする。

では始まったばかりの令和の時代においては、この先、何が起きるのだろうか。もちろん具体的な事象を細かに予言することは簡単ではない。しかしマクロなトレンドはかなり正確に見えている。それは、「デジタル社会は、この先の令和の時代を通してさらに加速度的に進化する」ということだ。つまり、平成時代に人々を驚かせた以上の速度と、もっと大きなインパクトをもって、社会のデジタル化は広く、深く進展し続けるということである。それは地球規模の現象となるはずだ。

では、そのような嵐のような時代を生きる私たちは、ただ傍観しているしかないのだろうか。その嵐に備えるための行動は無いのだろうか。

あるとすれば、少しでもこのテクノロジー変化の本質を理解することに尽きる。技術は苦手だという方も多いだろう。その通り、簡単には現代テクノロジーの細部まで細かく把握することは容易ではない。またそれは理想だが現実的ではない。

しかし大事なことは、現代社会を襲うデジタル嵐の本質を少しでも自分の頭で理解することだ。嵐はどの方向に向かっているのか、どの地域で、どのような衝撃を与えるのか。そして、そもそも嵐がどのようにして生み出されるのか。そういうことを少しでも理解できているのとまったく想像もできないのとでは、嵐の受け止め方に大きな違いが出てくる。それがデジタル時代を生き抜くポイントだ。

本書を書き始める際に筆者が目指したのは、一般の現代人がデジタル社会の本質を理解するためのお手伝いをすることであった。勿論この本だけですべてを網羅することはできない。しかし、ここだけは押さえておきたいといういくつかのポイントを、なるべくわかりやすく解き明かすことには意義があると確信する。つまり本書のゴールは、現代人にとっての「デジタル社会のガイドブック」となることだ。

そして、世界に目をやると、エストニアやイギリスのように国家を挙げて社会人向けＩＴ教育に取り組んでいる国もすでに現れている。その詳細については本書の中で触れてみる。

さて、この嵐の深層をみてゆくと、そこにはデジタル文化の急速な普及がある。

あらためて平成の30年間にわたる情報テクノロジーの進化を総括してみると、その結果として出現した多様なイノベーションが、世界の人々の生活や思考を激変させ、地球規模の共通文化としてあらゆる場所に浸透していることを実感する。それがデジタル文化だ。そして、その文化を共有する人間集団が「ウェブの民」である。

有史以来、地球上に住むすべての人はどこかの国や地域に属している。「日本人」、「フランス国民」などという呼称は、その個人がどのような国家共同体に属するのかを明確に表現している。さらに「スコットランド人」とか「青森県民」のように、もっと小規模でより強い地域性を示す呼称も存在する。結局、すべての人は国民、市民、村民などと呼ばれるように、物質的領域性にもとづく社会秩序の中に組み込まれ生きてきた。そしてそのような共同体メンバーに共通する行動様式や思考様式が文化である。20世紀末まで、世界の多くの領域において地理的条件や民族性などに起因する多様な文化が形成されてきた。また宗教や信仰のように、地理や人種などの物質的条件を超越した精神的な共通文化も太古から存在してきた。

しかし21世紀になってから地球に住む人々の中に、過去にはなかった感覚が生まれ始めている。デジタルテクノロジーが急速に進化する現代において、人々は自分が属する物理的、地理的共同体、つまり国家や地域とは異なる、新たな居住空間の存在を意識し始めた。それが、（デジタル）ウェブ空間という非物質的な世界だ。

物理的な制約から解放された現代の人々は、地球上のどの場所にもネット経由で自由にかつ簡単にアクセスできる。リアルタイムで地球の裏側の現在の映像を見ることもできる。それがウェブ空間の特徴だ。ＳＮＳの中では直接会ったことのない人とコミュニケーションをもち、友人となることも可能だ。そこでは過去に体験したことのない仮想的な共同体が生成される。そしてこの新たな感覚は、既存の地理的、物質的な共同体の概念を拡張し、ウェブの世界を新たな生存空間としてとらえる社会観を生み出す。

つまり20世紀まで物質的な共同体の構成員にとどまっていた人類は、非物質的な居住圏であるウェブ空間においても行動できることを発見し、その中で生まれる仮想的な共同体のメンバーとしての新しい意識を獲得したのである。

そのようにして物質的空間と非物質的空間の両方を行き来する人々が「ウェブの民」である。２０１９年の現在、約40億人の「ウェブの民」が、スマートフォンという携帯型デジタルデバイスを身近におき、それを中心軸とするデジタルライフという行動様式、思考様式に移行している。それこそが、21世紀の大潮流（メガトレンド）すなわちデジタル文化に他ならない。

デジタル文化の背景には、新たなテクノロジーによって極限まで圧縮された時間と空間がある。距離と時差が存在しないことがウェブ空間の本質だ。そのような環境の中でデジタル文化は物質的な行動を情報処理に置き換える。アマゾンは、過去の消費行動の常識であった、店舗に出かけてほしい商品を探し、代金を払って自宅に持ち帰るという物理的プロセスを、いつでもどこからでも実行可能なネットショッピングという情報処理に置き換えた。そこには時間的、空間的制約は存在しない。

つまり「ウェブの民」はかつて物理的空間でしか成しえなかった行動を、ネットの中で簡単に実行できるようになったのだ。いわば物理的実空間とウェブ空間の両方を使い分けながら生活ができるのである。しかもウェブ空間で行動する機会はますます増加している。それがデジタル文化の実態だ。そしてこの二元的な生活圏を持つことが「ウェブの民」の特徴だ。「ウェブの民」が向かう未来には、２０１９年の現在では想像できないような何かが待っているはずだ。

本書が目指すゴールは、いまや21世紀地球の大潮流（メガトレンド）になった「デジタル文化」とは何か、またそれがどのようにして生まれたのか、そしてこの新しい流れは、「ウェブの民」となった現代人を未来のどこへ先導するのか、それを明確にすることである。

そのための手順として、まずアナログからデジタルへと技術の様式が移行したことが、21世紀の現代、つまり半世紀前の人にとっての未来の形成にどのような影響を与えたのか考察する。

次に、未来が形成される過程を、テクノロジーの進化と文化の相関性という視点から分析してみる。そのことが、今後の20年、30年先の未来を予測するためのヒントになると思われるからだ。

第一章「デジタルライフという生き方」では、スマートフォンという小型スーパーコンピュータが提供する多彩で便利な機能を、多くの現代人がほぼ終日利用し、その結果、生活全般がデジタルテクノロジーを前提とした様式に統一されていることを振り返る。そして、なぜデジタルライフがここまで普及したのか、その背景を解き明かす。

第二章では「デジタル文化とは何か」を探る。21世紀の時間と空間の関係が、過去のそれから大きく異なってきていること、そしてその結果として、現代人が新たな感覚を身に付け始めたことを見てゆく。また、文化全般を生活の文化、感性の文化そして知性の文化に分類し、デジタル技術がそれぞれの文化にどのような変化を及ぼしているかについて触れてみる。

第三章では最新のデジタル文化を支える新たなビジネストレンドを俯瞰する。21世紀になってビジネスの様相は一変している。主役はGAFAという略称で区分された21世紀型新興企業群（プラットフォーマ）に代わっている。そのビジネスモデルは20世紀のそれと全く異なる。GAFAのいずれの組織も、10億人から20億人規模の利用者、顧客を有する。そういう膨大な数の個人がネットワークで結ばれることが、プラットフォーマが提供する価値である。その仕組みについて第三章「プラットフォームの時代」の中で触れてみる。

第四章では、「デジタルの本質を理解する」というタイトルで、デジタル技術の全体像を簡単に紹介する。

筆者は２０１７年、『デジタル・ビッグバン　驚異的ＩＴ進化のメカニズム』という著作を出版した。この本は現代社会人の一般教養としての情報処理（ＩＴ）技術、特にデジタルテクノロジーの概要をまとめたものである。

同書の中のデジタル技術の核心部分を、第四章でおさらいする。

なお、前作が主にテクノロジーにフォーカスした「デジタル社会のガイドブック・技術編」であるのに対し、本書はデジタルがもたらした21世紀の世界的行動様式としてのデジタル文化、およびその社会的インパクトに焦点を当てた「デジタル社会のガイドブック・文化編」である。

第五章「グローバリゼーションとデジタル文化」では、経済のグローバリゼーションとデジタル文化の間には密接な相関性があり、両者が表裏の関係を成しながら刺激しあい、地球上の時間と空間が圧縮された過程を振り返る。

第六章「デジタル律とブロックチェーン」の中では、昨今何かと世間を騒がせているビットコインなどの仮想通貨を支えているブロックチェーン技術が、実は通貨の仮想化にとどまらない、大きな価値を現代社会にもたらす可能性を秘めていることなどに言及する。「デジタル律」とは筆者の造語であるが、それはブロックチェーン技術によって実現される完璧なコンプライアンス、すなわち法律や規範を厳格に順守するデジタルシステムを指す。

第七章「未来を創る」では、改めて未来がどのような過程を通して形成されるのか、米国ベル研究所、アップルなどの具体事例を通して振り返る。

そして、文化の継承を遺伝的プロセスとみなした、「文化の遺伝子：ミーム」という進化理論を紹介し、現代文化の継承にデジタルテクノロジーがどのようなインパクトを与えているのかについて考察する。

特に生物の遺伝子が前世代の遺伝情報を確実に継承することで生命を繋いでいるように、社会の永続のために変えてはならない文化が存在する点に注目する。

第八章「未来社会の課題」では、デジタル文化が迎える最初の試練として、昨今急速に懸念され始めた様々な社会問題にフォーカスする。そこでは、膨大な個人情報の管理、情報独占に脅かされる自由競争、既存税制の限界、デジタル難民という社会の分断化、時代に遅れ始めた国家の現状などについて触れる。

そしてデジタル文化の出現によって既存の秩序が多くの分野において揺らぎ始めた中、世界の国々や地域が危機感のもとに開始した、様々な対策の最新状況をまとめてみる。

最後の第九章では、未来に最も近い国、エストニアが提唱する最新の「電子国家」の形態を紹介する。物質的な既存国家と、ウェブ空間内に新たに考案された、電子住民e-Resident、電子居住e-Residencyが共存する新たな国民と国土のコンセプトに触れる。またデジタルＩＤ（アイデンティティ）、インターネット選挙など、未来社会への先駆け的な試みを分析する。

翻って日本の現状に目をやると、かつてテクノロジー先進国として世界に一目置かれたわが国は、ウェブ時代の流れに遅れ始めたのではないかという不安を抱かせる状況にある。

２０１９年に入り、日本政府は３年前の導入以来普及が伸びないマイナンバーを、改めてデジタルＩＤの切り札と位置付け、「デジタルファースト法案」を国会に提出した。だがエストニアで同じ内容のプロジェクトが始まったのは20世紀末だ。約20年近く遅れている。

医療分野だけ見ても両国の差は明白だ。

高齢化社会が進む日本では医療費が年々増大する一方で、電子カルテの普及率は全国の診療所、病院で約３割にとどまり、医療の情報化と効率化は遅々として進まない。いまだに紙カルテ中心の医療現場なのだ。エストニアではほぼ１００％医療情報の電子化が実現されているが、日本の医療デジタル情報活用は、マイナンバーの健康保険証利用という、スタート地点にやっとたどり着いたありさまだ。医療機関の間で診療録の共有もできない。

社会のＩＴ活用において、明らかに日本はエストニアの後塵を拝している。

勿論、国家としての規模が異なるからエストニアより日本は複雑で難しい事情があるという意見ももっともだ。しかし、人口比較でみると1億3千万人の日本は、１３０万人のエストニアのたかが１００倍に過ぎない。そして現代のデジタル技術は１００倍の規模の違いなど苦にもしない。

問題の本質は、すでに制度疲労を起こしつつある現代日本社会の仕組みを、最新のテクノロジーを活用してどのような未来型に変化させるべきかという国家戦略の有無にあるのだ。

そして他の大国も迷走している。１９８８年に「ベルリンの壁」が崩れて世界が一変してから約30年も経過したこの時点で、米国は「トランプの壁」を建てるか否かで揺れている。グローバリゼーションが進み、国境は消え、ボーダーレスなネットコマースが地球規模で広がる中、時代錯誤的な保護貿易に回帰するその姿は、明らかに時代のトレンドに逆行している。そして中国はデジタル独裁をもくろんで国民を監視しようとする。テクノロジーの負の側面を悪用する行為だ。

規模では大国といわれる国々が、デジタル近代化の潮流から外れつつある。20世紀の先進国であった国々は、未来国家への道を見失いつつあるように見えるのだ。

今一度謙虚に、デジタル化する世界の実情を認識し、未来に向かってなすべきことを自覚する必要がある。自戒の念を込めて。

現在とは過去から見た未来である。デジタル文化が創造された経過をたどり、未来の社会や国家の姿をイメージすることで、未来に向かうためのヒントを読者に提供できれば幸いである。

中村重郎

令和元年十月

ウェブの民、未来へ向かう

21世紀のメガトレンド・デジタル文化とは何か

◎

目次

第七章　未来を創る……214

第八章　未来社会の課題……255

第一章

デジタルライフという生き方

☑液状化する社会とデジタル・ハブ

２００２年６月９日、『ニューヨークタイムズ』のインタビューを受けたロック・ミュージシャン、デビッド・ボウイは、将来の音楽ビジネスについて、こうコメントした。

「もはや音楽レーベルとか音楽配給システムは機能しなくなる。10年以内に、誰も止めることのできない大変化が音楽の世界に起きるはずだ。音楽の著作権は無くなるだろう。音楽は、水道や電気のようになってしまうのだ。残された唯一の道はコンサートツアーだけだ。」（筆者訳）

このボウイの嘆きの背景には、インタビューの前年、音楽業界を襲った激震があった。

２００１年、アップルコンピュータのスティーブ・ジョブズが発表した新たな音楽プレーヤiPod（アイポッド）は、それまで長年続いてきた音楽ビジネスの秩序を根底から破壊する過激な機能を備えていた。iPodは、「１０００曲をポケットに」というキャッチフレーズが示す通り、それまでの音楽プレーヤの常識を覆す容量、操作性、携帯性、価格をもって登場し、音楽市場に大きな衝撃と不協和音を与えたのであった。

ボウイの予言は的中した。

その後音楽産業は水道のようなビジネスになった。２０１９年現在、音楽ビジネスの覇者は、スポティファイSpotifyやアップルMusicに代表される音楽ストリーム配信「サービス」である。月決めの少額な料金を払えば、数百万曲の中から好きな音楽を自由に聞き流すことができる。

水や電気のようになったのは音楽だけではない。過去に世界市場を支配してきた多くの物質型製品も、今日では、安価でユビキタスなサービスに置き換えられつつある。物資的モノ創り企業の象徴であったトヨタ自動車の豊田章男社長は、ソフトバンクとの業務連携の発表席上、MaaS（Mobility as a Service）というサービス業態へのシフトを発表して世間を驚かせた。

つまり社会全体が個体型製品を購入して所有するというスタイルから、製品機能をサービスとして自由に使用するという流体型のスタイルに移行しているのだ。そして、こういう近代社会の在り様を、ジークムント・バウマンは「液状化社会（リキッド・モダニティー）」と命名した。それは世界的なトレンドであり、デジタル社会を象徴する特性なのである。

21世紀が始まった直後の２００１年、ジョブズは、コンピュータは将来人々の生活に欠かすことのできない存在になり、デジタルライフの中核を占める、「デジタル・ハブ」になると予言した。そしてその予言から約20年後の今日、世界はスマートフォンを中心とする携帯型（モバイル）デジタル・ハブによって席捲されてしまった。

今日、現代人は多くの行動をこのデジタル・ハブに依存している。電車に乗るときは切符になり、商品を購入するときは財布になり、予定表も住所録もその中にある。音声電話もメールもSNSも、チケットの購入もレストランの予約も、アマゾンのネットショッピングも、このデジタル・ハブが手伝ってくれる。

いつの間にか現代人の生活は、デジタル情報処理と表裏一体になっている。それがジョブズの予言したデジタルライフなのだ。そしてそれを支えているのは、ポケットの中のスマートフォン、すなわちモバイルデジタル・ハブである。いまや現代人の毎日は、モバイルデジタル・ハブが提供する多様なサービスを中心として営まれている。

文化とは「一定の人間の共同体（グループ）が、それ自身の特定の生活理想を目指して徐々に形成してきた生活の仕方とその諸表現」（『広辞苑』）と定義される。現代の地球上では約40億人の人々がモバイルデジタル・ハブを使用している。つまり地球の人口の過半数を超える人々の集団が、それぞれの生き方に合わせた、様々な形のデジタルライフを営んでいる。しかもその集団は、国籍、人種、信仰する宗教、支持するイデオロギー、思想・信条に関係なく地球上に遍在する。

これが21世紀になって地球上に普及した新しい行動様式、すなわちデジタル文化である。そして、この文化を共有する人間集団が「ウェブの民」なのだ。

米国の英文学者・文化宗教歴史学者、ウォルター・J・オングは、その著書『声の文化と文字の文化』の中で、文字という新たなメディアの出現が社会とその文化にもたらした新しい関係をこう述べている。

「書くことの知識を全く持たない声の文化から、文字の文化への移行は人間の生活の中で生じた非常に大きな変化です。（中略）最初の書かれたものが出現して以来、社会の過程や構造に限りない影響を与えてきました。（中略）現在の電子的なコミュニケーションは、ラジオやテレビによる〝二次的な声の文化〟を生み出すとともに、一種の新しい電子的な視覚中心の考え方 electric visualism を生み出します。」

オングがこのように述べたのは１９９０年である。それからすでに30年が経過し、画期的メディアとしてのデジタルテクノロジーがもたらした新しい行動様式は急激に地球を覆いつくしつつある。文字の文化の出現に匹敵するこの衝撃こそが、デジタル文化の誕生なのだ。

コンピュータが一般の市民に使用されるデバイスとして定着し始めてから約40年。ウェブが出現してから約30年。２０１９年の今日の世界は、30年、40年前の当時の人々にとっては未来であった。そして私たちは未来が創られる過程の目撃者でもあった。だが、その間に、どのような発明や製品や新技術が、未来の一部を構成するようになるのか、確実に予測してイメージできた人は少ない。しかし、結果的にデジタル文化は地球上に普及した。そして40年前の人にとっての未来であった現在が出来上がったのだ。

☑スマートフォンなしで生きていけますか

現代人にとってスマートフォンは日々の生活に欠かせない必需品になりつつある。われわれは、朝起きてから夜眠りにつくまでの間、いったいどれだけの行動を、このデジタル機器に支えてもらっているのだろうか。

スマートフォンを常に持ち歩いている、典型的な30代のビジネスマンは、自分の一日の行動を、こんなふうに独白するだろう。

＊＊＊＊＊＊＊＊＊＊＊＊＊＊＊＊

私の一日の行動は、様々な場面でスマートフォンが提供する便利な機能に助けられている。まず起床するとき、目覚まし機能が役に立つ。朝食を食べながら、今日のおおよその行動予定を確認するのが最初の日課だ。駅に向かうまでの間、万歩計機能が自動的に歩数を計測する。改札はスマホ版定期券をかざすだけでよい。電車の中では、仕事のメールを確認し、必要ならすぐに返信する。ルーティン行動として電子新聞のニュースチェックも怠らない。

昼休みになるとグルメアプリで最寄りの飲食店の本日のスペシャルメニューを確認する。ビジュアルな盛り付けの料理が配膳されたときは、「インスタグラムにアップしたら評判になるかも」などと思いながらすかさずカメラで写す。

午後の取引先への訪問は初めての場所なので、乗換案内アプリで経路と所要時間を確認する。意外と複雑なロケーションだったので、地図アプリを立ち上げ、GPSで自分の現在位置を確認しつつなんとか取引先に到着。いただいた先方の名刺は、名刺管理アプリを使って写真付きで保存する。画像から情報を読み取り、自動的にデータベースに保存してくれるので便利だ。

いつもよりハードな今日の仕事を終え、遅めの帰宅。夕食のあと、生後半年を経過した長女の「今日の写真と動画」を撮影し、家族アルバムアプリに何枚かをアップロードする。早速九州の両親が反応する。続いて北海道に住む義母も「かわいい」とコメントをよせる。毎日、孫の姿をアプリで見るのを楽しみにしながら、新しい画像や映像を待っている。

すると突然、スマートフォンの地震警戒警報のコールが始まった。念のため家族を一緒の部屋に集める。幸い大した揺れではなく、一安心。だが待てよ、前から気になっていた災害対策用グッズをこの機会にネットショッピングで購入しよう。2日以内に届くとのこと。

そろそろ眠くなってきたが、夜は癒やしの音楽が欠かせない。AIスピーカに向かって、「OKグーグル、スポティファイでイリアーヌ・イリアスを再生して」と呼びかける。女性にしては低音のイリアーヌの声が、甘美なジャズバラードとなってスピーカから流れ出す……。ウトウトしてきた。

＊＊＊＊＊＊＊＊＊＊＊＊＊＊＊＊＊＊

この架空のビジネスマン氏のように、現代人は実に様々な日常行動のなかで、四角の枠で囲まれたような、最新のデジタルシステムの恩恵を受けている。わずか20年前には、そのようなサービスはほとんど存在すらしていなかった。人々は全く違う生活を送っていた。しかし、21世紀になって、人間の行動は大きく変化した。テクノロジー進化がもたらした、便利で、経済効率の高いライフスタイルが市民の生活の隅々にまで浸透したのである。

「デジタルライフ」とは、そういう生き方の代名詞だ。

『平成29年版情報通信白書』によると、２０１６年の日本におけるスマートフォンの個人保有率は全世代平均で約57％であった。その値は、２０１１年の約15％から約４倍に増加している。年代別では10代、20代の若者層の保有率が90％を超える一方、70歳以上の高齢層では10％前後にとどまっている。また利用時間も若年層ほど高く、接続先としてはメール、ＳＮＳが上位を占めている。

スマートフォンの利用者は増加しているが、パソコンのそれは減少の傾向にあり、40歳以下の世代ではスマートフォンの利用が、パソコンを上回ると報告されている。

白書が示す、利用実態に関する指標から、日本の社会において、生活の中にスマートフォンが急速に浸透している状況が把握できる。世界全体でも同様の傾向が報告されている。

そして、この地球規模の潮流が発生しているのには明確な理由がある。

まず、モバイルデバイス特有の、いつでもどこでも手軽に利用できるという携帯性・至便性は、現代のリアルタイムな要請に応える特性である。部屋の中に固定されたパソコンから、優れた機動性を備えるスマートフォンへとユーザシフトが起きるのは自然な流れだ。携帯できることは、いろいろな行動の中で、時間、場所を問わないライブ感あふれる情報交換を可能にする。空間と時間が極限まで圧縮された現代を生き抜くためには、同時性と越境性は必須の条件である。日中はほぼ身近から離れないスマートフォンは、現代文明の申し子そのものだ。

つぎに、スマートフォンは、もともと利用できるプロダクトやサービス機能が多彩であるが、それにとどまることなく、App StoreやGoogle Playなどのストアに、毎日のように新しいアプリケーションが追加され、利用可能なサービスの品ぞろえが増えていく。つまりスケーラブルなのだ。そのことが、スマートフォンの付加価値を高め、新たなユーザの獲得につながり、爆発的普及をもたらしている。

iPhoneやAndroidはアプリケーションのサービスメニューを最初から固定的に用意しているわけではない。スマートフォンが普及するにつれて出現するであろう、新たな消費者ニーズや需要に応えるため、あらかじめ工夫が織り込まれている。それがApp StoreやGoogle Playなどのストア環境なのだ。

それは、外部のソフトウェア企業が新しいアプリケーションソフトを開発して登録するための「供給の場」であるとともに、それらのアプリをスマートフォン利用者が容易に発見できるようアレンジされた「需要の場」でもある。

スマートフォンはそのような仕組みを通して、新たなニーズとシーズをダイナミックにマッチングしているのだ。

そして、App StoreやGoogle Playは新たなアプリケーションベンダーを育てるための支援機能でもある。スマートフォンビジネスの周囲の新たなプレーヤを育成する、いわばインキュベーション・システムでもあるのだ。最近、そのような創造型インフラストラクチュアは、オープン・プラットフォームと呼ばれ始めている。

このような総合環境は、ある意味でのエコシステム（生態系）と呼べるだろう。いろいろな動植物が共存し、ある時は競争相手になり、別な時は相互に支えあう仲間になり、ともに生きていくという森の生態系に類似した空間がウェブの中に出現している。これがデジタル・エコシステムだ。その中核をなすのがスマートフォンというデジタル・ハブツールである。

人々がデジタル環境を基盤として生きる生活様式は今後もますます拡大し成長してゆくはずだ。デジタルライフとはそのような行動様式である。

☑ジョブズが予言したデジタル・ハブ

21世紀を迎えたばかりの2001年ころ、狂乱のドットコムバブルがはじけ、米国NASDAQ市場の平均株価がピークから半減した時期、パーソナルコンピュータの役目が終わったのではないかという悲観論が囁かれ始めた。

しかしアップルコンピュータの創業者、スティーブ・ジョブズはそれをきっぱりと否定し、こうコメントした。

「パーソナルコンピュータは脇役になどならない。音楽プレーヤからビデオレコーダー、カメラにいたる、様々な機器を連携させる〝デジタル・ハブ〟になる」

この時点ですでにジョブズの頭の中には、デジタルライフスタイルの予感があり、その行動の中心には、コンピュータの役割をさらに拡大した、「デジタル・ハブ」が存在すべきであるという信念を持っていた。

そしてその信念は、2007年iPhoneの発売を機に、一気に現実のものとなった。スマートフォンがデジタル・ハブの概念を初めて具現化した製品であることを、市場はすぐに認識した。iPhoneだけでなく、競合するAndroidも爆発的に普及し始め、2010年には、スマートフォンの総出荷数が、パソコン全体（含むノートブックPC）のそれを上回ったのである。

それを象徴するかのように、この後、「アップルコンピュータ」は社名を「アップル」と変え、自らをコンピュータ会社ではないと宣言した。

それでは、ジョブズが世界に訴えた「デジタル・ハブ」とはどのようなコンセプトなのだろうか。

図1―1には、最新のスマートフォンが有する代表的な機能を主要な7タイプに分類してある。

あらためて整理してみると、スマートフォンが実に多様な機能を備えており、現代人の行動を幅広く支援していることがよくわかる。

各機能の大まかな特徴と役割をまとめてみよう。

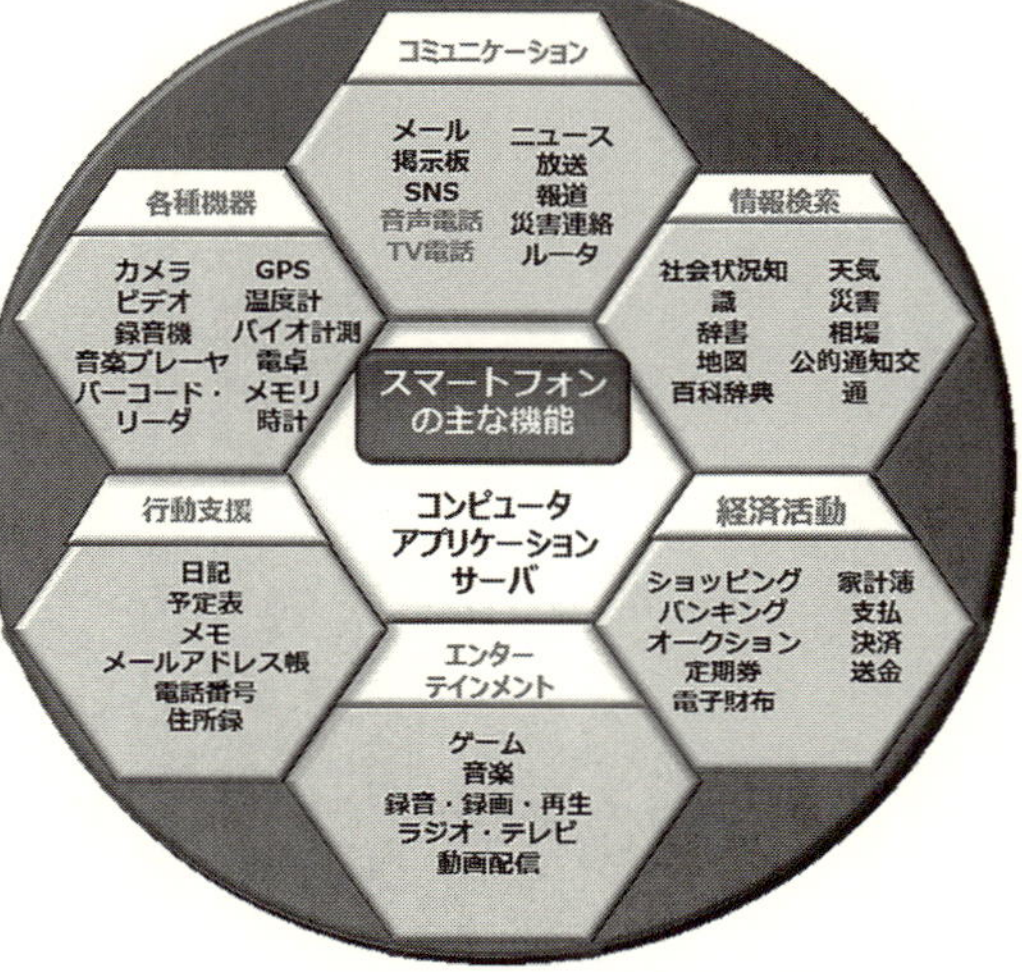

図1-1　スマートフォン機能の全体図

◇コンピュータ、アプリケーションサーバ機能

まずスマートフォンは、技術的には間違いなくコンピュータそのものである。その形状があまりにも小型で、かつ容姿は電話機タイプの端末形状に見えるため、通常のコンピュータの標準的なイメージ、つまりコンピュータ本体部・ディスプレイそしてキーボードという三位一体型のスタイルとは異なる機器に見える。しかし、過去半世紀の半導体技術進化の成果を随所に採用し、現代のほぼ最高処理能力を備えた小型コンピュータである。図1－1の中心にそのことが示されている。

◇コミュニケーション機能

優れたコンピュータ能力を持つスマートフォンであるが、科学計算などのいわゆるデータ処理機能だけでなく、電波通信と表裏一体となったコミュニケーションツールとしての利活用が現代の主要な用途となっている。これは拙著『デジタル・ビッグバン』の中でも言及したが、創世期には孤立した電子「計算機」に過ぎなかったコンピュータの社会的価値を飛躍的に向上させたのは、80年代に登場した電子メールである。それまでの電話やファクシミリに代わる高速でグローバルな通信手段として認知されて以来、コンピュータはコミュニケーション時代の寵児となった。さらにインターネットの出現が電子掲示板、ウェブサイトなど、多彩なコミュニケーションツールを生み出し、コンピュータの活躍の場を拡大した。そして、21世紀に入り、

ＳＮＳという20世紀までには全く存在しなかった斬新なコミュニケーション宇宙が出現すると、その環境の中で、独創的なアイデアにもとづく21世紀型ビジネスが次々に誕生し、瞬く間に地球上に広まった。そしてその根底では、個人から個人への柔軟性に富むコミュニケーション機能が重要な役割を果たしている。つまりスマートフォンがもたらしたコミュニケーション革命が、21世紀型ビジネスの創世に繫がっているのだ。

先述した『情報通信白書』のなかでも、全ての世代に共通する傾向として、スマートフォンの最大の利用目的はＳＮＳ環境の中での多様な行動であると報告されている。

そしてスマートフォンが提供するコミュニケーションは、既存のマスメディアの存在を揺るがす社会的インパクトを与え始めている。米国トランプ大統領がツイッターを愛用し、マスメディアをフェイクニュースと揶揄するのはさておくにしても、ほぼ24時間利用者が分身のように傍らに置くスマートフォンのコミュニケーション能力は、既存の社会的メディアの存在意義を問うまでの影響力を持ち始めたのだ。そして極限的なリアルタイム性が強く求められる災害時の緊急情報通信の分野においては、スマートフォンに代表されるモバイル機器の価値は計り知れないほど大きい。

◇情報検索

現代人は知りたいことをその場ですぐに確認できる。会議の途中でも、授業の中でも、ほとんどの質問にスマートフォンが答えてくれる。もっとも実際の知識の源は、背後に控えるクラウドの中にあるのだが、スマートフォンがその窓口になっている。自分の記憶も行動の記録も、生活に必要な情報もすべてスマートフォンに聞けばよい。現代は、社会生活に必要な情報は、間違いなくデジタル化されて社会に公開されている。公的情報はよほどの例外を除いてウェブでも確認できる。

公共機関ではない民間企業も、自社製品やサービスに関するほとんどの情報をデジタル形式で公開している。したがって、現代で最も価値の大きなデジタルサービスのひとつは情報検索である。グーグルは会社創立時点で、すでにそのことを見抜いていた。その先見性が今日の繁栄の礎になっている。

日常生活に必要な些細な情報も検索の対象だ。

加えてスマートフォンのカメラ機能も便利な情報管理ツールだ。電車やバスの時刻表は、カメラで撮影して画像として保存するだけだ。もちろん検索してもよい。ちょっと複雑な家電の取り扱いマニュアルも、頻繁に参照する箇所だけ写真で残すのが便利だ。結局画像としてデータを記録し、それを検索しているのだが。

2年前の夏はどこへ旅行にいったのか、予定表の中に記録されている。もちろん、住所録や電話番号は言うまでもない。

最新のiPhoneのデータ容量は平均的ユーザで32ギガバイトから64ギガバイト程度である。

一般市民が大事な情報を記録するには十分すぎる容量だ。

いまやスマートフォンは人間の記憶を肩代わりしてくれると言っても差し支えない。

元グーグルCEO、エリック・シュミットはこう呟く。「すぐ先の未来、あなたは何ひとつ忘れることはない。コンピュータがすべて覚えていてくれるからだ」。また米国のIT論客ケヴィン・ケリーはこうも述べている。「クラウドは人生のバックアップだ。自分の人生はグーグルで検索できる」。そのバックアップにアクセスするためにはスマートフォンが最も便利なのである。

◇経済活動

スマートフォンの機能の中で、いろいろな消費行動、経済活動の手助けになる便利なサービスやアプリは、今日では新たなビジネスモデルが生まれる土壌になりつつある。

ネットショッピング、ネットオークションなどの商取引、ネットバンキングやオンライントレード、スマホ決済、クラウドファンディング、海外送金のような金融活動、家計簿アプリやフリマアプリなどのような手軽な経済ツール、そしてスマホ定期や電子財布などのお手軽ツールなど、一般消費者の日常行動をきめ細かく支援する多様なサービスやツールが続々と出現している。そういう手軽で低コストのサービスは、既存の金融機関が長年提供してきた、遅くて、高料金のシステムに不満を抱いていた多くの消費者の支持を受け、金融分野におけるグローバルな一大ムーブメントとして定着しつつある。それがフィンテックの本質なのだ。

前述のケヴィン・ケリーは、「今では殆ど誰もがポケットにスーパーコンピュータを入れていて、そこではまるで新しい経済原理が働いている」とコメントする。世界中の数十億人の人々が、最新のテクノロジーを所有して前例のない経済行動を起こすと、どのようなことになるのか。ネットコマースやフィンテックは新たな経済パラダイムを作り始めている。

結局デジタルライフの普及が世界経済を大きく動かすパワーの源になっているのだ。デジタル文化が人々の生活様式を急速に変化させ、それに付随して経済分野においても過激なパラダイム変化が発生しているのである。

◇エンターテインメント

十代、二十代のスマートフォンユーザにとって、ゲームに費やす時間は相当量に達すると報告されている。そしてコンピュータゲームと呼ばれた初期のゲームソフトに比べて、21世紀のゲームソフトはテクノロジー進化の推進役にもなりつつある。

例えば、格闘技ソフトの中には最新の人工知能ＡＩ技術が様々な形で埋め込まれている。敵のキャラクターの攻撃に対していかに効果的に反撃するのかという、瞬間的な判断と行動は、あらかじめプログラムされた固定的なパターンではなく、その場その場の状況に応じてゲームソフトの主人公が自律的に決定するというアルゴリズムによって導きだされる。それはまさに人工知能が目指す人間的な判断そのものである。外界からの刺激をどのように認知して、人間の脳は何をベースにして反応するのかということは、普遍的な知能の構造を解き明かすための基本的な命題である。

したがって格闘技ゲームに採用されている、場面に応じたリアルタイムな状況判断を、自ら連続して実行するというアルゴリズムは、自動走行車などへの応用の可能性を持っている。

現実問題において、いきなりリアルタイムな人工知能を応用することは容易ではない。したがって研究室で開発されたＡＩは、ゲームのようなシミュレーション空間で検証されたのちに、実世界に供されるというプロセスを辿ることになる。

格闘技ソフト以外にも、最新のＡＲ（拡張現実感技術）をベースにした一例はPokémon GOだ。現実の風景の中で仮想のポケモンが動き回るというゲームは、リアル空間と情報空間の統合として、ほかの分野への応用の可能性を期待させるテクノロジーだ。医療分野では内視鏡でモニターされた現実の人間の臓器の映像と、別に計測されたバイオデータを重ね合わせて表示する手法などが実用化されている。いわば視覚で得られる現実と、計測された数値データの統合である。これがさらに発展して、過去の治療歴データまで重ね合わせると、空間の中に時間を埋め込んだことになる。ＡＲ技術の将来性には、多くの分野から期待が寄せられている。

エンターテインメントの他の領域では、前述の音楽配信ストリームSoptifyや動画配信サービスNetflixなどが、既存の記憶媒体ベースの物質型ビジネスを駆逐しつつある。YouTubeは新作だけでなく、過去の映画や音楽の発掘と再評価のための環境であるとともに、個人のパフォーマンス発信のツールにもなっている。そしてこのエンターテインメント分野では、物体型商品からサービス型ビジネスへの業態変化が著しい。

◇行動支援

一昔前、電子手帳というツールが重宝された時期があった。メール機能も備え、一通りネットアクセスも可能であり、日本のビジネスマンの間にも好意的に受け止められていた。それは、対象領域を絞った、いわば「行動支援専用」デジタル・デバイスであったといえよう。

現代の包括的デジタル・ハブであるスマートフォンには、さらに進化した行動支援の仕組みが組み込まれている。その進化は過去にだれも想像できなかった現代人の行動に現れている。

例えば電話帳や住所録の情報を操作する際に、ＡＩスピーカと連動させて、メールの送信や、電話コールを、音声で指示することが可能だ。

iPhoneの場合、バーチャル・アシスタントのSiriを呼び出し、「Aさんに電話をかけて」と指示すると、電話帳に登録されているAさんの番号をコールしてくれる。

メールの場合は、「Bさんにメールを送信して」と告げると、「タイトルを（音声で）入力してください」と返ってくる。タイトルを音声入力すると、直ちに、「本文を（音声で）入力してください」と続く。入力した内容はすぐに文字化されて表示される。最後に「この内容で送信しますか」という確認に対し、「送信して」と指示するとメールは発信される。

同様に、明日の行動予定をSiriに尋ねると、「明日10月1日は9時から12時まで営業会議です」と答える。

これらの機能が新しい時代を感じさせるのは、行動支援の情報を保存して表示するだけでなく、電話帳情報であればその情報をもとに「電話をかける」、あるいはメールであればメール内容の入力を促した上に「メールを発信する」という「行動」そのものまで実行してくれるのである。その意味では行動「支援」というよりも、行動「代行」と呼ぶべきかもしれない。

ＡＩスピーカと連動させた、このようなスマートフォンの活用は、「会話エージェント（代理人）」機能とも呼ばれている。あたかもスマートフォンの中に自分の代理人が住んでいて、声の指示に従って忠実に、何かのアクションを起こすというわけだ。

未来形デジタル・ハブには、いろいろな機能の中にエージェントが出現すると予想される。現在「会話エージェント」として最も注目されているのがアマゾンのＡＩスピーカＥＣＨＯに連動する人工知能アレクサAlexaだ。アレクサの最初のステップでは、音声指示に基づいたネット検索、音楽再生、商品購入などが主な機能であった。その後、アマゾンはサードベンダーに向けて音声サービスのＡＰＩを公開し、Alexaと同期可能な家電製品をパートナー企業が開発できる道を拓いている。

またサードベンダーがＥＣＨＯにスキルSkillというアプリを追加して、アレクサと連動した機能やサービスを提供することも可能である。そのためのツールキットが無償公開されている。

◇各種機器機能

現代のスマートフォンには多くの機器機能やセンサーが埋め込まれている。カメラや音楽再生機能はもとより、バーコードリーダ、GPS、人体のバイオ計測器など、多様な機器としての機能を備えている。センサーで計測されたデータは、すべてデジタルデータに変換され、デジタル処理に供される。かつて先人たちが、大変な苦労をした、アナログ計測→デジタル変換→各種数値分析→図示化→報告という一連のプロセスが、スマートフォンというセンサー付き小型スーパーコンピュータの中でいとも簡単に、かつ高速に処理されている。その意味では、スマートフォンは現代人が持ち歩く多様で包括的なセンサー機器であり、かつデジタル変換器でもある。そのような処理プロセスを経て、現代人の生活に関する膨大なデジタルデータが日々生成され続けているのだ。

世界中で数十億の人たちが高性能センサーを備えたスマートフォンを常時持ち歩き、様々な情報を計測することは、個々人の消費活動というミクロな行動データから、地球規模の経済活動のマクロな社会データに至るまで、まさにビッグデータを常時収集することにつながっている。スマートフォンというデジタル・ハブは人間が介在するＩｏＴ機器でもあるのだ。そのデータを用いた本当の価値創造はこれからだ。

ここまで見てきたように図1－1はスマートフォンが持つ、いくつかの本質的な特徴を明確に示している。

まず、前述の通り、スマートフォンはすでに包括的な製品やサービスの提供ツールになっている。したがって「フォン」という接尾語は不似合いである。電話機としての用途は、コミュニケーション機能の中のごく一部であることは明らかだ。また前述の『情報通信白書』の資料でも、電話として使用している時間は極めて少ないと報告されている。全世代に共通した長時間の使用法はＳＮＳ、ウェブサイトの閲覧、メールの読み書きなどとなっている。

二つ目の特徴は、それぞれの機能を具体的に実行するためのアプリケーションが、スマートフォンの背後に存在する巨大なコミュニティへの窓口となっていることだ。例えば「コミュニケーション」の中の「ＳＮＳ」アプリの一つであるFacebookを起動すると、全世界で約24億人の規模を有するダイナミックなＳＮＳ共同体に、リアルタイムで参加することになる。別な表現をすると、Facebookアプリは地球規模のエキサイティングなコミュニティ活動への扉なのである。

しかも、そういう扉がいくつも用意されている。何かを調査したいときは、Googleの扉をあけるだけでいい。直ちに世界最大規模の図書館を上回る規模と質を有する、最新の知識データベースにアクセスできる。Amazonの扉はグローバルなスケールのショッピング市場へつながっている。銀行の店舗に行く代わりにネットバンキングの扉を開けばよい。ビートルズのデビュー前の映像を見るにはYouTubeの扉経由で、ゲームをしたければポケモンGO、台風の進路は災害情報サイト、つまり市民行動のありとあらゆる領域をサポートしてくれる強力な情報インフラがその背後に控えており、そこにたどり着くためには、アプリケーションという様々な扉を開けるだけでいいのである。

「ハブ」と称する理由はここにある。ハブ空港が世界中の多くの国や地域に直接つながるのと同様に、スマートフォンという名前のデジタル・ハブは、多様なデジタル・ワールドへの出入り口になっているのだ。

☑リアル／物質型社会から、デジタル／情報型社会へのパラダイムシフト

21世紀を迎える直前の１９８０年代ころから「情報化社会」という言葉がよく目につくようになった。その背景には、実験室から現実社会に飛び出したコンピュータ機能の高速化、価格の低廉化があった。創世期のコンピュータは特に科学技術分野の性能計算や、経理処理などの計算業務において、人間の能力をはるかに超える、正確さ、高速性さを発揮し、社会の中に自

らの定位置を見出した。しかし、その時点では、数値計算に関する人間活動を、コンピュータが代替するという程度の影響度に過ぎなかった。

しかし、21世紀の今日、デジタルテクノロジーは社会全体のパラダイムを大きく変貌させている。それは、現実世界のリアルな物質中心であった社会構造が、デジタル化された情報世界を中心とする構造に大きく移行しているという変化である。別な表現を用いると、目に見える現実のモノの世界（リアル空間）に、デジタル化された情報の世界（デジタル空間）が加わったということだ。そして、このデジタル空間の存在が日に日に大きくなりつつある。そして人々はリアル空間とデジタル空間を行き来しながら行動できることを知った。それが「ウェブの民」の特徴なのである。

経済活動を考えると、その中には「情報型」商品が存在する。その商品に物質的価値があるわけではなく、その商品が持つ情報こそが価値をもつというジャンルの商品である。典型的な例は、「本」だ。紙で製本された物体としての本は、確かに、美しい装丁や、知的な佇まいなどの魅力を持つ。しかし、本を購入する消費者が求める究極の価値は、本の中の情報にある。

つまり本とは、書籍という物体を介在して売買される「情報」商品であるのだ。したがって、必ずしも物体を介在する必要はない。ダイレクトに情報が得られる手段があれば、それで満足する消費者も存在するはずだ。それが現在の電子書籍である。

本という物質型商品の産業には多くの資源が求められる。紙、インク、そして印刷装置。書店という販売施設、印刷所、さらに販売網という物流システム。

しかし電子書籍では、これらの資源の代わりに、ネットと、ＰＣあるいはスマートフォンや、キンドルのような専用デバイスさえあればよい。しかもネットやスマートフォンは電子書籍のためだけにあるのではない。本章の冒頭で見たように、現代のデジタルライフの他の行動目的にも使用できる。

つまり、本という物質型の商品は、ネット上のデータサービスというビジネスに、姿を変えているのである。

音楽や映像に関する商品も、同じような変化に晒されている。音楽や映画などは、再生装置という特別な物理的資源が不可欠だ。しかし、音楽や映像の中身は、デジタルコンテンツという情報に置き換えることで、レコード、ＣＤ、ＤＶＤなどの記憶媒体を省略することが可能になった。その記憶媒体の製造、販売、保管、移動などには、それ相応の設備と資源を擁していたのである。したがって、最新のデジタル化された音楽産業や映像産業は極めてスリムな構造になっている。

音楽コンテンツも映像コンテンツも、単なるデジタルデータとして操作可能である。保管場所はコンパクトなディスクやＵＳＢさえあればよい。今では、クラウドというパブリックな保存設備も利用できる。結果として、平成の初めのころのように、手に余る数のＣＤやビデオテープの保管に困ることもない。

本と同じように、音楽も映像も媒体としての物質型商品を購入する必要はなくなった。この場合もネットとスマートフォンがあれば最低限の目的は達せられる。大きな映像を見たければ大型ディスプレイで写せばよい。最新の液晶テレビはＬＡＮ接続を前提としているので、スマートフォンに保存された映像や画像は簡単に表示できる。

音楽でも同じである。高性能イヤホンがあれば、スマートフォンからでもハイレゾ音源が聞ける。そしてテレビと同様、最近のオーディオシステムはデジタル音源とのインターフェースを用意してある。BluetoothやWiFi経由で簡単にスマートフォンの中にある楽曲を再生できるのだ。

そして極めつけは、SpotifyやNetflixのような、ストリーム配信サービスの普及である。物質型記憶媒体商品は、その商品が持つコンテンツをサービスとして楽しむという形態に変貌しつつある。

これこそ個体型社会から液状化社会への移行と、バウマンが呼ぶ、流体化現象そのものなのだ。

そして、情報型ではない商品分野でも、本や音楽の場合と本質的に同じ変化が起きている。

物体型商品として調理用の電子レンジのケースを考えてみよう。電子レンジの主な用途は、料理をする際の手助け、主に加熱処理にある。もちろんその機能を情報処理に置き換えることは不可能だ。しかし、この電化製品をどのように使えば、電子レンジを購入した消費者の価値が高まるのかという「情報」は、物理的商品にとって大切な付加価値である。20世紀までは、その付加価値情報は、取扱説明書という紙ベースの小冊子に、申し訳程度に記されているだけであった。

しかし21世紀のデジタルライフの中では、電子レンジを活用するためのレシピ情報は、SNSの中にあふれている。電子レンジを使ったオリジナルな調理法を考案した主婦たちが発信するブログは、時には人気サイトになって多くのフォロワーのアクセスを集めている。電子レンジメーカーにとって、それは極めて効果的な宣伝広告でもある。しかも、当のメーカーが考えてもいなかったような調理法が考案されることもある。

これは、ネットワークの「ボトムアップ効果」だ。一般市民が自由に情報を発信できるSNSのようなプラットフォーム環境が、価値ある情報の交換を促進する。そして実際にその商品を使用している市場の生の声が、商品価値をさらに高めることにつながっているのだ。商品価値は製造者よりも消費者のほうがよく知っているということだ。そして消費者たちがその価値を自らSNSで発信する時代なのである。

つまりデジタル空間の拡張によって物体型製品の価値が拡大され、その内容が共有されているのだ。

加えて物質型商品の販売、流通は完全に社会の情報処理プロセスの中に埋まりつつある。ほとんどの物体型商品はアマゾンで探し出せる。価格比較も可能で、その上実際に使用した消費者の評価コメントまで入手できるのだ。

いまやリアルな空間の活動は、デジタル空間のそれに置き換えられ、あるいはデジタル空間内の情報交換を活かした付加価値の増加によって、大きく変化している。

これこそがリアル／物質型社会から、デジタル／情報型社会へのパラダイムシフトなのである。

☑ 人々はなぜデジタルライフを選ぶのか

ここまで、デジタル・ハブとしてのスマートフォンの多様かつ最新の機能を見てきた。そしてデジタル・ハブが提供する様々なアプリやサービスを多くの人が、日々使用するというデジタルライフが地球上に普及しつつあることにも触れた。

ではなぜデジタルライフがここまで広がり、そして40億人もの人々に受け入れられているのだろうか。

その答えは、つぎに示すいくつかの特性のなかに隠されている。

①簡便さ

デジタルライフは過去の生活スタイルに比べ、圧倒的に便利である。デジタル・ハブの説明で述べた通り、現代人の多くの日常行動は、スマートフォンのアプリケーションの処理という、単一の手順で代替され、それをスマートフォンの機能を利用するだけで容易に完結する。

写真や映像を撮影するには「カメラ」アプリを起動し、画面に表示されるシャッターアイコンを押せばよい。自分の現在位置を知りたければ、「地図」アプリを起動するだけでよい。そのアプリの中のＧＰＳ機能が数メートルから数十センチの精度で現在位置を計測して表示する。買い物はアマゾンというネット「通信販売」アプリで用が済む。誰かへの支払いや送金も、「バンキング」アプリで片付く。

つまりかつての人間の物理的行動の多くが、「何々」アプリというソフトウェア処理に置き換えられているということだ。過去の数多くの物理的行動が、ソフトウェア処理という単一の行動プロセスで代替されているのだ。しかもそのソフトウェア処理は、スマートフォンというポケットに入るサイズの小型デバイス一つがありさえすればよい。かつての多くの人間活動は、一つの小型機器の中のソフトウェア処理という単一の処理プロセスに集約されてしまったのである。だから便利なのだ。

これに比べ、20世紀までは、人々の生活の中には、異なる社会システムが多数同居し、行動の目的に応じて使い分けられていた。

例えば、世の中の情勢を知るためには新聞や雑誌という印刷物の情報システム、音楽を聴くためにはレコードやＣＤという記憶媒体とそれを用いて再生するプレーヤ装置、写真や映像はカメラやビデオレコーダー、知らない知識を獲得するためには百科事典や書籍、遠方の人とコミュニケーションをとるためには、手紙や電話といった、異なる複数のシステムを使ってそれぞれの目的を完結させてきた。つまり目的ごとに異なる行動が求められてきたわけである。モノを買いたければ、市場や商店に出かけてゆき、所持するお金で支払い受け取り、持ち帰るという一連の行動が不可欠であった。

そのような分化された社会システムが多数存在した。もちろんその中には現在も続いているシステムもある。

しかし、デジタルライフの出現によって、過去の異なる多様な物理的行動が、アプリケーションの実行という、ソフトウェア処理に集約され、統合されたのである。

それを可能にしたのは、デジタルテクノロジーが有する汎用性である。過去出現した多くの異なる技術が、小さなスマートフォン上のソフトウェアアプログラムとして統合されたことが、デジタルライフの簡便さの最大の理由なのだ。

ではなぜ、デジタルテクノロジーでは技術の統合が可能なのか。その質問の答えは、デジタルテクノロジーの本質的特徴を理解することで得られる。それを第四章で詳しく見てゆく。

（大まかな結論から言えば、1と0の二種類の数値のみで、社会活動、人間の行動、自然現象などの森羅万象を、実用上十分な精度で記述でき、行動プロセスはアルゴリズム処理という一連の数値計算に置き換えられる、というデジタルの特性に由来する）

②経済的合理性

多くのことがわずか一つのデバイスでカバーできるということは、コストも当然安くて済む。新聞も雑誌もCDもラジオもカメラも固定電話も財布も要らない。わざわざ出かける必要もない。すべてが一つにまとまるということは、無駄がなくなる。

本章の冒頭で、「社会全体が個体型製品を購入して所有するというスタイルから、製品機能をサービスとして自由に使用するという流体型のスタイルに移行している」と述べた。デジタルライフでは、統合された機能を備えたデジタル・ハブ（スマートフォン）ひとつだけで、多くのサービスを利用できる。それに対して20世紀以前は、人々は多くの個体型製品を購入していたのである。

確かにスマートフォンの価格は安くはない。月々の通信費もかさむ。一見、出費が増えたように見える。だがおそらくそれ以上に、過去に発生していた多くの支出が減っているはずだ。写真のフィルムの現像代はもはやゼロだ。家庭によっては単独のカメラそのものが不要だ。レコードもCDも買う必要がない。保管のスペースも要らない。便せんと封筒がなくとも困らない。年賀状は電子メールでも済む。ポータルサイトを見れば、テレビが放送するニュースの内容は十分知ることが可能だ。

現代人の生活行動を、20世紀スタイルで実現した場合と、21世紀のデジタルライフスタイルで実現した場合の、厳密な総コスト比較をすると、デジタルライフのほうが圧倒的にコストパフォーマンスは高いはずだ。

なぜなら購入すべき機器が、すでに多数対1だ。そして維持費も、買い替え費用も多数対1になる。結果は明白だ。

すでに地球上の多くの人たちが、デジタルライフの経済性をよく実感している。

日本ではデフレが長期間続き、経済停滞の一因となっている。その背景のひとつには、ここで見たようにデジタルライフを営む現代人の生活のコスト効率が向上していることにある。かつて存在した複数社会システムを維持運用するためのコストは激減した。そしてこのトレンドは今後ますます進展する。社会のデジタル化は既存産業のいくつかを破壊し、そこで発生していた社会コストを別の産業のより低いコストに置き換える。それがディスラプション（創造的破壊）だ。

デジタルライフの高い経済効率はすでに公知の事実になっているのだ。

③記録性

デジタルライフのもうひとつのメリットは、多くの行動がソフトウェア処理として集約された結果、その行動の内容を、データとして記録できることだ。

予定表アプリを見れば、数年前の何月何日の自分の行動を追跡できる。同じ日にカメラアプリに残された画像には、時刻と撮影位置データも残されている。つまりスマートフォンを使えば、同時に日記を書いていることにもなるのである。結局、「コンピュータがすべて覚えていてくれる」のであり、その結果、「人生はグーグルで検索できる」ことになるのだ。

最近のヒット作の一つ、「家計簿」アプリが歓迎される背景もここにある。意識的に記録しなくとも、様々な消費行動のデータはスマートフォンのそこかしこに残されている。それらを一つにまとめて、収支計算を自動的に実行してくれるこの「家計簿」は、現代人の便利な家計管理ツールとして広まりつつある。

④新たな感覚の喜びと、更なる進化への期待

スマートフォンに代表される最新デジタルテクノロジーが出現したことによって、これまでの人間本来の感覚は大きく「拡張」され、劇的に変化しつつある。例えばスマートフォンのテレビ電話機能（Facetime）を使うシーンを思い出していただきたい。海外旅行に出かけた友人が、ノルウェーのフィヨルドの絶壁の頂点からFacetimeで現在この瞬間の映像を届けてくれる。日本にいる私の目には、足がすくむほどの高さから見る、美しい入り江の光景が飛び込んでくる。

それは、日本にいる「私」の目と耳の感覚が、あたかも地球の裏側まで「拡張」されたようなものだ。半世紀前、メディア学者、マーシャル・マクルーハンが述べた、人間機能の拡張に他ならない。「私」の目は、過去には絶対に見ることが不可能であった異国のこの瞬間の景色

を、自分の目でリアルタイムに見ている。それはまぎれもない現実である。21世紀という新時代の住人は、同じような拡張感覚を体験する機会にたびたび遭遇する。野生の動物の体に装着されたデジタルカメラが撮影した映像は、人類が数万年前に持っていた野生の感性をよみがえらせる。クジラや亀の背中のビデオカメラが映す海中の映像は、視聴者を海の中で生きる生物になったような気分にさせる。ドローンがリアルタイムに空から伝えるのは鳥の目が見る地上の景色であり、地表から数十キロの宇宙から監視衛星が届けるのは、神の目が見る地球の光景だ。「お天道様は全てをお見通しだ」という昔の日本の戒めは、実話になりつつある。

このような光景を見ているのは確かに私の目であり、映っている内容は現実だ。いつの間にか私たちは、人類という生物の肉体的な限界を超越する視覚や聴覚を身に付けたのだ。それは、過去の人類が創造もできなかった、新鮮な体験である。テクノロジー進化は、そういう喜びをたびたび私たちに感じさせてくれる。

デジタルライフを選んでいる人々が、意識的あるいは無意識のうちに、そのような未体験の喜びに浸ることを楽しみにしている。

そして、こういう便利な生活は、さらに進化することをすでに私たちは知っている。ＡＩスピーカは、来年、再来年にはもっと凄いサービスを実現するだろう。だから近い将来、もっと感激することに出会えるはずだと感じている。
新感覚を体験する喜びと、更なる進化への期待は、人々をデジタルライフに向かわせるもうひとつの理由なのである。

１９９０年代前半に出現したインターネットは、世界中のコンピュータを結びつけた。しかし人々の生活空間とコンピュータの生息域は異なっていた。当時の据え置き型コンピュータはあくまで机の上の存在であったからだ。インターネットは世界中のコンピュータを接続したが、人間はつながっていなかった。

状況が一変したのは、携帯電話でメールやネットアクセスが可能になり、さらにスマートフォンの出現によって、現代人が行動する空間においてコンピュータ機能のすべてが利用できるイノベーションが起きたからだ。その時点でインターネットは「世界の人々を繋ぐ」道具に進化した。そして人間のリアル空間とデジタル空間が重なり合う新たな宇宙が出現し、そこに「ウェブの民」が自然発生したのである。

デジタルライフスタイルというこの生活様式は、未来に向かってますます拡大し、深化する。

第二章　デジタル文化とは何か

☑ デジタルライフが創造する新しい文化

第一章では地球上の約40億人に達する数の人々が、スマートフォンを所有し、デジタルライフを営んでいることを見た。そして、その生活様式は、モバイル端末の利用者だけではなく、パソコンやタブレットなどのユーザにも広がっている。その数も考慮すると、ほぼ地球の全人口に迫る勢いでデジタルライフが普及しつつある。

そして、このトレンドは先進諸国だけで起きている現象ではない。むしろ、過去に社会資本の整備が遅れ、電話回線などの情報インフラが未成熟であった開発途上国においてデジタルライフが拡大している。例えば銀行口座を持たないアフリカ諸国の多くの市民は、携帯端末を使い、ネット経由で海外との送金・入金を実現している。有線通信網のようなレガシー設備が元々なかった開発途上国では、有線設備ではなく一足飛びに無線通信網が整備され、それを基盤とする最新のフィンテックサービスが普及するという、先進国に先んじるような劇的社会変化が起きている。

デジタルライフは、政治体制や、経済的立場などの違いを超越した、世界的な行動スタイルになりつつある。

そのように地球の人口に近い数の人々が、多様なデジタルサービスの恩恵を受けて生活するという行動様式は、「デジタル文化」と呼ぶのがふさわしい。

第二章では、このデジタル文化を様々な側面から分析してみる。

文化とは、「特定の人間集団が共有する思考・行動様式や、物資的側面を含めた生活の様式」と定義される。そして歴史を振り返ってみると、文化の特性は、それぞれの人間集団つまり共同体が形成された背景と大きな相関がみられる。

典型的なケースは、人種、民族という生物学的な共通背景をもつ共同体の出現である。その場合、自然に共同体が成立し、その中で固有な行動・思考様式が共有されてきた。これが原発的な人種、民族性に基づく文化である。

また同様に地理的、自然環境的な条件で共同体が出現することも一般的だ。熱帯雨林に住む人々と寒帯のツンドラに暮らす人々それぞれに、異なる生活の様式が形成されてきた。海に囲まれた日本のような島国と、中央アジアのような内陸地域では食生活や住居環境は大きく異なる。それは、歴史の中で自然発生的に形成された、地域性や気候風土に基づいた文化である。

また歴史の進化の中で、生存、種の維持のための社会行動だけでなく、人間の内面に向かう思考様式が発達し、その結果宗教が出現した。その宗教的な信条、生き方を共有する共同体を象徴するものが信仰に基づく文化である。同様に、学問や芸術のような、人間の精神面に関係する分野においても、多様な共同体が構成され、その構造の中で様々な文化が醸成されてきた。芸術の文化、学問の文化などである。また経済活動という社会活動のメカニズムも、文化の創世やその特性に少なからぬ影響を与えてきている。

そしてこれらの、人種・民族的特性、地理的特性、さらに精神的特性が複合していったことにより、地球上のそれぞれの地域や国家に、現在まで続く多くの文化が形成されてきたのである。

ちなみに文明という言葉は、一般的に文化の総称的な意味合いで使用される。ヨーロッパを例にとると、フランス文化、イタリア文化、スペイン文化など、それぞれの国に固有な特色を持つ異なる文化が存在する。そのうえで、それらの個別文化の総合的な呼称として、西欧文明という表現が用いられる。

☑ デジタル文化とは何か

さて過去のいろいろな文化の形態を整理したうえで、あらためてデジタル文化とは何かを考えてみる。

デジタル文化は、人種・民族由来、地理・自然環境由来の多くの文化のいずれにも属さない。いわば既存文化の境界を超越した特性をもっている。

そして、既存文化のアイデンティティや価値観が、共同体の物質的な特性に強く依存していたのに対して、デジタル文化のアイデンティティは極めて情報的である。それは例えば、日本文化が「島国の民」の文化であり、イスラムの文化が「砂漠の民」の文化であることと対比すれば明白だ。デジタル文化は「ウェブの民」の文化であり、物質的空間の外側に新たに出現した情報空間に根付いた文化なのである。

20世紀末から加速度的に普及し始めたデジタル文化は、こののち多少その姿を変えるであろうが、まず間違いなく21世紀の代表的な文化となって地球上に根付くであろう。それは普遍的な価値観としてのジオカルチャーなのだ。

デジタル文化の本質は、デジタルテクノロジーが生み出した多様なプロダクトやサービスを基盤とした、いかなる過去にも出現したことがない「新しい行動と思考の様式」である。

具体的な例を示してみよう。

世界の違う国や地域で暮らす、自分の友人たちが、昨日どのような一日を過ごしたのかを知りたければ、Facebookにアップされる画像や映像を見ればいい。アメリカ人の元上司は孫娘をジャージーショアの海水浴場に連れて行ったらしい。シンガポールの後輩はセントーサ島までロードバイクでサイクリングを楽しんだ。その一方、昨日新幹線の中から見た美しい夕焼け富士の画像を、インスタグラムにアップロードしたところ、たちまちベルギーやインド、カナダの知人たちから賞賛の「いいね」が寄せられる。

来月ツアー旅行で行く予定の、ヘルシンキのホテルから大聖堂までの街並みを、グーグルストリートビューでチェックすると、どんな店があるのかすぐわかる。

ＡＩスピーカに向かって、「田中君に電話をかけて」と話しかけると、住所録に登録してある田中君の電話番号にコールし始める。

このような、わずか四半世紀以前には、世界の誰も体験したことがなかった行動を、21世紀の現在では40億人以上の人々がごく普通に繰り返している。

米国ＩＴ雑誌*Wired*の編集長、ケヴィン・ケリーは、12の動詞を用いて、この『新しい行動』を明快に要約している（『〈インターネット〉の次に来るもの　〝未来を決める12の法則〟』）。

ケリーはこの著書のまえがきの中でこのように述べている。

「これらの動詞は、近い将来にわれわれの文化に起こるメタレベルの変化を表している。つまり、すでに今の世界を動かす大まかなアウトラインとなっているのだ。（中略）それらは単独で働く動詞ではない。互いが重なり合い、相互依存しながら互いを加速させていく。」

ケリーが選んだのは次の12の動詞である。

①ビカミング：Becoming
②コグニファイング：Cognifying
③フローイング：Flowing
④スクリーニング：Screening
⑤アクセシング：Accessing
⑥シェアリング：Sharing
⑦フィルタリング：Filtering
⑧リミクシング：Remixing
⑨インタラクティング：Interacting
⑩トラッキング：Tracking
⑪クエスチョニング：Questioning
⑫ビギニング：Beginning

これらは、デジタル処理プロセスの中核をなす、コア手続きを表す用語だ。それを踏まえて、ケリーは「メタレベル」と但し書きしているのである。

ケリーが明言しているように、デジタルライフにおける現代人の行動は、これらの中の単独の動詞だけで表現できるものではなく、複数の動詞の組み合わせによって完結される。

それは前章でみたスマートフォンの、例えば「家族アルバム」アプリが実行するプロセスを見れば明瞭だ。

「アルバムアプリは起動にあたって、顔の映像や指紋を通して、ユーザが誰かを**コグニファイ**（認識）する。次にアプリは、現在までアップロードされたクラウド内のデータに**アクセス**し、コンテンツを**トラッキング**して今月分のコンテンツだけを、**スクリーニング**（表示）する。ユーザは新しいアルバムを作成するために、アプリと**インタラクティング**（画面からの操作）を繰り返す。完成したアルバムは、ほかの家族メンバーと**シェアリング**される」

別の種類のアプリにおいてもほぼ同様のプロセスを辿ることになる。したがって、デジタルライフの中でアプリと一体となった人間の行動は、これらの動詞の組み合わせで記述されるわけである。逆に言えば、デジタル文化を生きる人間の行動を最深部の要素にまで分解していくと、この12のメタレベル動作にたどり着くと、ケヴィン・ケリーは述べているのだ。

このメタレベルの動きを組み合わせることによって、現代人の行動を支える様々なアプリを設計することができる。そして、完成したものがスマートフォンやPC上に提供される。それを人々が使い始める。これがデジタル文化の大まかな構造だ。

デジタル文化がもたらす大きな価値は、「最新のテクノロジーがもたらす、体験したことのない快適な生きかた」である。そして、その「快適さ」を生み出す要因として、前章のデジタルライフで触れた、「簡便さ」、「経済的合理性」、「記録性」などがある。この快適さこそが、思想・信条の違い、既存文化の垣根を越えて、デジタル文化を世界に普及させる原動力になっているのだ。

米国トランプ大統領は、ツイッターを日々愛用する。一方、それに対峙する側にとってもSNSは、行動の基盤となる重要なツールだ。中国は13億人を超える国内市場を持つ利点を活かし、デジタル技術を経済戦略のコアツールと位置付けて短期間に一大デジタル経済圏を創り出した。

イデオロギーや思想の異なる共同体や国家が、それぞれの立場で、最新のデジタルツールを駆使して行動する。そして結果的に、デジタルライフという共通の行動様式に従っている。

結局デジタル文化の共同体の構成員は、異なる複数の既存文化の中で生きる人々なのである。彼らは、物質的には既存の異なる文化圏のメンバーであるが、ウェブ空間においては一つの共同体を構成し、デジタル文化の中で生きている。それが「ウェブの民」なのだ。

脱境界性というデジタル文化の特徴を生み出しているのは、デジタルテクノロジーが持つ普遍的な機能だが、その内容については第四章で詳しく見てゆくことにする。

☑デジタル時代の「新感覚」と「新たな日常」

デジタル文化は現代人の行動様式として世界を席巻しつつある。そしてその背景をなすものは、もちろんデジタルテクノロジーをはじめ様々な技術の驚異的進化に違いないが、行動の主体である人間側に生じた変化にも注目が必要だ。その最大のものは、現代人が新たに獲得した「新感覚」だ。人間の五感の中で、特に「視覚」「聴覚」は、20世紀末から明らかに異なった機能になってしまっている。なぜなら、現代人は距離の隔たりをやすやすと乗り越え、地球の裏側の事象を、「見聞き」できる能力を備え始めたからだ。インターネットという、人間の神経網が拡張された環境の中で、光波や音波の代わりに、デジタルデータという媒体を介して、視覚も聴覚も数千キロ離れた場所の現実を、リアルタイムに知覚できるようになったのである。それは「新たな感覚」と表現した方が良い。確かに20世紀後半にも衛星放送中継とかライブの報道映像なども存在した。しかし、それらは公共放送や公的な中継というパブリックな社会的機能であり、市民が自由に好きな場所や好きな時間を選択したものではなかった。しかし21世紀の「新感覚」は、ネットにつながったスマートフォンという、きわめてプライベートなツールを通して日常の生活に溶け込み、すでに現代人の体の一部になってしまっているのである。

そして、現代人はデジタル型「新感覚」を獲得したことによって、過去の日常に置き換わる「新たな日常」や「新たな身の回り」や「新たな現実」の中で生き始めている。21世紀になって、われわれの「日常」や「身の回り」の形態は、全く異なる様相を帯び始めたのだ。

小学校のクラスで担任の先生が、「皆さんこの週末に、自分の身の回りで起きたことを、作文に書いてください」と子供たちに話しかける。するとA子さんは、「家族でマレーシアに皆既日食を見に行った友達のBちゃんが、日食が始まった時の様子をFacetime（テレビ電話）で見せてくれました。急に辺りが暗くなり、太陽が欠け始め、不安な気持ちになりました」と答える。

一方、C男君は、「国際宇宙船から宇宙飛行士が、地上の人たちと話しながらオーロラを撮影している映像をテレビで見ました。宇宙船の下にゆらゆら揺れながら漂うオーロラは神秘的でした」と発表する。

これが21世紀の子供たちにとっての「身の回り」の実態だ。デジタルデータが生み出す「新感覚」は、何ら違和感なく人間の生来の感覚を強化し、拡張し、子供たちの肉体の一部になりつつある。

1960年代、メディア学者、マーシャル・マクルーハンは、新たな科学技術の出現が、生物としての人間の機能を大きく拡張させていることを、「電話は耳と声の拡張」、「車輪・自動車は足の拡張」など、レトリックなメタファーで表現した。それから半世紀を経た今日、「ウェブの民」が獲得した「新感覚」をマクルーハン風に表現すると「デジタルハブは、目と耳と口と頭の地球サイズの拡張」であろうか。それは「ウェブの民」の神器なのだ。

☑デジタル時代の「時間」と「空間」

この「新感覚」の中では、明らかに時間と空間の関係が、20世紀までのそれとは異なっている。ジークムント・バウマンは、その著書『リキッド・モダニティ　液状化する社会』の中でこう述べている。「近代的生活、近代的環境の特徴として、（中略）ひときわ目立つものは、空間と時間の変化し続ける関係である」

バウマンは、現代社会は同じ形態にとどまることなく変化し続ける流体のようなものであり、そこでは空間ではなく時間が大切なのであると主張する。近代社会は、長年固定され時間の流れから除外されてきた保守的なものを溶解することによって進化してきた。そして、近代とは速度の限界に絶えず挑戦し続けてきた時代であり、その結果、時間によって空間は征服されたとバウマンは結論する。

たしかに光の速度で実行される情報交換にとって、地球規模の空間は実質的に存在しないに等しい（光は1秒間に地球を7週半移動する）。

それ故に、ある場所で起きる「現実」の映像は、ほぼ同時に地球上のいかなる場所からでも認識できるのだ。

バウマンは、急激にコミュニケーション技術が進化し、実質的に地球上の距離がかき消され、時間と空間の隔たりが意味を失った今日の世界を、「空間と時間の関係の変化」として解き明かそうとしている。

同じように、イギリスの社会学者、アンソニー・ギデンズも、近代社会の変化を、時間と空間の関連性という視点からとらえる。

近代以前の世界では、時間は「場所」に強く依存していた。夜明けから日没、そして次の夜明けまで、古代社会は場所によって異なるローカルな時間に支配されていた。

しかし、世界標準時という普遍的な時間が19世紀後半に確立されると、それまでその場所に特有の時刻しか刻めなかったローカルな時計どうしの関係が、はじめて正確に体系化されたのである。時差という概念はこうしてできたのだ。それによって、「場所」と普遍的な「空間」の違いも明確に認識されるようになった。このことはまた、時間と空間の独立性を生み出すと同時に、それらを再結合させることにもなった。それを実証しているのは列車の時刻表であり、そこには、移動する人間から見た、時間と空間の絶対的な関係性が正確に記述されている。

このようにして時間と空間の分離が進んだ結果、人間の社会活動は、目の前の場所に特有の脈絡、特別な状況への「埋め込み」から解放され、目の前にいない、隔てられた存在である他者と相互に依存しあうことになる。これがよく知られるギデンズの「脱埋め込み論」である。脱埋め込みに成功した近代社会は、局地的な慣習や慣行という束縛から逃れ、ローカルなこととグローバルなことを結びつける近代組織を形成する。

このギデンズがその理論の中で指摘した、「目の前の現実からの解放」は、現代のデジタルライフの中ではさらに過激に進展している。

☑デジタルメディアと「時空間」

時間と空間の再結合を推進したものは、疑いなく、移動手段と情報伝達に関するテクノロジーの進化である。

近代的な時間と空間が存在しなかった古代では、情報伝達をその場限りの話し言葉に頼っていたため、その内容を詳細にほかの場所に伝えることは困難であった。それは極めて場所に依存するコミュニケーションであり、そこでは時間の流れの中で消えてゆく話し言葉との格闘が続けられた。したがって、古代社会では「時間」が強い存在感を示していたのである。

しかし文字が発明されたことにより、時間と空間の関係は大きく変化した。文字によって書かれた内容は、時間を超えて残る。つまりコミュニケーションが時間から解放されたのである。また文字が記録する内容は、異なる場所にいる人間に同じ内容を伝えることで、場所を空間に進化させた。したがって文字の発明は、時間による束縛を弱めると同時に、空間の存在を大きくした。そして活版印刷術が発明されると、文字文書は大量に生産され、客観的な思考や意見を広い空間に配布することを可能にした。空間は文書によって制御できるようになったのである。

また印刷された書籍は、過去に存在した作者から読者への情報伝達という、時間を超えるコミュニケーションを確立したのである。メディア学者、マーシャル・マクルーハンは、異なる時代の書籍が同時に存在する、すなわち時間を超えた情報の同時代性が出現した状況を「グーテンベルクの銀河系」と呼んだ。

文字と印刷という二つのテクノロジーの出現が、時間の影響を弱めると同時に、空間の価値を高めたのである。

そして21世紀の今日、デジタルビッグバンというとどまることのない爆発的技術革新の中で、時間と空間の関係は再び変わり始めている。

すでに時間と空間は極限まで圧縮されている。「新しい感覚」や「新しい身の回り」の出現は、空間の存在がほぼ消滅しかかっていることを示唆している。そして常に流動的に変化する現代社会の中では、時間がますますその影響を大きくし始めている。それをバウマンは「液状化社会」と呼んだのだ。

極限まで変化し続けるデジタルメディア技術が支援する「新感覚」を身に付けた現代人は、流体型社会の中で、過去になかったコミュニケーション世界を構築しつつある。それがSNSやGAFAに代表される21世紀型コミュニティだ。

デジタル文化には、明らかに「時間と空間の関係の変化」が強く影響している。アマゾンのネット通販は、地球のどこに住んでいても利用できる。つまり、アマゾンの世界では空間の意味を問う必要はないのである。アップルの新型iPhoneは世界同時発売だ。その中のアプリも原則世界のどこからでも入手できる。

インターネットが出現して以来、地球上のあらゆる場所でおきる現実は、ネットの中をほぼ光速で通過するデジタル情報という形式を借りて、瞬時に世界中の人々に認知されるようになった。スマートフォンで利用できるほとんどのアプリが原則この能力を備えている。このことが、一人の市民のプライベートな生活空間の中に、世界の現実が容易に入り込むことを可能にしているのである。それゆえに、現代人の「身の回り」も、「感覚」も、「現実」も過去のそれらから大きく拡張され、異なった形態になっているのである。

この実態は、ギデンズの語彙を借りて表現すると、「グローバル埋め込み」と呼べるだろう。前近代社会の人々が、目の前の事情や局地的な脈絡に埋め込まれていたのと同じように、現代人は、地球サイズに拡張された、「新しい身の回り」で起きている様々な出来事に、リアルタイムで埋没しつつあるのだ。

そのような環境変化の結果、デジタル文化やデジタル・ハブは、過去の経済では決して起こることのなかった消費活動を創造する。地球の裏側の生活がリアルタイムでのぞけるなら、人々は何に興味を示し、どのような製品の出現を期待するであろうか。「新しい日常」に慣れてきた現代人、つまり「ウェブの民」は過去になかったどのようなサービスを受け入れるのだろうか。

それが未来のビジネスを予測するためのヒントであり、21世紀型資本主義の姿は、すこしずつ現れはじめている。

☑ 生活の文化・感性の文化・知性の文化

『文化とは何か〝知性の文化の発見〟』の著者笹口健は、文化の形態を「生活の文化」、「感性の文化」そして「知性の文化」という三つのタイプに分類している。

先にみたように、文化が出現した背景はさまざまであるが、人間活動の最優先の目的は、確実で効率的な生存に他ならない。したがって、人類の最初の文化は、日常生活を便利にかつ快適にするための、道具の使用や、衣服、住居、食事などに関する創意工夫が出発点になっている。それは「生活の文化」と呼ばれる。そして生活は自然環境に直結するため、「生活の文化」は、地理的条件、気象環境など、生息地域の自然条件に大きく制約を受けながら形成されてきた。

衣服、住居などは、熱帯、温帯、寒帯のどの地域に人が暮らすかによって快適さの判断基準が全く異なるので、長い年月を経て、最終的には地域ごとに違った特性を持つ地域固有の服飾文化や住文化が形成されてきたのである。また生存域によって、確保可能な食材がことなるため、食文化も海洋型、内陸型など、地理的条件を色濃く反映した傾向を持つに至ったのである。

したがって元来「生活の文化」は、地域的に分類される人間集団、つまり地域共同体固有の形質として醸成されてきた。自然環境的に異なる状況のもと、その風土に適した暮らしの便利さ、快適さが追求され、その中で多様な生活様式、行動様式が出現したのである。

そして「生活の文化」に、画期的な変化を与えたのは、様々な道具の発明、開発であった。「新石器時代」、「縄文式土器時代」などの名称は、使用された道具のタイプによって、その時代の人間の生活様式が明確に区分されることを示している。

新たな技術の発明や発見は、「生活の文化」の進化に大きなインパクトを与えてきた。石器から土器へ、青銅器から鉄器へと、農耕のための道具の技術革新は、耕作面積の増加や、農産物の生産拡大に直結し、結果的には社会が維持可能な総人口を左右する大きな影響力を持ったのである。

そして技術革新の成果物として生産された発明品は、経済活動の中の商品やサービスというかたちで流布することになり、結果的に文化の普及や、新たな発明の誘発を招くことになったのである。古代より地域間の交易は活発であり、現代人が驚くほどの広い地域の間で、積極的な物品の交換や商取引が行われていたことが、近年相次いで確認されている。この地球規模にも及ぶような経済活動は、「生活の文化」の伝搬・複製に大きく貢献し、文化を受け入れた地域でさらに創意工夫による変異を生み出し、更なる新文化の創造へとつながったのである。その意味で、「生活の文化」と経済活動との間には、切り離せない関係性が存在するのである。近代に入ってのち、資本主義の出現がさらにその傾向に拍車をかけ、国際間の貿易が拡大した。それによって、多くの国で大量の商品や新しいサービスが他国や他地域から伝来し、生活の変化が加速したのである。

特に第二次世界大戦後の国際貿易の拡大は、多くの国に顧客を有する国際的大企業を生み出した。その製品は自国のみでなく、世界の多くの国や地域に普及したのである。その結果、多くの国で同じような生活の様式が形成されることになり、「生活の文化」は徐々に均質化していったのである。

典型的な事例は、電化製品の普及である。炊事や洗濯など、生活に欠かせない女性の家事負担を低減する洗濯機や調理器などの家庭用電化製品は、第二次世界大戦後の近代化の象徴として多くの先進国の家庭に広まった。その結果、最新型電化製品を使用して快適に暮らすという生活様式が出現し、電気とともに暮らすという「生活の文化」が世界中に定着したのである。21世紀のデジタルライフもその延長線上にある現象だ。

要するに、生活商品と生活文化は、経済活動というプロセスを通して切っても切り離せない関係を保ちつつ現在に至っているのだ。

つぎに「感性の文化」は、音楽・絵画・芝居・舞踊など芸術全般に関係する、「快適な精神性」を追求する行動様式、思考様式であると笹口は定義する。それは、美しいものを美しいと、あるいは楽しいものを楽しいと認識する内面的な行動である。

そして「感性の文化」は、生活の安定性が高まった結果としての、心のゆとりから生み出される性質のものだ。だが、必ずしも経済的な豊かさに依存するのではない。開発途上国といわれる地域の中で、先進国でも見られないような洗練された芸術的創作物が発見されることがよくある。

「感性の文化」も、共同体が生存する地理的、自然環境的な特性にある程度影響されることは否めない。穏やかで豊かな森林地帯に暮らす人々と、荒涼たる砂漠の民では自然観は当然異なる。それは優劣の問題ではなく、精神面の多様性や、感受性の違いに関係するものである。したがって、感性の文化にも地域的傾向が観察される。

一方、「知性の文化」は人間の知的な思考様式に関連するものだ。有史以来、人類は自然現象の観察・研究、科学原理の探求、社会構造の分析などに尽力してきた。その結果多くの学問領域が体系的に確立されてきたのである。

自然科学の分野では様々な原理が解明・発見され、生物学、化学、物理学などとして確立された。また、人文科学の分野においては、人間の存在の意味や、社会制度の在り方、社会の形態などを追求する哲学・思想、社会学、法学などが体系化されてきた。

「知性の文化」は、「生活の文化」、「感性の文化」に比べ地理的な影響は小さい。もちろん、科学技術の歴史において、西欧文明が果たした貢献は大きいが、それは西欧諸国が早い時点で豊かな経済力を得たことが大きな理由である。

そして、文字や活版印刷の発明は、客観的な知識を精密に広めるという大きな役割を果たしてきた。書籍に正確に記録された先哲の知識や思考は、時を隔てた後世の人々に、確実に受け継がれたからである。

したがってテクノロジー、特にメディア技術の進歩は、有形無形に「知性の文化」に影響を及ぼしている。

「知性の文化」は学問分野以外にも、政治、経済、憲法・法律、社会制度、宗教など、人間の思考様式全般にかかわる幅広い文化の総称である。

これら三種類の文化は便宜的な類別であり、それらの間には明確な境界線が存在するわけではなく、互いに重なり合っている。特に「感性の文化」と「知性の文化」は相互に深いつながりが存在する。例えば宗教は、人間存在の究明という哲学的側面と、死生観や価値観という信仰的側面を併せ持っている。したがって、「信仰の文化」は「知性の文化」と「感性の文化」の共集合ともいえるものである。

また、強い地域性を伴う伝統文化は、それを共有する共同体の構成員に強烈なアイデンティティを植え付ける傾向がある。伝統芸能や祭りの儀礼の継承という行動を通して、共同体の中に、自己の存在に関する強い意識が育まれる。つまり伝統文化は、「感性の文化」と「知性の文化」両方が融合した文化なのだ。

さてこの三種類に分類される文化の視点からみたとき、デジタル文化はどのように位置付けられるのだろうか。

◇「生活の文化」としてのデジタル文化

デジタル文化はある意味、「生活の文化」の革命である。第一章でふれたように、朝起床してから夜就寝するまで、現代人は活動しているほとんどの時間帯においてデジタル技術を前提とした、ライフスタイルを営んでいる。しかも過去20世紀までの状況と異なり、デジタルシステムという単独の仕組みが、多様な行動を支えている。つまり生活の様式が統合されているのだ。それを可能にしているのは、デジタルテクノロジーの持つ汎用性に他ならない。汎用技術が複数のシステムを統合し、その結果効率的で快適な生活スタイルが実現されたのである。

そのことを象徴するのが、今や多目的生活ツールになったスマートフォンだ。第一章でそのことを詳しく見た。そして、ＡＩやＩｏＴで装備された次世代の家電製品や機器類が、すでに一般家庭にもあふれ始めている。その制御の中心に存在するのは、さらに進化するスマートフォンというデジタル・ハブだ。照明器具、冷蔵庫、洗濯機、空調機、調理器具、お掃除ロボットなど、「スマート」という枕詞をもらった家庭内電化製品は、デジタル・ハブを用いてコントロールされ始めたのである。

デジタル文化は、明らかに「生活の文化」の地球規模の同質化現象と呼べる性格のものだ。しかも、先進国、開発途上国を問わず、イデオロギーの違いにも影響されない。

グローバルな経済活動が創り出した商品であるスマートフォンと数多くのアプリケーションが地球上に普及した。その結果、数十億人規模の「ウェブの民」が同じような生活様式を営むようになった。まさに商品経済が生み出した世界共通の「生活の文化」なのだ。

さらにユニークな特徴として、デジタルテクノロジーが経済のグローバル化や、ビジネスの効率化に大きな貢献を果たしている。その結果、プラットフォームという巨大な経済活動基盤が構築され、結果的にデジタル製品の普及が加速するという、連鎖的、加速度的スパイラル現象が起きている。

こういう状況から見て、今後もデジタル文化の勢いが継続するのはまず間違いない。

そしてデジタルテクノロジーの進化は、20世紀の人々が創造しなかったような、斬新な製品を次々に市場に送り出す。それらが「生活の文化」にどのようなインパクトを与えるのか。それは未来の人々の暮らしを、大きく左右するであろう。ＡＩスピーカは、未来の人々の行動パターンをどう変化させるのであろうか。ＩｏＴで家電製品が密接に連携できるようになると、暮らしの中で住人の行動にはどのような影響が発生するのだろうか。
21世紀の人々は常に新しい生活の出現に向き合っている。

◇「感性の文化」としてのデジタル文化

デジタル文化は、過去に築かれてきた「感性の文化」も大きく変質させようとしている。その最大の要因は、ＳＮＳに代表される、デジタルコミュニケーションのもつ情報伝達力にある。先にみたように、「感性の文化」にも地理的特性に起因する特徴が多くみられる。人々の美的感性は、生活する地域の自然環境に感化されるからである。

しかし、現代のＳＮＳが有する強力な情報伝達力は、様々な「未知との遭遇」を演出する。四季のないシンガポールの人々にとって、インスタグラムで見る、日本の咲き誇る満開の桜や、燃えるような紅葉の山々は、新たな感動を呼び起こす。

生活する地域の自然環境の中では、それまで見ることはもちろん、想像もできなかった美しい自然を目の当たりにすると、人間の美の感性は変化する。ＳＮＳは、世界中の人々に、星の数ほどの「未知との遭遇」をプレゼントする。それが契機になって、実際の現場に足を運ぶ外国人ツーリストが増加している。日本のインバウンド現象を後押ししているのは、未知の世界へ人々を誘うＳＮＳの存在だ。

一般的に、人間の世界観や価値観は体験を通して形作られてゆく。一方、前にも触れたように、現代の「ウェブの民」はデジタルテクノロジーの仲介によって、「新感覚」や「新しい現実」や「新しい身の回り」を獲得している。それらが生み出すものは、新たな体験の機会だ。

つまり、「ウェブの民」となった現代人は、進化するデジタルメディアの世界において、実世界で得られなかった新鮮な感動を得るようになったのだ。そして、そういうデジタル的体験は、人々の精神の中に、あらたな世界観や価値観を生み出すのである。

人工衛星から見る地球の詳細な姿や、何万光年のかなたに位置する星座群の神秘的映像が、いとも簡単にスマートフォンで見られる。そういう経験が新たな宇宙観を創世するのだ。

そしてＶＲ（仮想現実）やＡＲ（拡張現実）というテクノロジーは、過去になかった体験の場を提供し、人間本来の感性をさらに拡張する。

最新のＶＲやＡＲは人間が本来持っている、色覚や味覚まで変えることができる。

最新のＡＲメガネは、カメラの目の前の光景を分析して色を足したり引いたりする処理を施し、色の違いを強調することによって、色の識別が苦手な人を支援する。つまりその人の生来の視覚能力に応じ、現実を見やすく編集するということだ。

さらに味覚を変える研究も進んでいるという。個人の生理的情報をもとに、飲み物や食べ物の味覚を変えることが近い将来可能になるかもしれないのだ。例えば高血圧治療のために減塩食を食べる人に、電気信号を与えて、塩の味を実際より濃い味覚に感じさせる試みが進んでいるという。

マクルーハン風に言うと「舌と網膜の拡張」である。現実は変えられない。しかしそれを受け入れる人間側の感覚を調整するARやVRテクノロジーの進化は、未来の人をより快適な感性の世界に導こうとしているのだ。

そして、テクノロジーとそれを使う人間との関係も微妙に変化し始めている。インターフェースとは、コンピュータシステムとユーザを繋ぐ境界部分、つまり操作環境を示す用語であるが、「インター＋フェース」という表現がすでにシステムを擬人化している。

現代人は、次々に現れる新しいインタラクション（相互作用、インター・アクション）を通してデジタルテクノロジーとより親密になっていく。iPhoneがそれまでに存在したどんなコンピュータよりも身近に感じられたのは、タッチスクリーンと慣性スクロールという、人間の感性にピッタリ訴えかけるインターフェースを備えていたからだ。

「感性の文化」とデジタルテクノロジーの理想的な関係を、ケヴィン・ケリーはこう記述している。「人工物との間のインタラクションが増えることで、我々は人工物を物体として愛でるようになる」「美しく聞こえ、美しく感じたいという欲求が、インタラクティブな製品に向けられていると気づいた最初の企業はアップルだ」

スティーブ・ジョブズがコンピュータ製品の形状・外見や、仕上がりの触感、そして自然で心地よい操作機能について、異常なほどのこだわりをもっていたことはあまりにも有名だ。完成直前の製品を、何度もやり直させた逸話は一つや二つではない。

例えば、ジョブズにとって、音楽CDをハードウェアに入れるインターフェースは、トレイが出たり引っ込んだりする方式ではなく、絶対にプルイン・スリット方式でなければならなかった。人がCDをスリットに少しだけ差し込むと、ハードウェアが、確かに預かりましたというように、力強く引き入れて受け取るインタラクションが、人間と人工的ハードの間の理想的な相互反応であると、ジョブズは確信していたのだ。

ジョブズは、コンピュータのような人工物が、どのようにしたら人間の感性に受け入れられるかということを、正しく理解し、それを必死に製品化した。

iPhoneというデジタル文化の申し子は、未来のテクノロジー進化にとって貴重な教訓を残した。それは、高度な技術製品が人類の「感性の文化」に仲間入りするためには、美しい存在感、やすらぎ、いつも手元に置きたいと感じる快適さ、そしてテクノロジーと人間の間の、心地よいインタラクションを備えていることが必須である、ということだ。近い未来、24時間人を包み込むテクノロジーが現れるとしたら、それは、人間の感性になじむ存在感と、楽しいと感じさせるインタラクションを備えているに違いない。

過去の「感性の文化」は、人間に愛される道具を数々生み出してきた。伝統的な楽器には、単なる音楽再生のための道具を超えたたたずまいがあり、芸術品のような雰囲気を備えている。バイオリンの美しい形状とその存在感は、楽器が演奏会場に入ってきた瞬間から聴衆にインスピレーションを与える。そして、演奏者とバイオリンの素晴らしいインタラクションは、感動的な演奏を生み出す。

「テクノロジーの未来は、かなりの部分、新しいインタラクションをどう発見していくかにかかっている」というケヴィン・ケリーの言葉は、デジタル文化の今後に大きな示唆を与える。

生物型ロボットが人間に愛され信頼される存在になるためには、どのようなインタラクションが不可欠なのであろうか。それは、人間と同じような振る舞いや、ペットの愛犬の行動と全く同じではないだろう。「ウェブの民」の琴線に触れるインターフェースが実現されるとき、デジタル的「感性の文化」は次の進化を成し遂げるはずだ。

◇「知性の文化」としてのデジタル文化

デジタルテクノロジーの急速な進化は、「知性の文化」にも大きなインパクトを与えている。それは、知識や情報やデータなどがすべてデジタル形式の符号に一意的に変換され、人間の能力をはるかに上回る量と速度をもって処理されるようになったからだ。

過去には印刷物としてしか保存できなかった、様々な記録、データ、情報は、今日ではほとんどデジタル形式で記録され、インターネットの上で閲覧、取得が可能になっている。画像映像も同様だ。したがってパブリック、プライベートを問わず、必要な知識を簡単にかつ高速に取得することができる。グーグルの検索機能はすでにいろいろな辞書や書物の代役を果たしている。世界中の図書館にある知識は、スマートフォンで簡単にアクセスできる。

かつては、いかにして情報を確保するかが重要なステップであった。しかし今日においては、必要な情報は容易に取得できるのである。すでに出発地点が異なっているのだ。

「知性の文化」の視点から見ると、これは画期的な変化である。まず記憶のための負荷が激減している。エリック・シュミットが述べるように、「コンピュータがすべて覚えてくれる」のである。そしてクラウドは社会全体の記憶装置になりつつある。そこへの入り口は、スマートフォンという名前のデジタル・ハブの扉を開くだけで見つかる。クラウドは現代の「知性の文化」のインフラであり、デジタル文化は「知性の文化」の新たな様式でもあるのだ。

数世紀にわたり「知性の文化」の主役であった書籍は、デジタルテクノロジーという、競合者かつ支援者を得たのである。デジタル文化の存在が顕著になるのと並行して印刷物も増加している。世界中の情報の総量が増加しているからだ。

こうして活版印刷の発明に起源を持つグーテンベルクの銀河系は、デジタル宇宙の一星座になってしまった。新たな銀河を生み出すのは、数十億人が日々アクセスするSNSや、24時間、社会のダイナミックな活動データを収集し続けるIoTや、地球上はもちろん宇宙の果てまで見つめ続ける自然現象観測用センサなのだ。

そして人工知能AIという、「知性の文化」の新たなプレーヤも出現している。人間の知的な思考活動そのものが、AIというデジタル処理によってシミュレートされ始めている。人間の思考モデルは、アルゴリズム処理という一連の数値演算の流れで代替可能である。したがって1と0のデジタル二値を用いて記述できる世界の活動は、アルゴリズム処理を使って再現可能となる。ＡＩはその中の、人間の高度な思考を、デジタルシステムに再構築しなおす試みである。ただし何が高度で知的・インテリジェントな思考なのか、明確な定義はまだない。しかし、顔の画像を用いて個人を識別するとか、簡単な外国語の音声を別の言語に変換するという程度の処理は、実世界で利用できるレベルにまで達している。

また物体的行動を伴わないチェス、囲碁や将棋の分野では、すでにＡＩが人間の思考を凌駕し始めている。ディープラーニング（深層学習）は過去の膨大な対戦データを用いた学習により、プロの棋士にも勝利できるパターンを発見する。それは知的な探求に他ならない。そして、その手法は医学をはじめ多様な分野への応用が期待されている。

「知性の文化」はデジタル文化という新しい行動様式と、ＡＩという新たな知性を得て、新たな時代を迎えようとしているのである。

結局「デジタル文化」とは、「生活の文化」における行動様式だけでなく、「感性の文化」や「知性の文化」の新たな様式でもある。その流れはこの先もとどまることはない。

第三章

プラットフォームの時代

☑ デジタル文化を支えるインフラストラクチュア

前章まで、地球上の約40億人を超す人々がデジタルライフを営んでおり、その行動・思考の共通様式が汎地球的なデジタル文化を構築しつつあることを見た。

歴史上、特に19世紀以降の近代において出現した様々な文化の背景には、その推進役となったテクノロジーの価値を高めるための社会的インフラストラクチュア（インフラ）が同時に確立されていた。

例えば、第二次世界大戦後のクルマ社会、つまりモータリゼーション文化を支えたのは、自動車道路網、あるいは高速道路網という社会基盤である。加えてクルマのエネルギー源であるガソリン、さらにそのもとになる石油の安定した供給のための物流システムが地球規模で存在していた。

では今日のデジタル文化のためのインフラとは何だろうか。本章ではまずその仕組みを整理してみる。

18世紀にイギリスのワットが発明した蒸気機関の出現は、当時のエネルギーの一大革命であった。それは社会の様々な動力源として活用され、それまでは人力や牛馬に頼っていた人々の生活に劇的な変化をもたらした。

その中でも蒸気機関を動力源とする鉄道という交通手段の出現は、当時の「時間」と「空間」の概念を一新させた。「空間」は急速に縮小され、人々の「時間」は拡大した。その鉄道社会および、それが生み出した新しい交通文化を支えたインフラは鉄道網であった。従来の街道、道路網に加わったこの鉄道「ネットワーク」および続々開発された炭鉱は、新時代の社会インフラであった。

そしてこの時代のイギリスでは、鉄道網にそって、当時急速に注目され始めた電気通信システムの有線通信網を整備する動きも活発になった。１８４６年、ウイリアム・クックが電信網の将来性を見越して興した電信会社は、１８６８年に国有化されるまでに、イギリス全土で総延長2万5千キロに達する電信線を敷設した。結局、鉄道網という新しいインフラが、次の時代の、電信「ネットワーク」インフラの下地にもなったわけである。

そしてその後も、科学の発展に伴い様々な主要技術が出現するたびに、それを支える社会インフラが必ず登場してきた。

エネルギー装置としての蒸気機関を置き換えたのは19世紀半以降急速に普及した電力であった。まずはエジソンの発明で有名な電球が、画期的照明装置として社会に普及した。そして、水と石炭や、鉄製の複雑な機器を必要とした蒸気機関を徐々に駆逐したのは、電気によって駆動されるモーターや機器類であった。しかし電気が注目され始めた当初、人々は発電機を用意して、電力を自ら確保するしかなかった。

本格的な電気の文化は、大規模な水力発電所や火力発電所の整備と、国中を網羅する送電線網というネットワーク・インフラが整備されるのを待たねばならなかったのである。

また20世紀半ば以降、鉄道や車に変わる長距離高速移動手段として登場した飛行機の場合でも状況は同じだった。飛行場という巨大なインフラが世界中に建設され、航空路線という空のネットワーク網が整備されたことが、現代の旅の文化の隆盛を支えているのである。

したがって世界中に普及する新文化は、それを支える社会インフラなしには確立されないのだ。

そして1980年代以降のデジタルテクノロジーにとって、最も重要なインフラが情報通信ネットワークであることは間違いない。孤立した高速電子「計算機」から、コンピュータがコミュニケーションの主役に変身したのは、LANやWANという情報通信網が確立されたからである。その極めつけが複数のコンピュータ・ネットワークを地球規模で接続するインターネットの出現であった。おそらく今日、インターネットが全面的に停止する事態が発生すると、人類の生活は大混乱に陥るであろう。事故や社会的災害の発生にもなりかねない。

しかし、幸いにもインターネットは、巧みに分散化されたフォールトトレラントなシステムであり、局所的な障害が世界全体に拡大しない仕組みになっている。

では21世紀になり、デジタルライフが人々の生活にすっかり浸透し、世界の共通行動様式として空気のように欠くべからざるものになってしまった今日、そのデジタル文化を支える社会的インフラとは何であろうか。

◇**情報通信ネットワーク**

約半世紀前、大学、企業、組織などの内部の独立した大型計算機として利用されていたコンピュータが、人・モノ・そして世界中の機器を結びつける汎用型製品に進化した今日、それを支える最も重要なインフラは、情報通信網に他ならない。

インターネットは、既に20世紀末に重要な情報通信インフラになったのであるが、その役割が今まで以上に拡大することに疑いの余地はない。

そしてインターネットの物理的実体を構成しているのは、有線通信網と無線通信網である。有線の中核ネットワークは陸上の光通信網と海底ケーブル網だ。そして無線のそれは主として地上波無線通信網である。

２０１８年現在、世界の海底ケーブル網の総延長は約１２０万キロメートルに達する。実に地球30周分の「海の情報ハイウェイ」だ。そして世界のデータ通信の99％がこのケーブル網を通過し、陸上の有線ネットワークにつながる。その回線の主役は海陸ともに光ケーブルである。

ビッグデータが、ヒト・モノ・カネにもまして重要な資源であると認識されている現代では、データ通信インフラの意義は大きい。米中の間で海底ケーブル網の覇権をめぐる争いも日増しに激しさを増している。

ちなみに海底ケーブルの歴史は意外に古く、すでに1850年には英仏間のドーバー海峡を横断するケーブルが敷設されている。さらに1858年には英米間が大西洋を横断する海底ケーブルで結ばれることになる。日本では江戸末期のことだ。そして1854年ペリーが二度目に日本に来航した際には、モールス電信機が将軍家定へ献上されている。日本がいまだに飛脚や早馬に頼っていた頃、すでに西欧社会は電気信号によるコミュニケーションの時代を迎え、海底ケーブルという地球規模のインフラ構築を始めていたのである。

一方、地上波通信網は、現代の無線通信用インフラとして重要な役割を担っている。無線通信の進化に関しては拙著『デジタル・ビッグバン』の第五章において、その進化の歴史を詳述してあるので参照されたい。

その中でも記したが、20世紀は電磁波通信技術が飛躍的に進歩した百年である。マルコーニが無線通信に成功した20世紀初頭から、一世紀の間に飛躍的なテクノロジー進化が達成されたのだ。

百メートル以上の巨大アンテナを必要とした長波の利用から始まり、1980年代には光波を用いた通信までも実用化され、驚異的な量のデータ通信が可能になったのである。

データ通信に使用される周波数帯域と、通信容量（Bps）の時系列的な変化を見てゆくと、アナログ電話時代の9.6 K Bpsという通信容量が、最新の光ケーブルの10 G Bpsまで向上したことは、一秒間に送受信できるデータ量が約1千万倍増加したことを意味する。1日かかったデータ送信が約０・９秒で完了することになる。

そして、今日のデジタルライフの普及を加速したのは、なんといっても地球規模の広域無線通信網の出現である。

第二世代携帯用（２G）、第三世代（３G）まではキロBpsであった通信容量は、第三・九世代（３・９G）から第四世代（４G）でギガBpsまで増加した。そして２０２０年ころの実用化を目指す第五世代（５G）においては、第四世代に比べ通信容量、同時接続数が約１００倍まで向上するとともに、レイテンシー（通信遅れ）は十分の一まで減少することが期待されている。

また近距離用ワイヤレス通信規格が、距離に応じて整備されたことも通信インフラの大きな進化である。昨今のＩｏＴの普及にはBluetooth/ZigBeeの出現が大きく貢献している。また市民生活の中でもＮＦＣ規格に準拠するＲＦＩＤやSuicaなどの非接触型カード、WiFiなどが欠かせない存在となっている。

◇データセンター

ビッグデータ時代に突入して、日々蓄積されるデジタルデータの保存・管理は大きな課題になりつつある。医療の分野を例にとると、現代の病院の設備・機器はほとんどすべてデジタル化されており、毎日膨大な量の検査データ、診療録などのデジタルデータが生成される。中長期に及ぶ重要データの効率的な管理は、現代医療においては中核業務であるといっても過言ではない。

また頻発する地震、津波、局地的豪雨など突発的自然災害への対処も、デジタル社会が避けて通れない問題である。加えて年々悪質化、巧妙化する情報セキュリティ犯罪への対策もシステム管理者にとって頭痛のタネになりつつある。

これらデジタル社会特有の複合的な課題への有効なソリューションとして、データセンターの活用を社会全体として推進する必要がある。

データセンターはクラウドコンセプトのバックボーンでもある。基本はハードウェア、ソフトウェアの共有だ。前述した大量データの管理、自然災害・情報セキュリティなどのリスクに対し、各企業や組織が個別にアクションをとることは非効率である。組織横断的に取り組み、なるべく重複を避ける方が望ましい。最近はXaaS（X as a Service）の時代であり、物理的なIT資源を所有するのではなく、従量制サービスとして利用することが一般化している。データセンターは、そのようなデジタルトレンドを支援する現代のインフラである。

デジタル文化を支える重要な社会インフラとしては、ここまで見てきたインターネット、情報通信網、データセンターのような物理的基盤がある。そしてそれらにとどまらず、その基盤上に構築される、非物質的、ソフトウェア的環境も大きな役割を持っている。

その代表的なものは、ＷＷＷ（ワールドワイドウェブ）、クラウド、そして21世紀の新たなパラダイム「プラットフォーム」だ。

◇ＷＷＷ（World-wide-Webワールドワイドウェブ）

インターネットは情報空間に張り巡らされた地球規模の情報高速道路網のようなものだ。その物理資源を効率的に活かすためには、情報網としてどのようなコンセプトと手順で使用するのが理想的なのか。ＷＷＷはそのための約束事を決める、いわゆるプロトコルである。

具体的にはＨＴＴＰという通信プロトコルと、ＨＴＭＬというプログラミング言語、そしてＵＲＬというインターネット内の住所表示法である。１９９０年にイギリスのティム・バーナーズ・リーがＷＷＷのコンセプトを提唱すると、ブラウザが考案され、そして世界中に多くのウェブサイトが構築され始め、その中からヤフー、グーグル、そしてFacebookをはじめ、多くのＳＮＳシステムが生まれたのである。ＷＷＷというコンセプトと、そのための環境が確立されたことがネット空間を安定したものにし、今日の隆盛を招いたのだ。

ＷＷＷは、後に続く新たなプレーヤを生み出すメカニズムを最初から内包していた。その結果ブラウザ、ウェブサイトなどのプロダクトやサービスが次々に誕生したのは周知のとおりだ。
その後も進化を続けるＷＷＷは、デジタル文化の重要なインフラである。

◇**クラウド**

クラウドは、コンピュータ世界の新時代を創り出したパラダイムだ。それは驚異的な半導体技術の進化と、それに同期するように高速化を成し遂げたデータ通信技術の進化が相まった結果生まれたコンセプトである。強力なデータ処理能力と、圧倒的な通信速度そして無尽蔵にも見えるデータ記憶容量の出現によって、複数の組織、ユーザがコンピュータ資源を共有できるようになった。個別に専用の資源を購入、所有、管理する必要はない。それがクラウドの基本的な位置づけだ。

クラウドは、20世紀型コンピュータが前提とした、企業内や組織内で完結するクローズされた形態ではなく、解放された環境のもと、社会全体で資源を共有するというオープン・アーキテクチュア思想に基づいている。

クラウドの前提となっているのは、先述したデータセンター施設の存在である。

そしてコンピュータ処理の視点からみた重要なテクノロジーは、仮想化技術である。これはハイパーバイザという仮想ＯＳの中に、異なる複数のＯＳ環境を同時に実現するソフトウェア環境を指す。その結果ハイパーバイザの中に、あたかも別々のハードウェアとＯＳが存在しているような環境が構築される。つまり一つのコンピュータの中に別々の複数のコンピュータが入っているようなイメージだ。この仮想OS技術を用いると、従来は全く別々のシステムとして独立していたコンピュータ群を、一個のシステムのように利用することができる。もちろんハードウェアも仮想OSを搭載したひとつのサーバのみで済む。その結果、初期投資と維持管理費用が、従来よりも大幅に低減されることになるわけだ。

図3−1にはデジタルハブの計測機器としての機能が、背後の巨大なクラウドに繋がっていることを示す。機能ごとに強力なクラウドと接続されることは、小さなスマートフォンが巨大なバックオフィス型システムの窓口として高度な処理能力を有していることを意味する。

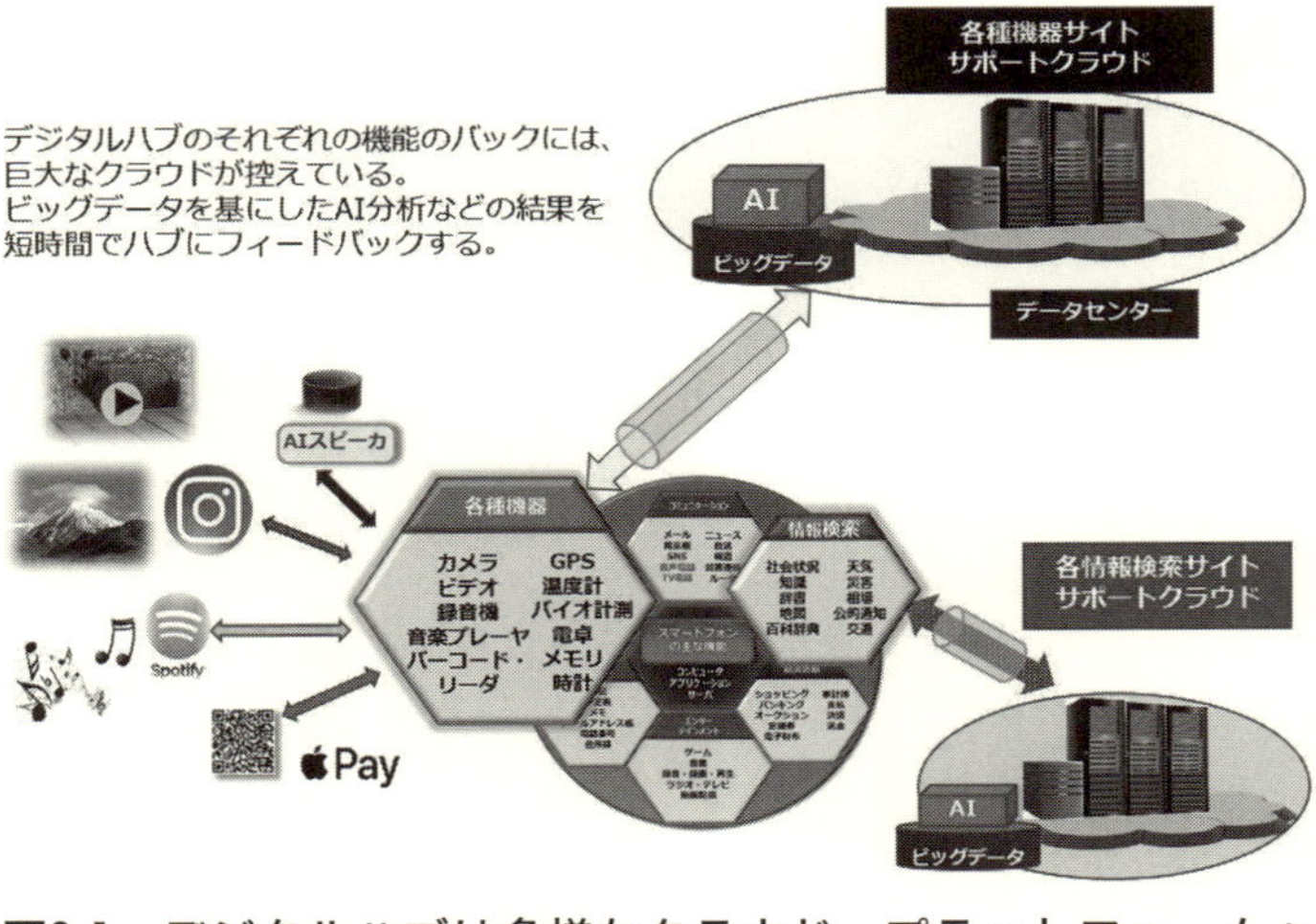

図3-1　デジタルハブは多様なクラウド・プラットフォームへの窓口

ウェブ空間とはこのようにネットワーク経由で無数に結びついたパワフルなクラウドによって構成されているのだ。次代の主サービスと目されているＡＩスピーカの背後には、ビッグデータとそれをベースにするＡＩアルゴリズムがクラウド内に控えている。

スティーブ・ジョブズは、ＰＣがデジタル化されたライフスタイル機器（電話、カメラ、音楽プレーヤなど）の中核、つまりハブになることを見抜き、デジタル・ハブというコンセプトをいち早く発表し、それをiPhoneによって実現した。そして２００８年ころになると、デジタル時代の次の波はクラウドであることを確信した。クラウドはコンテンツのハブになり、いずれ社会の膨大なデータを一手に引き受けるインフラになるという予感であった。

そしてジョブズは２０１１年6月にiCloudサービスを発表した。

「アップルは、ユーザとクラウドの関係を管理する会社にならなければならない」とコメントしたジョブズは、アップルの次のデジタル戦略の中心に、ウェブ空間の実体としての存在感を増すクラウドを置いていたのである。

スマートフォンのアプリの背後には、様々なクラウドが存在する。グーグルマップは最も有名なクラウドだ。アップルのＡＩアシスタント、Siriはクラウドの中に住んでいる。アマゾンやフェイスブックもその実態は巨大なクラウドだ。

グーグルが開発した、スマートフォン専用ＯＳのアンドロイドは、はじめからクラウドとの連携を前提にして設計されている。

ジョブズの予言は、現実となった。

アマゾンはＡＷＳ（Amazon Web Service）という世界最大のクラウドサービス環境を提供する。ＡＷＳの仕組みを活用したクラウドシステムが多くの分野で出現している。一方グーグルは、その名もグーグル・クラウド・プラットフォームという名前のクラウド構築環境を提供している。またWindowsという一世代前のプラットフォームＯＳのヘゲモニーを握っていたマイクロソフトも、クラウドに軸足を移し、変身を図りつつある。

ケヴィン・ケリーは、近い将来、一企業が運営するクラウドでは不十分であるため、ネットワークが集合してインターネットが生まれたように、巨大クラウド同士が結ばれたインタークラウドが出現し、そして最終的にはザ・クラウドというような巨大な存在になるだろうと予言する。

こうしてクラウドは、デジタル文化を支える重要な社会インフラの一つとして、いまやゆるぎない地位を占めるに至ったのだ。

そして現代デジタル文化の優れた点は、こういうクラウド型の秩序の中から、次の時代の成功者が続々に出現していることだ。それが次に示すプラットフォームである。

☑ プラットフォームとは何か

表3－1に2019年8月末時点における、「世界の株式時価総額企業トップ10」を示す（ちなみに日本企業の中では、ランク外でトヨタ自動車の43位が最高ランクである）。この10社の中の6社（☆）は20世紀には存在しなかったか、きわめて小規模の組織であった。しかし21世紀の今日、この6社はそれぞれ、数億人から数十億人の利用者を有する。とくにその中のグーグル（G）、アマゾン（A）、フェイスブック（F）そしてアップル（A）はGAFAとも呼ばれ、新時代の旗手とみなされている。それは21世紀型ビジネスを象徴する代名詞であり、彼らが確立した、このビジネス構造は「プラットフォーム」と呼ばれる。

「株式時価総額」は、投資家が企業を評価する際の、「未来への期待」を示す指標である。表3－1から、

表3-1　株式時価総額　2019年８月末

順位	企業名	時価総額(ドル)	国名
1	マイクロソフト	1兆520億	アメリカ
2	アップル　☆	9422億	アメリカ
3	アマゾン・ドット・コム　☆	8786億	アメリカ
4	アルファベット（グーグル）　☆	8246億	アメリカ
5	フェイスブック　☆	5297億	アメリカ
6	バークシャー・ハサウェイ	4971億	アメリカ
7	アリババ・グループ・ホールディングス　☆	4528億	中国
8	テンセント・ホールディングス　☆	4009億	中国
9	ビザ（VISA）	3587億	アメリカ
10	JPモルガン・チェース	3512億	アメリカ
43	トヨタ自動車	1850億	日本

世界の投資家がプラットフォーム・ビジネスの将来性は「買い」であると評価していることがよく解る。そしてその期待の裏付けは、プラットフォーム企業のこれまでの実績の中に明確に現れている。

『プラットフォーム革命』の著者、アレックス・モザドによると、Ｓ＆Ｐ５００種に含まれるプラットフォーム企業の過去10年の利益率の伸びは平均３３０％であり、全体平均の16％を大きく上回る。そして25年以内にプラットフォーム企業はＳ＆Ｐ５００種の純利益の50％を占めると予測する。

この統計結果は、20世紀から21世紀に入り、経済活動のパラダイムが全く異なる様相を示し始めていることを明確に示している。ビジネスの効率が劇的に向上しているのだ。

ではその実態はどのようなものなのか。改めて整理してみよう。

☑プラットフォームという名のビジネスモデル

もともと存在したプラットフォームという用語は、例えばクルマのシャーシのような技術的な共有部品などを指していた。またWindowsやMacOSなども、ソフトウェアという限定的な分野での技術基盤という意味でのプラットフォームであった。

しかし今日「プラットフォーム」は一つのビジネスモデルを意味する言葉だ。ビジネスモデルとはビジネスの秩序、構造を指す。つまりＧＡＦＡに代表されるプラットフォーム企業は、新しいビジネスのメカニズムの中で行動しているのだ。そしてその仕組みには、20世紀のテクノロジーでは実現できなかった、いくつかのユニークな機能が含まれている。

20世紀型ビジネスの主役は企業や組織であった。しかし21世紀に入り、高性能の小型コンピュータをスマートフォンや携帯端末として人々が生活の隅々まで持ち込むことが可能になった。つまり個人的な生活の現場にまで、優れたデータ処理機能やコミュニケーション機能を備えたツールが浸透したのである。プラットフォームはこの現代人の日常生活の中に、情報を中心軸にした行動パターンを埋め込むことに成功し、結果としてデジタルライフという新たなムーブメントを創り出したのである。

第一章で見た通り、スマートフォンの大きな役割の一つは、個人の経済活動を直接サポートするということだ。そこに多様なビジネスの機会が存在することをいち早く看破したのがプラットフォーム企業であった。フェイスブックのような、プライベートな生活情報をシェアする行動の中に、マクロな消費者動向のヒントが潜んでいると認識された時から、広告・宣伝の新しいスタイルが始まった。それは、新聞やテレビなどの既存メディアが仲介する広告よりも効果的であると、すぐに社会に認められた。

プラットフォームの強みは、地球上に住む数十億人という規模の人々の詳細な生活情報を、ほぼリアルタイムに収集し、分析し、活用できることだ。それこそが20世紀までの企業には実現不可能な試みであった。

20世紀前半から70年代まで活躍したノーベル賞経済学者フリードリッヒ・ハイエクは、当時の共産主義国家が掲げていた計画経済を、非現実的な試みとして強く批判した。ハイエクは、その時の気分次第で簡単に変わる消費者の行動を予測することなど不可能であり、その集合としての巨大な経済の動きを計画的に制御する試みは現実的ではないと主張した。そしてハイエクは、最終的な経済活動は、市場が決定する価格という形で均衡に達するという理論を展開した。

ハイエクが活躍した70年代ころまでは、それはある意味で常識的な見解であった。世界全体の詳細な経済データを処理できるコンピュータはまだ出現していなかった。また、膨大な量のデータ通信のためのネットワークも存在しなかったし、ＩｏＴはその気配すらなかった。ましてや、個人がコンピュータを持ち歩くことはＳＦの世界の話であったのだ。

しかし驚異的な処理能力のコンピュータが遍在し、高速光通信網が地球上に張り巡らされた、21世紀のビッグデータの時代には、ハイエクが不可能と断定した経済全体の詳細な分析は、国家や企業にとってごく日常的な仕事になっている。消費の現場の草の根的な行動データは、スマートフォンやＰＯＳ端末を経由してリアルタイムに収集される。現代ではビッグデータ分析はルーティン業務であり、20世紀末頃から経済を取り巻く環境は激変しているのだ。最大の変化は、人々が、経済活動を含む詳細な行動データを自ら発信し始めたことである。その行動データを独占的に入手し、活用しているのがプラットフォームだ。

市民のポケットの中のスーパーコンピュータに着目したプラットフォーム企業は、21世紀型のデジタルな消費行動を世界中に広め、「新しい経済原理」を創り出したのである。

☑ネットワーク効果

プラットフォームのユーザはインターネットによって互いに結ばれる。つまりユーザ・ネットワークが構成される。そしてネットワークを介在するビジネスは、ネットワークに参加するメンバーの数が多いほど価値を生む。これがネットワーク効果と呼ばれる現象である。典型的な例は、電話や電子メールだ。電話やメールの加入者数がNの場合、その中の加入者どうしの可能な接続数はNの二乗に比例する。つまり参加者が増えると、その結合の数は指数関数的に増加するわけである。これは「直接的ネットワーク効果」と呼ばれる。一方「間接的ネットワーク効果」とは、参加者間で交換できるサービスやコンテンツの品ぞろえが、参加者の増加に比例するという効果だ。

シェアライドのウーバーは、ネットワークを通して、乗車したい人からは乗車場所と目的地を、またクルマを所有するメンバーからは、使用可能なクルマの場所と時間帯について情報を収集する。そして、それらのニーズとシーズをマッチングさせ、遊んでいるクルマをタクシーとして活用するビジネスモデルを確立した。膨大な数のメンバーが、ある時は供給者に、別のときには利用者としてつながるのだ。これが「間接的ネットワーク効果」の典型的な事例だ。

個人住宅の民泊サービスを提供するエアビー・アンド・ビー（Airbnb）も同じく間接ネットワーク効果を活用する。サービスの対象がクルマか居住スペースかの違いだけである。

これらのビジネスはシェアリングエコノミーとも称される。それは、既存の資源や資産をネットワークでつなぎ、社会全体で共有することによって新たな価値を生み出している。個人のクルマや住居は使用される時間が限定される。つまり稼働率が低い。投資効率が悪く、資産が活かされていない状況である。しかし、ウーバーやAirbnbのシェアリング・サービスを通して遊休資産が頻繁に利用されると、社会全体の資源が有効に活用されることになる。交通手段や居住設備という社会システムの稼働率が上がり、生産性が改善されるのである。

フリーマーケット（蚤の市）アプリもある意味ではシェアリングエコノミーに属する。商品の所有がマーケットを仲介として移動することは、シェアリングと本質的に同じだ。そして参加者が増えるほど出品される商品は増加し、売買の機会は大きくなる。参加者にとっての価値が増えるのだ。日本のフリマアプリ最大手、メルカリ社の公開データによると、２０１３年の創業以来の累積出品数は10億品目超、毎月メルカリ上で売買される金額３００億円超とされている。２０１９年８月の決算データでは、月間利用者１３５０万人、また同社の最新の通期業績予報によると２０１９年の売上高は、対前年比44・５％と報告されている。現代日本の経済活動の中において、売上高が前年に比べて数十パーセントも増加する産業はほとんどない。日本社会においてシェアリングエコノミーが勢いを増していることをよく物語るデータだ。利用者の出品数が増えるとあらたな需要が創造される。利用者が自ら価値を創り出すというネットワーク効果によってプラットフォームが成長し、フリマ市場が拡大しているのである。

そして世界の主要プラットフォームの場合、ネットワーク効果はさらに桁違いの規模に達する。フェイスブックの月間ユーザ数は2019年6月時点で約24・1億人、またグーグルは2019年時点で月間ユーザ数19億人のYouTubeをはじめ、月間の利用者が10億人を超えるサービスを七つ（Gmail、Google Mapなど）所有している。加えて同社が提供する、スマートフォンOSのトップシェアを誇るAndroid OSのユーザ数は20億人に達する。競合するAppleのiPhoneのそれは2017年時点で7億人超である。アマゾンはユーザ数を公開していないが、日本だけでもネットコマースサイトのアクセス数は月間5億とされる。これらに中国のアリババ、テンセント、バイドゥを加えると単純計算でその総数は100億人を超える。つまり世界の主要プラットフォーム全体で、すでに地球の人口を超えるユーザを擁しているのである。

アマゾンのサイトにはユーザどうしの情報交換の場が設けてある。例えば書籍の売買サイトの書評コーナーがそれだ。そこで情報が交換され、結果的として数億人を超えるユーザが互いに結ばれる。単に商品が売買されるだけでなく、そこでコミュニケーションが発生するのだ。

リアル店舗のビジネスにとって、アマゾンのようなプラットフォームにはもはや太刀打ちできない事態になりつつある。米国小売り大手のトイザらスもメーシーズも、このビジネスモデルの敗者である。20世紀型のリアルビジネスは、プラットフォームという21世紀型ビジネスの出現によって変化を余儀なくされている。

ネットワーク効果は21世紀型ビジネスにとっての大きな武器である。それが多くのプラットフォーム企業が株式時価総額で世界の10位以内にランクされる理由のひとつなのだ。

☑ 分散型サービス

フリマアプリの例からも明確なように、膨大な数の出品は、市場に分散している利用者の資産が供給源である。つまりプラットフォームのメンバーは消費者であり、かつ供給者にもなる（アルビン・トフラーはそのような二面性を「プロシューマー」と命名した）。この分散型メカニズムがプラットフォームの大きな価値を生み出す源だ。

20世紀型の中央集権的構造を持つ企業が、日本で10億という数の商品を、自社のみで手配することは容易ではない。全く同じ型番の同一製品の10億個ではない。異なる製品、タイプ、サイズ、デザインの商品10億品目を準備するのである。トップダウン型のビジネス構造では、すぐに規模の限界に行き当たる。一方プラットフォームでは、ビジネスの規模はネットワーク参加者の数に比例して大きくなる。なぜなら分散型メカニズムがベースになっているため、出品する商品を参加者が自ら用意してくれるからだ。プラットフォームを通して、分散する膨大な数の個人資産や商品が結びついているのだ。

シェアリングエコノミーのウーバーやAirbnbでは、結びつけられる対象はクルマや住宅スペースだ。局地的に分散している利用者の資産を繋ぎ合わせると大きな価値の源泉になるのである。

これが全てのプラットフォームに共通の分散効果だ。草の根型分散ネットワークは、過去の中央集権型組織の限界をはるかに凌駕する規模の価値を生み出している。

☑ コミュニティの創造

プラットフォームはネットワーク経由でコミュニティ（共同体）を創り出す。コミュニティのメンバー間の情報のシェアは、プラットフォームの付加価値である。断片的な情報はシェアを通してさらに情報がプラスされ、情報としての質を向上することで価値を高めるのだ。

数年前、ロシアに隕石が落下したことがある。落下直前の隕石をとらえた多くの映像、画像がすぐにSNSにアップロードされた。異なる場所、様々な方角から市民が携帯電話やスマートフォンで撮影した情報が世界に向けて発信されたのだ。

複数の市民が発信したコンテンツは、徐々に合体して全体像を形成し、生々しい隕石の実像を、リアルタイムでかつ明瞭に世界に伝えたのだ。
これは、ネットワーク上の不特定多数のメンバーが情報をアップロードし、コミュニケーション・コミュニティを媒体として社会に貴重な価値をもたらした典型的なケースだ。ネットワークの利用者は、自然発生的に構成されるその場限りの匿名のコミュニティに無意識のうちに参加し、貢献しているのだ。

ネット市場の機能を提供する交換型プラットフォームの場合、コミュニティの存在がユーザに経済的なアドバンテージを生み出す。

図3－2にはスマートフォンのアプリの利用者がネット上で、地球規模の複数のコミュニティに参加する状況が示されている。

たとえばアマゾンやアリババのユーザにとってのメリットは、ネットワークを通してコミュニ

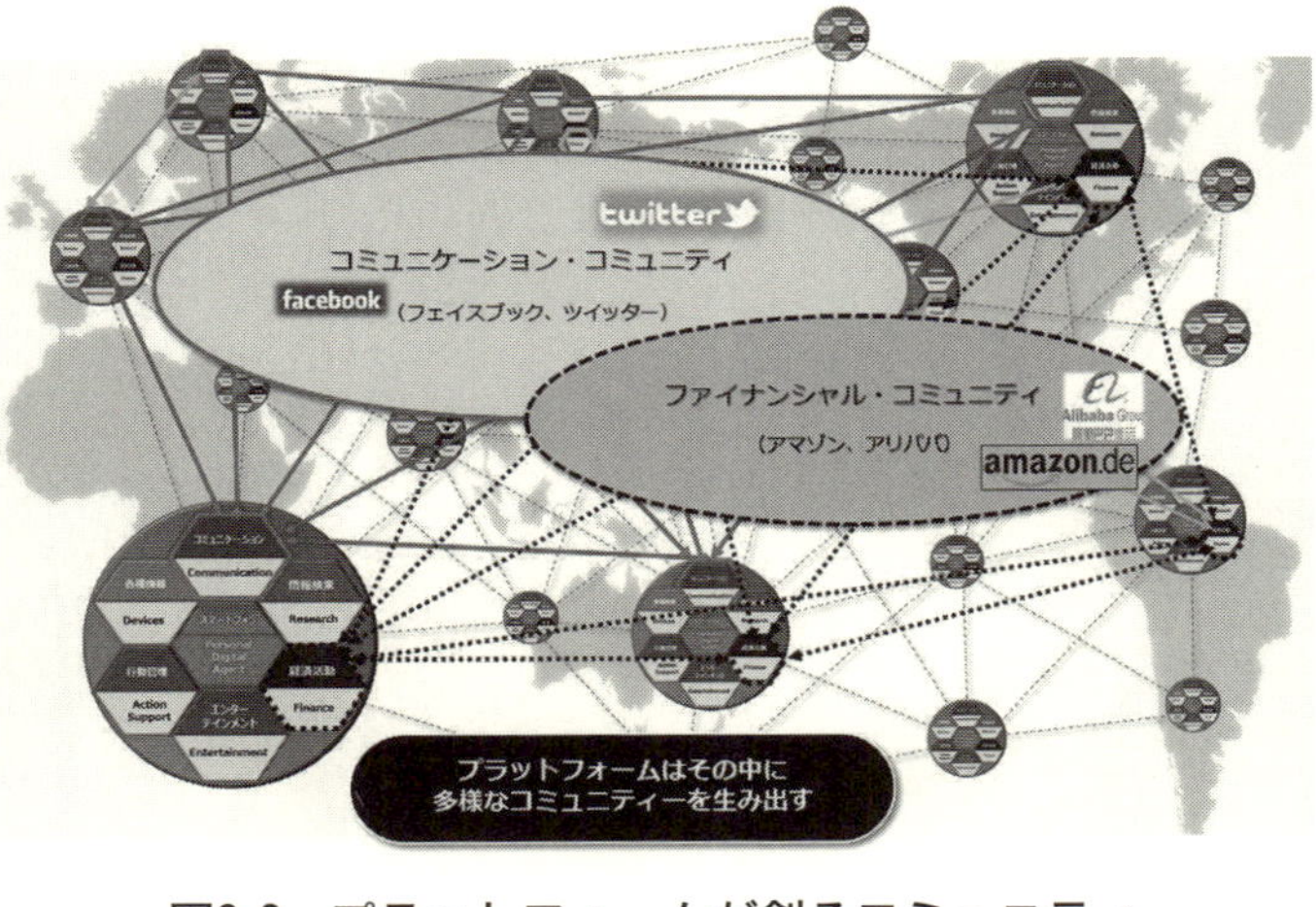

図3-2　プラットフォームが創るコミュニティ

ティ内で交換される様々な情報だ。同じ商品でも、どこの店舗が安いかという価格比較、そしてその商品を購入し使用したほかのユーザからのフィードバック、つまり商品内容、価格の納得度、品質に関する満足度などである。ほかにも、「この商品の購入者は、次のような別商品を購入する傾向があります」というリコメンデーション情報の提供である。そのような購買の意思決定に直結する情報を、既存のリアル店舗においてシェアすることはほとんど不可能である。購買に関する定量的かつ定性的情報を、不特定の匿名参加者が形成する一時的なコミュニティの中で得られる。

同様にフェイスブックやツイッターなどのアプリを起動したユーザは、瞬時に地球規模のコミュニケーション・コミュニティの参加者に変身できる。

これこそがプラットフォームの中で創造されるコミュニティの価値とパワーなのだ。

☑インター・プラットフォーム効果

一般的なプラットフォームの利用者は、複数のプラットフォームを利用している。アマゾンとフェイスブック、あるいはツイッターとグーグルサーチを毎日利用するなどというパターンはごく普通だ。つまり、一人のユーザが複数のプラットフォームを利用し、複数のコミュニティに属している。したがってプラットフォーム横断的なネットワーク効果も発生することになる。最近は複数のプラットフォームやアプリの間で、ログインIDをシェアできる傾向にある。情報セキュリティの視点からはリスクが増すのだが、プラットフォームの相互乗り入れによって、単独プラットフォーム間の水平方向の連携をさらに強化するトレンドである。つまりデジタル生態系は、ますます相互依存の度合いを深めながら拡大しているというわけだ。

日本の総務省の調査によると、スマートフォンユーザがネットに接続する主な目的は、SNSの利用にあるという。多様に進化するプラットフォームの存在が、デジタルライフの推進源になっているのだ。

☑新たなプロダクトやサービスの創造

プラットフォームは、その機能の一つとして、新たなプロダクトやサービスを生み出す環境を提供する。

例えばアップルはiPhoneの中にApp Storeを提供している。そこではアプリベンダーが様々なiPhoneアプリを開発して公開し、ユーザを勧誘する。ユーザの方は希望するアプリを手軽に購入、あるいは無料でダウンロードできる。

ユーザにとってはiPhoneの機能がさらに豊富になり、新たな製品やプロダクトの選択肢が増える。もちろんベンダーにとっても、巨大なiPhone市場にダイレクトに参入できるため、短期間で商機を得ることができる。そして、新しいアプリが増えることは、iPhoneの新たなユーザ層の発掘に結びつくという点でアップルにとってもメリットだ。結局、アップル、アプリベンダーそしてユーザ、すべての関係者に新奇な価値を生み出す仕掛けである。グーグルも同じようなGoogle Playという環境を提供している。

そして急速にデジタル化を進めるライフスタイル機器企業も、このプラットフォームを積極的に活用している。ステレオなどのオーディオシステムメーカーは、自社製品とSpotifyなどの音楽ストリーム配信ベンダーとの接続を、スマートフォンアプリを仲介者として実現する。これらの製品のカタログには、「操作アプリはApp StoreあるいはGoogle Playから無料ダウンロードできます」と明記されている。デジタル家電も同様だ。例えば、従来型の固定電話に外部からかかってきた通話を、家の別室にいるスマートフォンユーザにつなぐアプリなどがApp StoreやGoogle Playに登録されているのだ。

ジョブズの予言どおり、今やスマートフォンは、多様なデジタル・ライフスタイル機器を総合的に管理するためのハブとして社会に幅広く認知され、その機能をますます強化しつつある。このようにプラットフォームは自己増殖・拡張の仕組みを内包している。それゆえにビジネスモデルと呼ばれるのだ。

たしかに20世紀ＰＣビジネスの覇者であったマイクロソフトも、ビジネスの構造としては類似のプラットフォーム的機能を有していた。

ソフトウェア市場で絶対的なシェアをもつWindowsＯＳ環境で稼働するアプリケーションが豊富に存在することが、結果的にマイクロソフトにとっての価値になっていた。しかし、マイクロソフトは決して、Google PlayやApp Store的な環境を提供しようとはしなかった。そのビジネス構造は垂直統合的であり、マイクロソフトは階層構造の最上位からWindowsアプリが増えるのを高みの見物で眺めていればよかった。マイクロソフトWindowsＯＳのユーザは当時相当数に達していたが、ユーザ間の情報交換、交流の機会はほとんどなかった。つまりネットワークは構成されていなかったのである。だがそれは20世紀ビジネスの常識であり、特にマイクロソフトが時代に遅れていたのではない。

アップルやグーグルが異なるのは、市場の中でユーザにとっての価値となる新しいアプリが、ネットワーク環境の中で増殖してゆく動きを積極的に後押ししている点である。意識的に水平分業を支援しているのだ。それはエコシステムとも呼ばれるデジタルの生態系を築きつつある。

中国ではアリババ、テンセント、タオパオ、バイドゥなどのプラットフォームが大きな存在として成長し、中国経済の飛躍的な発展を後押ししている。多くのスタートアップが次々に生まれ、その中からユニコーン企業のレベルに達する会社も現れている。中国は21世紀型ビジネスの潮流をしっかりとらえ、先行する20世紀型の経済先進国を一気に抜き去り、新しい経済世界のトップに躍り出ようとしている。先述した世界の株式時価総額トップ10の中には、すでにアリババとテンセントの2社がランクインしている。日本企業はというと、40位台にトヨタが姿をみせるのが最高という状況だ。

明らかに、未来の経済構造は大きく変貌しつつある。その主役は、プラットフォームというビジネスモデルを上手に活用する、新顔のスタートアップやユニコーン企業であろう。

プラットフォームは、小さな組織や企業が大きく飛躍するための手段と資源を提供し、未来ビジネスの発射台としての役割を担いつつある。

☑クラウド＋5G＋ビッグデータ＋AI

第一章の中の「人々はなぜデジタルライフを選ぶのか」において、消費者の行動が個体型製品の所有から、流体型サービスに移行しつつあること、経済的合理性がその背景にあることなどに触れた。そして非物質化とサービス化が、社会の様々な分野でさらに加速するとき、そのために必要なインフラが当然出現するはずである。

２０１８年10月、トヨタの豊田社長と、ソフトバンクの孫社長が両者の業務提携について記者会見に臨んだ。その背景には、ここ数年で急速に自動運転技術の実現化が進み、リアルの自動車産業とデジタルのＩＴ産業の境界が不透明化する現状がある。

すでにグーグルは公道における自動走行車の実証実験を数年前から実施し、着々とリアルの世界に乗り入れつつある。そして自社のAndroid ＯＳを未来のクルマの頭脳にしようという目論見もうかがわれる。グーグルは将来デジタル側がクルマの覇者になることを目指しているように見える。それは豊田社長が述べる自動車産業の「百年に一度の変革の時代」の始まりである。

そしてまたその背後では、プラットフォームに支えられた40億人を超すデジタルハブ所有者が、ライドシェアという車の配車サービスのユーザに変身する兆候も出始めている。クルマの乗り換えは、自動車メーカーA社からB社の間で起きるのではなく、車のオーナーから、クルマサービスのユーザへの乗り換えになろうとしているのだ。

記者会見の中、豊田社長は注目すべきコメントを発した。「(クルマの環境に) 変化をもたらしているのはCASE (コネクテッド、自動運転、シェアリング、電動化) だ。車は社会とつながり社会システムの一部になる。(トヨタは) 車をつくる会社からモビリティーサービス会社に変わることを宣言した」。つまりメーカーからサービス会社に変身すると述べたのだ。ここでいうサービス業は、先のプラットフォームの動きで見たような、現代人のデジタル・ライフスタイルを徹底的に活用したサービスを提供する産業のことである。24時間リアルタイムの、個人間の詳細な需要と供給のデータ、クラウドに蓄積される膨大な走行情報、道路情報を活用したフレキシブルで経済効率の高いサービスである。

それはグーグルやアマゾンが別の世界ですでに実現している内容だ。つまり金融会社と同様に、「クルマ会社もグーグルやアマゾンにならないと生き残れない」ことを意味している。

金融業界に比べてトヨタが有利なのは、高品質自動車という製品を年間１０００万台規模で製造できるという、リアル面の実績があることだ。自動車のような複雑で高付加価値製品のモノづくりの大変さは、米国ＥＶ車メーカー、テスラ社の苦闘ぶりがよく示している。リアル世界の確かな技術力なしには生きてゆけない産業なのだ。

しかし未来のクルマ産業の主役になるためには、デジタル領域においてグーグルのようなＩＴジャイアントと互角に勝負できることが求められるのだ。そういう認識がトヨタの決断の背景にある。ＧＭ、ホンダを含め、ほかのクルマメーカーも、同じ方向にハンドルを切り始めつつある。

サービス産業化を目指すクルマメーカーがよって立つ基盤は、情報処理のためのインフラである。コネクテッドカーを支えるインフラの核心は、周辺地域の膨大なリアルタイム交通データを管理できるクラウドと、そのクラウドをクルマとリアルタイムに結ぶ５Ｇ通信網である。そしてその先には、ビッグデータに裏付けされたＡＩが存在する。

この「クラウド＋５Ｇ高速通信網＋ビッグデータ＋ＡＩ」インフラは将来、他産業でも同様の役割を担うことになる。豊田社長はMaaS（Mobility as a Service）という表現を記者会見の中で発した。同じように、リアル製品からデジタルサービスへのビジネスモデル変革の中で、多くの分野でXaaS（X as a Service）が登場する。

Ｘに現在市中にある色々な製品名を入れるだけでよい。HaaSとはハードウェア製品を購入するのではなく、時間制で利用するサービスだ。そういう意味ではSpotifyやAppleMusicはMaaS（Music as a Service）であり、YouTubeはVaas（Video as a Service）と呼べるであろう。

　このように未来の社会的XaaSサービスを支えるインフラは「クラウド＋５G高速通信網＋ビッグデータ＋ＡＩ」になると考えて間違いない。

　その意味において、自動走行機能を備えるクルマは、未来社会サービスの文字通り先駆者となるのだ。

第四章 デジタルの本質を理解する

この章ではデジタル技術の根幹について紹介する。

本書はデジタル文化の全体像と、その背景をなすいくつかの特徴的現象について読者各位の理解を深めてもらうことを目的としており、技術解説書ではない。しかし、デジタルの理解のためには、テクノロジーの核心部分の説明を避けて通るわけにはいかない。特にデジタルとアナログの違い、なぜデジタルが現代の汎用技術であるといわれるのか、そして過去には別々であった社会システムが、どのようにして単独のデジタルシステムとして統合できるのか。これらはデジタル社会の全体像を把握するためのキーポイントである。

この第四章ではその理解を深めるため、本書の中では例外的に、技術的な解説を取りまとめた。

なおここに記載された技術の詳細について興味をお持ちの読者の方々は、２０１７年9月に出版された拙著、『デジタル・ビッグバン　驚異的ＩＴ進化のメカニズム』を参照していただきたい。

現代人がこれからの21世紀を生き抜くためには、コンピューターサイエンスの原理・原則をしっかり理解し、デジタルテクノロジーの知識を正確に把握することが不可欠である。『デジタル・ビッグバン』は、「現代人がデジタル社会を生き抜くためのガイドブック」になることを目指して刊行されたものである。

本章では、「デジタル・ビッグバン」の中核になっているテクノロジーの中から、デジタル文化の理解に不可欠な項目について、先述したキーポイントを対象として、なるべく多くの読者に理解していただけるよう平易な解説を試みたい。

☑デジタル・ビッグバンとは何か

現代のデジタルテクノロジーの進化は一過性のものではなく、永遠に継続する。つまり、現代人が目撃している現象は、驚異的なＩＴ・デジタル技術の加速度的進化の、「始まりの始まり」なのだ。そのような視点から、筆者はこのユニークなテクノロジー現象を「デジタル・ビッグバン」と命名した。

巷間「デジタル革命」という言葉をよく目にする。それはデジタル技術が革命的な変化をもたらすことを表現しようという意図を含んでいる。だが革命という言葉は一過性の事象を表わすにはふさわしいが、継続的な現象の表現としては多少ニュアンスが異なる。そして、現代人が過去四半世紀目撃してきたデジタルテクノロジーの進化に起因する社会の激変は、今後もとどまることなく継続し、そのインパクトはますます増大すると予想される。その視点から、筆者は断続的な「革命」ではなく、連続的な「ビッグバン」という言葉を選んだ。

百数十億年続く宇宙空間の膨張と同じように、デジタルテクノロジーのダイナミックな拡散がこの地球上で発生し、この瞬間も継続している。これがビッグバンと命名する理由である。

それは決してとどまる事のない爆発的ダイナミズムである。ハードウェア、ソフトウェアそしてデータが互いに連鎖反応を起こし、地球上で爆発的に氾濫し始め、そして未来に向けて連続する現象なのである。

以下にその概要を紹介する。

☑デジタル・ビッグバンの構造

デジタル・ビッグバンは3種類の要素デジタルテクノロジーが相互に連鎖しあい、複合的な変化を遂げている現象だ。

21世紀の地球上には、すでに人口を上回る数の従来型PC、タブレット端末、スマートフォン、そしてデジタルモバイル機器が存在している。それらに加え、数百億と言われる機器類に、コンピューターチップとワイヤレス通信用ボード、そして多様なセンサ機能まで埋め込まれ、コンピュータ化したＩｏＴ機器として世界に氾濫しつつある。またコンピュータを頭脳とする多数のロボットも続々と誕生している。このハードウェアの爆発的増加現象こそが「ハードウェア・ビッグバン」だ。

そして多様、かつ膨大な数のハードウェアの中に埋め込まれたソフトウェアは、人間の行動を広く、深くカバーしながら圧倒的な量のデータを処理する。そしてその中には、初期のコンピュータの機械的計算とは比較できないレベルの知的でインテリジェントな情報処理も出てきた。それが最近最も注目されている人工知能つまりＡＩだ。最新のＡＩはビッグデータの存在を前提とし、その中の情報をベースに自ら学習して、高度で知的なアルゴリズムを獲得する。人間がいろいろな経験から何かを学ぶという行動によく似ている。ニューラルネットワーク型ＡＩとは学習もできるソフトウェアなのだ。その結果、熟練と経験を必要とするような仕事までも、ＡＩが処理してくれる時代が到来しつつある。

このようにして質量ともに飛躍的に進化した処理によって加工された情報は、この四半世紀に劇的な高速化を達成したデータ通信テクノロジーとインターネットを経由して、ほぼ光の速度で地球上に拡散する。すなわち情報「処理」と情報「通信」が相まって、ソフトウェアの劇的な進化が起きつつある。

これが「デジタルプロセッシング・ビッグバン」だ。

この二種類のビッグバンは次なる連鎖反応を起こす。センサ機能とデジタル処理能力を持つＩｏＴ機器は24時間データを収集する。そして世界中に棲みついたソフトウェアは、高速大量処理の結果として、日々膨大な量のデータを生成するのである。加えてＳＮＳに代表されるデジタル・メディアは、過去になかった規模の巨大なコミュニケーション世界を作り上げ、その中で日々大量の情報を生成・更新し続ける。それが「データ・ビッグバン」だ。それはデジタルテクノロジーを手にした人類が、とどまるところを知らず繰り広げる、データ創成現象なのである。

これら三種類の要素的ビッグバンの複合現象がデジタル・ビッグバンである。図４－１にその構造を示す。

図4-1　デジタル・ビッグバンの３重構造

☑デジタル・ビッグバンは複合的な連鎖反応

図4－2にはデジタル・ビッグバンの中で起きている時系列的変化を、各分野の代表的指標を用いて示してある。

指標の一つである通信容量Bpsは一秒間に送信できる文字数を示す指標だ。クロック数とはコンピュータが一秒間に処理できる回数を意味する。

またトランジスタ数とは、微小なコンピュータCPU基盤に埋め込まれたトランジスタ回路の数であり、微細加工つまり小型化と高速化の指標だ。これらの指数はソフトウェア処理とデータ通信の速度の目安であり、いわばデジタルプロセッシング・ビッグバンを定量的に表現する数値である。

一方、インターネット人口と、PC／スマートフォンの出荷数はまさにハードウェア・ビッグバンを記述する指標そのものだ。

この二種類のビッグバン指標は確実に上昇している。

そして世界のデータ総量も同様に上昇している。総務省資料によると、2020年の世界のデジタルデータ総量は、人類が2000年までに生み出した全データ量の約7000倍にまで上昇すると予想されている。これがデータ・ビッグバンの実体だ。

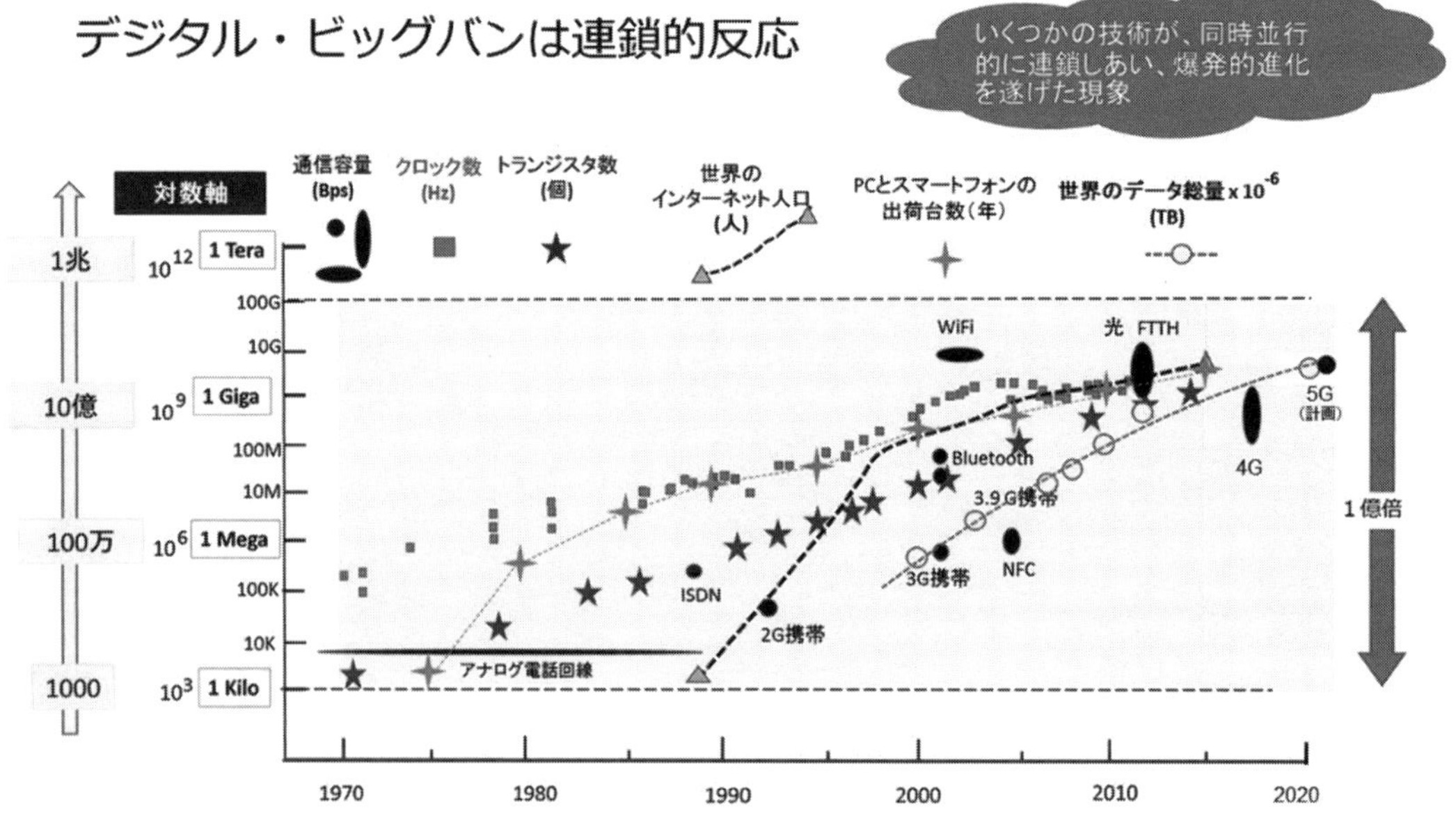

図4-2 ハード、ソフト、通信、データ、ユーザの時系列変化

注意すべきは、このグラフでは縦軸が対数軸になっている点である。対数軸とは変数Yの値の代わりにlog Yの値を表示したもので、科学分野において変化が急激な現象を表示するためによく用いられる表示法である。したがって縦軸の目盛り1と目盛り10の比は、単純な10倍ではなく、10の9乗倍、つまり10億倍である。

これらのデータを対数グラフではなく、普通のグラフで表示すると2000年あたりからほぼ垂直に傾斜する曲線になってしまう。

つまり対数グラフの上で、これら全ての指標が右肩上がりの上昇になっていることは、デジタル・ビッグバンの実体が通常の感覚を超えた、指数関数的な機能改善であることを物語っている。

そしてこの傾向は未来に向かってさらに過激になるはずだ。デジタル・ビッグバンの加速度は決して鈍《にぶ》ることはなく、さらに劇的な進化が起きると考えて間違いない。

☑ アナログとデジタルの違い

そこで、デジタルとは何かという本題に戻る。まずアナログとデジタルの違いについて理解していただきたい。

30年くらい前までは、「アナログ」は極めて専門的な用語であり、主に電気エンジニアリングの世界などで使用されるのみで、一般の市民にはあまり馴染みのない言葉であった。そのアナログが頻繁に目に触れるようになったのは、コンピュータの社会進出に伴ってデジタルという用語が市民権を得たからである。そしてデジタルの特徴を説明するため、対極にある性質をもつアナログがたびたび参照され、デジタル対アナログという比較解説が行われたのである。

またこれまでアナログが表に出てこなかったもう一つの理由は、およそ過去のほとんどの技術はアナログ型技術であり、わざわざ「アナログ」という枕詞を置く必要はなかったからである。

有史以来、昭和のころまでのほとんどの科学技術はアナログ方式であり、アナログ電話、アナログスピーカ、アナログ写真、アナログ信号、アナログ計測などが世の中にあふれていた。そしてアナログ方式が暗黙の大前提であるため、その説明のための形容詞は当然不要だったのだ。単に電話、スピーカ、写真、信号、計測値というように「アナログ」なしで表現されていたのだ。つまり何世紀にもわたり、アナログはテクノロジー全般のデフォルト形式だったのである。

しかしデジタル技術が広く社会に普及すると、技術のタイプを明記する必要に迫られ、その結果「アナログカメラ」とか「デジタル音源」などのように技術の様式を形容する言葉が必要になったのである。

こうしてデジタルが注目されるようになった結果、アナログも長い潜伏期間を経たのち、初めて人々の意識の上に浮かび上がってきたというわけなのだ。

本書でも、デジタルの理解を深めるために、アナログとの比較説明というスタイルを採用する。物事の本質は、往々にして他者との比較によって明らかになる傾向があるからだ。多くの人が海外に行ってみて初めて、日本とは何かを認識したという体験を持つ。本質的な特性は、他者との比較という相対性の中でこそ明確になるのだ。

そしてデジタルの時代を生きる現代人にとって、このデジタルとアナログの違いを学び、それぞれがどのような特徴を持つのかを正確に理解することは大変重要である。

これから先の未来社会では、今まで以上にデジタルライフスタイルが広まり、過去に想像できなかったデジタルタイプの製品やサービスが溢れる。だが、デジタルの原理さえ会得しておけば、怖れるものは何もない。

技術が苦手だという読者も、この機会にアナログとデジタルの本質的な違いを理解して頂きたい。

【アナログとは何か】

さて、デジタルとアナログの差は、本質的には、エネルギー状態をどのように表現するかの違いである。

　デジタル（digital）はデジット（digit整数値）に由来し、「とびとびの」値を意味する。これに相対するのは、「連続する」値の代名詞としてのアナログである。

　高い所に移動するときに、「階段の何段目という表示がデジタルであり、坂道の途中の高さで表示するのがアナログである」と理解すればよい。別の比喩では、計算尺はアナログで、ソロバンはデジタルである（しかし、平成が終わり令和に入った今日では、そもそも計算尺やソロバンを知る人も少なくなったが……）。

　我々を取り巻く自然現象は、基本的には連続するエネルギーが生み出す状態である。

　例えば人の声、音、風の強さ、水の圧力など、自然界のエネルギーは、通常は連続する量である。これをそのまま表現するのがアナログ表示である。

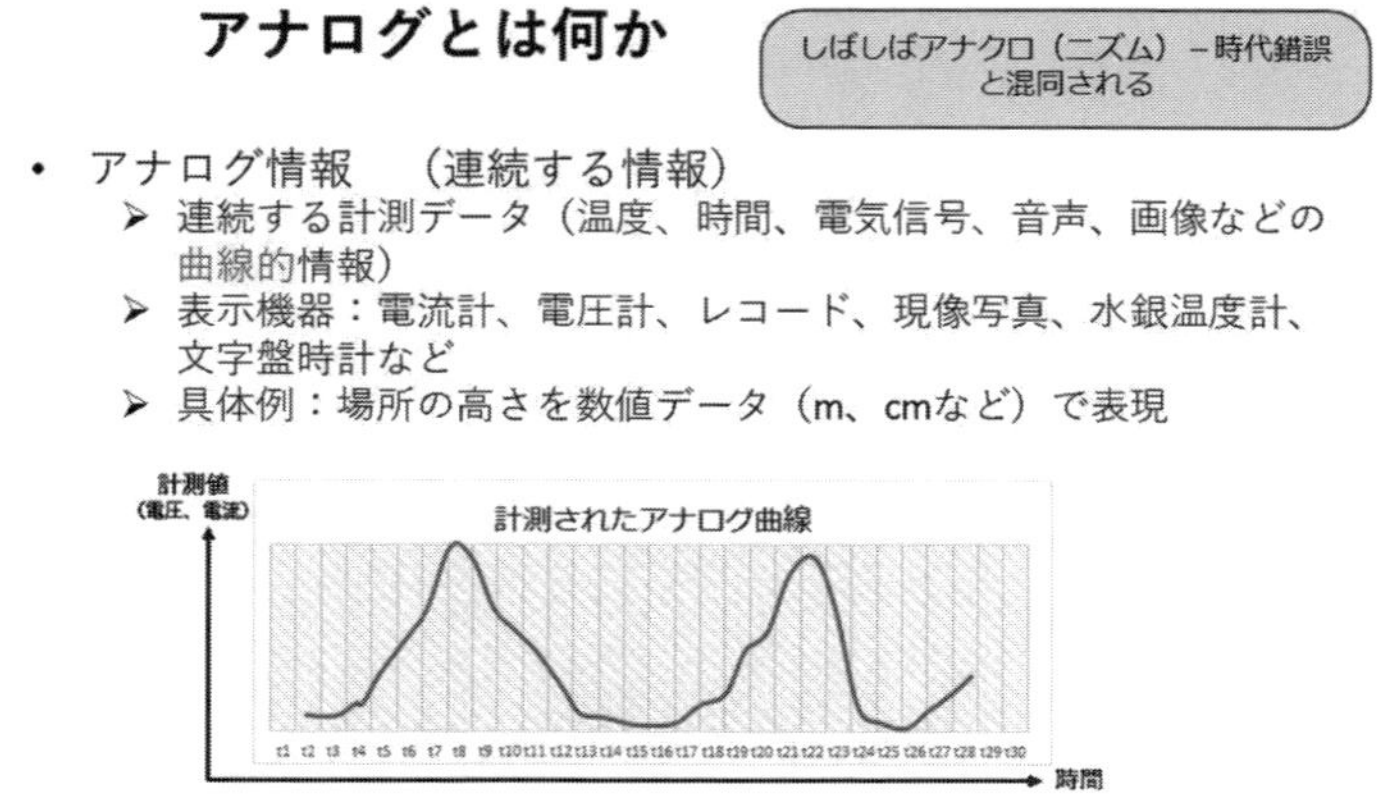
アナログとは何か
しばしばアナクロ（ニズム）－時代錯誤と混同される
• アナログ情報　（連続する情報）
➢ 連続する計測データ（温度、時間、電気信号、音声、画像などの曲線的情報）
➢ 表示機器：電流計、電圧計、レコード、現像写真、水銀温度計、文字盤時計など
➢ 具体例：場所の高さを数値データ（m、cmなど）で表現
計測値（電圧、電流）
計測されたアナログ曲線
t1 t2 t3 t4 t5 t6 t7 t8 t9 t10 t11 t12 t13 t14 t15 t16 t17 t18 t19 t20 t21 t22 t23 t24 t25 t26 t27 t28 t29 t30
時間

図4-3　アナログ連続量の表示

つい30年前頃までは、いろいろな計測の結果データは、アナログ形式が基本であった。典型的な例は、電流とか電圧のグラフ、または音声のグラフだ。これらは、実験等で計測された電気信号として連続曲線になる。

図4－3は、まさにそのアナログ量の曲線表示グラフである。

【デジタルとは何か】

これに対して、連続量であるはずの曲線エネルギー値を、近似的に折れ線グラフとか棒グラフを用いて表現することが、デジタル形式である。つまり、とびとびの値として近似したものだ。不連続を意味する「離散的」形式とも表現される。

図4－4は、図4－3をデジタル化したものだ。

近似というと、精度の低下が気になるが、現代のデジタル処理の高速化の結果、人間感覚では追随できないレベルまで詳細に近似化することが可能になり、実質的にアナログ連続量とほとんど差異がないとみなしても問題ない。

折れ線グラフの横方向の間隔を徐々に狭めてゆき、極限まで小さくすると、折れ線ではなく曲線のように見えてしまうことは、想像していただけるであろう。

従って人間の五感が許容できる程度の精密度で、近似的にデータを簡略化しても、日常の活動には殆ど支障がない。

例えば普通の暮らしの中で人間が意識する時間は、せいぜい分か秒の単位のきめ細かさで十分だ。0・1秒までの精度が必要なケースは日常生活では希だ。

そして、コンピュータ処理の驚異的な高速化の結果、近似の程度が人間の感覚からみて全く支障のないレベルまで細密化されたデータでも、実用上全く問題ない速度で処理することが可能になったのである。

例えば、画像のデジタル化の場合、画像の粒を極端に小さくすると、見た目の不自然さが消え美しい画になるのだが、粒度が上がる分データ量は膨大になり、処理の時間が急増し表示が極端に遅くなる。したがって初期のPCでは高解像度の画像は処理できなかった。しかし、飛躍的なCPU高速化の結果、4Kや8Kなどの超精密な画像データでも難無く扱えるようになったのだ。

デジタル情報とは　「とびとびの情報」

- 本来連続するエネルギー情報を近似的に表現（例えば折れ線・棒グラフ）
- 具体例：場所の高さを階段の何段目かとして表現
- デジット＝整数　⇔　デジタル＝（不連続の）整数的

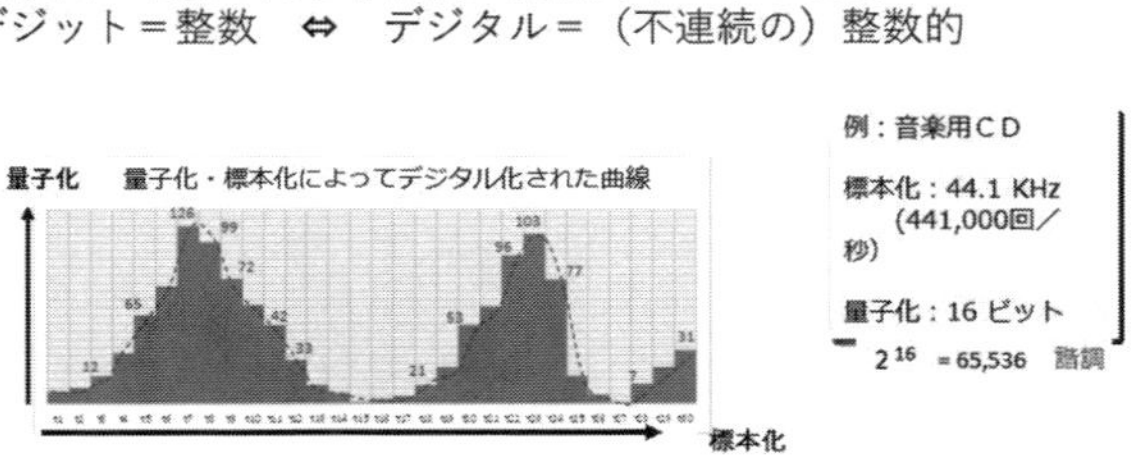

図4-4　デジタル近似量の表示

こういう理由によって、デジタル的な処置がアナログを代替できるようになったのである。

要するに、「アナログ＝連続量、デジタル＝近似量」という理解で十分である。

☑デジタル近似（標本化、量子化、符号化）

音声データを例にとって、アナログとデジタルのアプローチの違いを説明しよう。

昭和まで使われていた音楽用レコードは、円形のビニール盤に、図４－３のような音声曲線を直接刻み込んでである。有名なエジソンの発明だ。

一方図４－４は、その曲線を棒グラフで近似したデジタル表示だ。

デジタル化にあたっては、二つの指標が重要となる。一つ目の指標である「標本化」は、連続量を、どの程度の粗さ或いは間隔をもって、不連続値として表現するかの目安である。

図４－４では、横軸の間隔が標本化の単位だ。

二つ目の指標は、エネルギーの強さを、どの程度の段階にわけて表現するかである。これを「量子化」という。図４－４の、縦軸の数値がこれに対応する。

従って、デジタル化とは、標本化と量子化のそれぞれを、どの程度の大きさに設定して近似するかという操作、あるいは変換である。

これはＡＤ変換（Analogue→Digital変換）と呼ばれる。逆はＤＡ変換である。

昭和の時代には、ＡＤ変換は苦労を要する作業であった。実験で計測したアナログデータをデジタル値に変換するのに、多くの時間を要していた。それが今日では、高速半導体回路のお陰で、いとも簡単にＡＤ変換が可能になった。しかも、そういう回路が、色々な機器に埋め込まれている。

自然界の様々なエネルギーのデフォルト形式であるアナログを、短時間で簡単にデジタル形式に変換できるようになったことが、現代のデジタルテクノロジーの普及に大きく貢献している。

その意味において、アナログ－デジタル間（ＡＤ／ＤＡ）変換は、現代のデジタル文化を支える重要な要素技術のひとつなのだ。

そしてここで忘れてはならないことは、量子化変換によってエネルギー値を数値化するとき（これを「符号化」とよぶ）、我々に馴染みの深い10進法ではなく、2進法による数値表現が用いられる点である。

直感的にも理解しやすい、0から9までの10種類の数値ではなく、0と1の2値による数値化が大きなポイントである。

【音波、声をデジタル（離散）化する】

では音楽の録音媒体について、デジタルとアナログとの違いを比較してみよう。

前述の音楽用レコードは、アナログ波形がそのままビニール盤に刻まれている。そしてレコード針が回転する盤に直接接触して波形をなぞり、そこで計測したアナログの電気信号をアンプ、スピーカに伝え、音を再現するという仕組みだ。

一方、音楽用CDには、デジタル化された2値データが、レーザーによって焼き付けられている。図4－4の棒グラフの、縦軸側の数値が、2進法の値としてそのまま書き込まれている。

市販の音楽CDでは、一般的に標本化は44・1キロヘルツである。つまり、約4万4千分の1秒間隔で、音を記録する。一方量子化は、16ビット、つまり2の16乗であるから、音を6万5536段階に分類して記録する。縦軸方向と横軸方向のそれぞれに、この精度をもって、階段状の不連続データを記録するのである。

このレベルの精度であれば、普通の人の耳には、殆ど自然音のようにしか聞こえない。デジタル変換の、標本化と量子化を徹底してきめ細かくすると、実用上は問題にならない品質の、近似的エネルギー値として利用できるというわけだ。

デジタル化は「離散化」ともよばれる。連続するものを不連続化するという意味である。

過去30年間の、CPU中央演算回路の飛躍的な能力向上の結果、デジタル近似の細密さは、人間の五感では追随できないレベルに到達した。

一秒間に、4万4千回の間隔をもって、音を再現することが、近似として粗すぎると感じる人は少ない。そして、最新のハイレゾ音源では、標本化の粗さを更に小さくした、384 KHzつまり38万4千分の一秒間隔で、音を再現するレベルに至っている。

そのレベルまで音を近似化しても全く問題ない。なぜなら最新のCPU（コンピュータ演算装置）は、ギガヘルツ、つまり、1秒間に10億回のタイミングでデータ演算を行う。もはや、人間の感覚で認識できる限界を遥かに超えた高速度である。

世の中がデジタル技術に移行するのは、近似の精度が人間の感覚では充分過ぎるレベルにまで向上し、それをコンピュータが問題なく高速処理できるようになったからである。

【画像のデジタル化】

図4－5に示すように、画像のデジタルデータは、縦軸、横軸それぞれに細かく区切られた、小さなメッシュ（画素、ピクセル）の集合体として表現される。

1枚の画像を、横軸X方向に2000分割、縦軸Y方向に1500分割すると、2000X1500＝3000000、つまり、総計3百万個の、細かな画素の集合になる。これが画像の標本化である。なお、PCのディスプレイや、デジタルテレビで解像度と呼ばれるのは、この画素数のことである。

そして、それぞれの画素の色データは、RGB（赤、緑、青）の、3色の強さの組み合わせデータとして表現される。RGBの各色を1バイト（8 bit）で量子化すると、一個の画素は赤256色、緑256色、青256色の組み合わせとなり、総計約16万8千色の中の1色として表現される。画像の量子化とは、この例では、約16万色の諧調化のことを指している。

細かいメッシュ状に分割された、画像のi行j列にある画素の位置を、（Xi, Yj）で表すと、色まで含めたデータは（Xi, Yj, Rij, Gij, Bij）というデータとして表現される。この5種類の数値データが、画素の場所と色の強さを表現する。

この例では、画素の総数は3百万個、そして、それぞれの画素が赤、緑、青の色データを256通り、すなわち1バイト分持つことになるので、画像全体では、3百万×3バイトとなり、約9メガ（百万）バイトの

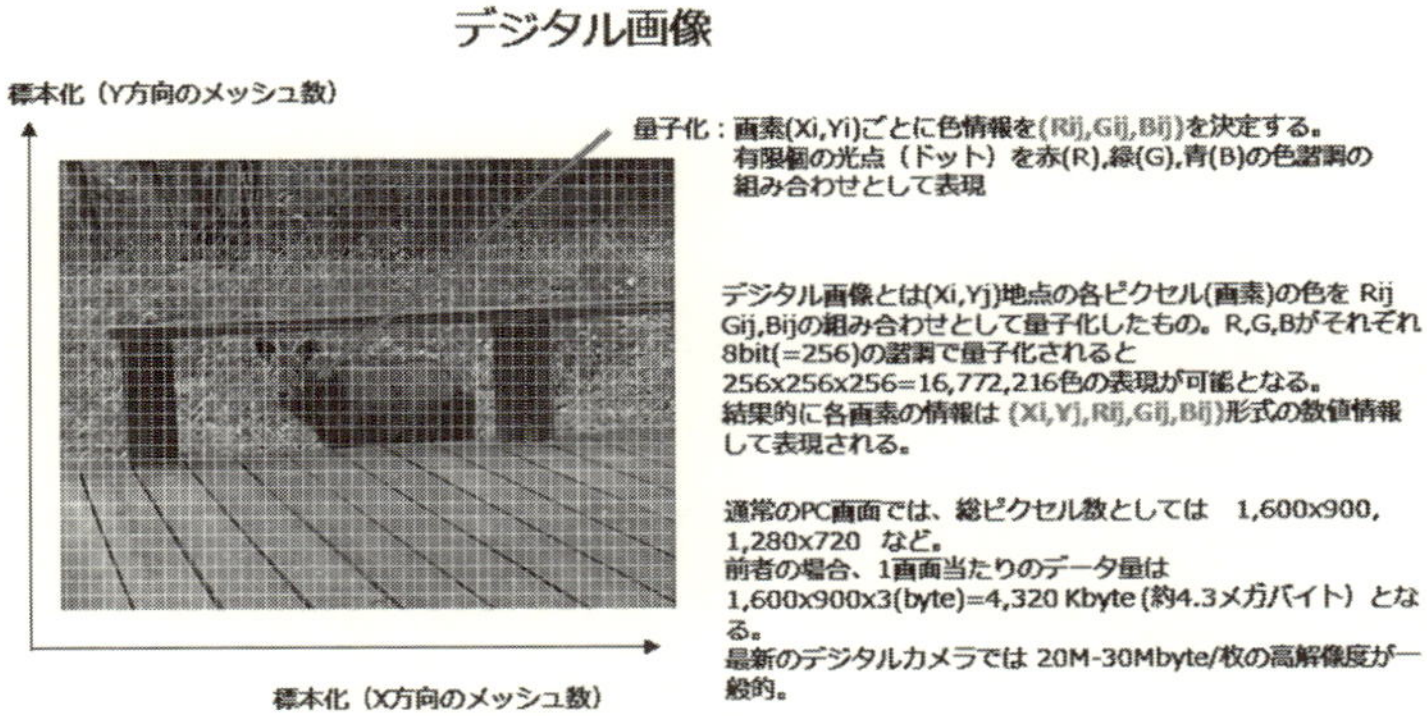
デジタル画像
標本化（Y方向のメッシュ数）
量子化：画素(Xi,Yi)ごとに色情報を(Rij,Gij,Bij)を決定する。
有限個の光点（ドット）を赤(R),緑(G),青(B)の色諧調の
組み合わせとして表現
デジタル画像とは(Xi,Yj)地点の各ピクセル(画素)の色を Rij
Gij,Bijの組み合わせとして量子化したもの。R,G,Bがそれぞれ
8bit(=256)の諧調で量子化されると
256x256x256=16,772,216色の表現が可能となる。
結果的に各画素の情報は (Xi,Yj,Rij,Gij,Bij)形式の数値情報
して表現される。
通常のPC画面では、総ピクセル数としては　1,600x900,
1,280x720　など。
前者の場合、1画面当たりのデータ量は
1,600x900x3(byte)=4,320 Kbyte (約4.3メガバイト）とな
る。
最新のデジタルカメラでは 20M-30Mbyte/枚の高解像度が一
般的。
標本化（X方向のメッシュ数）

図4-5　画像のデジタル化

データ量となる。

ちなみに、最近のデジタルカメラの解像度は、1画像あたり、約20～30メガバイトのデータサイズに達する精度である。

【映像のデジタル化】

映像（動画）は、静止画像を1秒間に20枚から30枚ほど連続して表示する（図４－６）。

映画のフィルムで、コマ数と呼ばれるものと本質的に同じだ。

人間の目は一瞬見えた光景の残像をわずかの時間維持する。そのため短時間に変化する絵を連続して表示すると、絵が動いたように認識する。これが映像を認識させるための基本原理だ。

1秒間に30回以上のコマ数にしても、人間の目はついていけないので、近似としては十分な精度である。

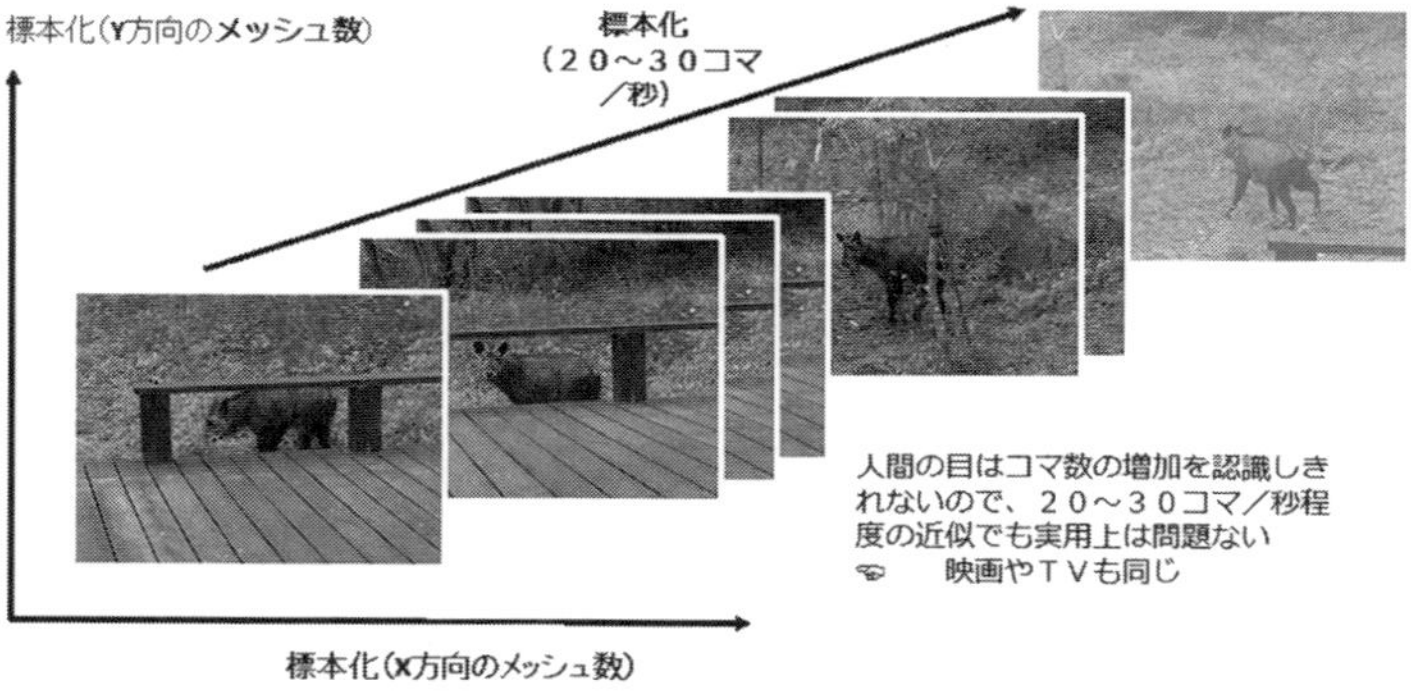

図4-6　映像のデジタル化

30回のコマ数の場合、動画は1秒間に静止画の三十倍程度のデータ量となる。1分間の動画では、静止画像データの、30×60＝1800倍の量になる。先ほどの2000×1500ピクセルの画質の動画の場合では、単純計算では一分間の動画サイズは、約18ギガバイトにも達する。

しかし動画の場合、大半の画素の色内容は、コマが変わっても大きくは変化しない。このため、データを圧縮して、最終的なデータ量を低減できるのである。

スマートフォンやデジタルカメラの高機能化高解像度化の結果、日々プライベートに作成される静止画、動画のデータ量は、膨大な値になりつつある。また現在、病院で使用される多様なデジタル医療機器は、検査や処置の結果として、さらに大量のデジタル画像を生成する。これらの集合が、情報資産として大きな注目を集めているのがビッグデータというトレンドである。

【テキスト（文字）のデジタル化】

そしてコンピュータ処理においては、文字（テキスト）も数値データとして扱われる。ディスプレイ画面に表示される文字は、文字フォントと呼ばれる小さな画像である。そして、文字フォントと、どの文字を対比させるかを決めるのが、文字コードである。

図4－7に示すように、アルファベットのaは日本工業規格（ＪＩＳ）のコード体系ＪＩＳ

Ｘ０２０１では、０１１０ ０００１というように２進法の８文字、つまり１バイトの数値で表現されている。

漢字は文字数が多いので、２進法16文字、つまり１文字につき２バイトで規定される。従って、この本の文章全体も、コンピュータの中では、膨大な数の１と０の集合である。

本書の文字総数を、仮に15万文字とすると、日本語１文字は２バイトであるので、全体では30万バイトとなる。結局、本書の文章全体は、コンピュータ内部では、30万×８＝２４０万個の、１または０の数値の集合になる。

同じように、ディスプレイ画面いっぱいに表示された文字列の実体は、メモリー上に並んだ文字コードの集合なのである。

したがって言葉の検索という、一見数値処理とは関係ないように見える操作も、コンピュータ処理の内部では膨大な数値との格闘処理なのである。たとえば「デジタル文

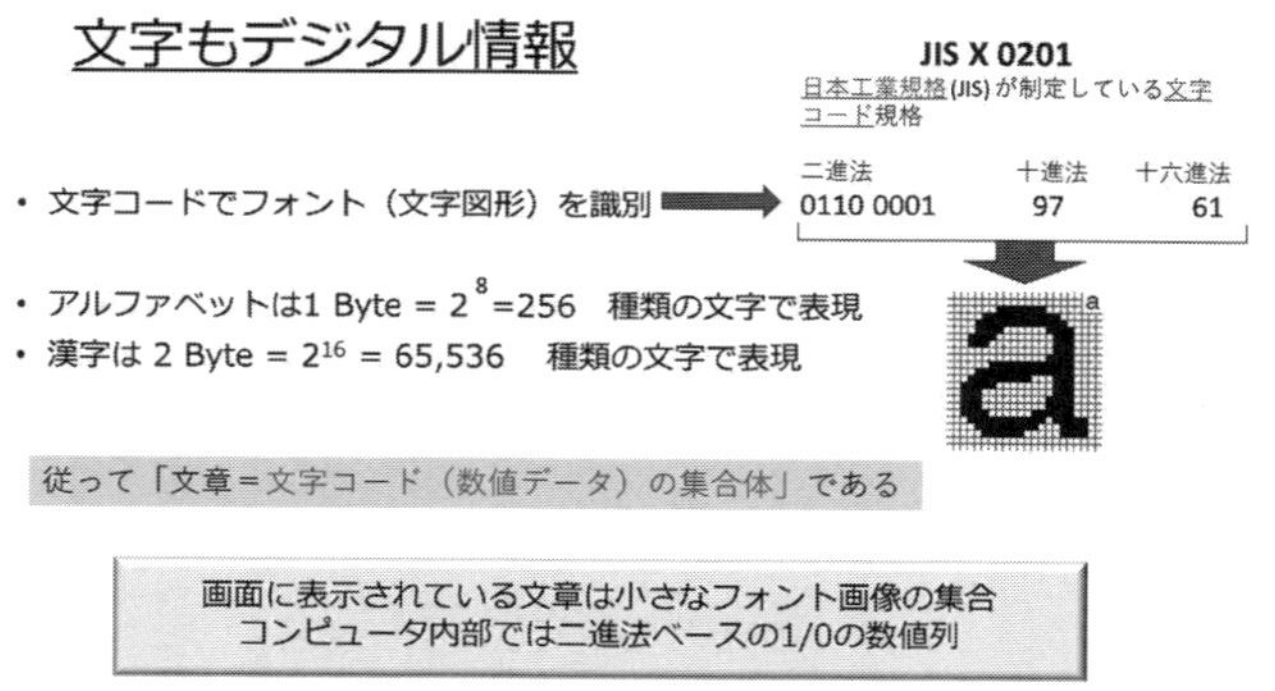

文字もデジタル情報
JIS X 0201
日本工業規格(JIS)が制定している文字コード規格
・文字コードでフォント（文字図形）を識別
二進法
十進法
十六進法
0110 0001
97
61
・アルファベットは1 Byte = 2^8 =256　種類の文字で表現
・漢字は 2 Byte = 2^16 = 65,536　種類の文字で表現
a
従って「文章＝文字コード（数値データ）の集合体」である
画面に表示されている文章は小さなフォント画像の集合
コンピュータ内部では二進法ベースの1/0の数値列

図4-7　テキスト（文字）のデジタル化

化」という文字列をグーグルで検索する場合、「デジタル文化」という6文字は6×2＝12バイトの数値つまり、8×12＝96個の1と0の数値列として扱われる。その文字列を、検索対象の文書（それも膨大な1と0の数値集合であるが）、と比較して同じ数値列を含む文書を発見する、あるいは不完全だが96個の文字列に近い内容の文書を、文字の一致度順に表示する。人間の感覚では気の遠くなるような単純作業であるが、1秒間に数十億回の数値処理が可能なコンピュータにとっては、最も得意とする作業だ。要するに、文字の操作とは数値の操作であるということだ。

同様に、音も、画像も、映像も、デジタル化された情報はすべて膨大な量の数値の集合である。実は、森羅万象をすべて数値で、それも1と0というわずか2種類の数値に置き換え、その操作を数値的に処理することがデジタルテクノロジーの魔法なのだ。ただそれだけである。

それゆえに、シンプルなパラダイムとして普及したのだ。

一時「マルチメディア」という表現が一世を風靡したのだが、最近では、あまり耳にしない。それが当たり前になったからだ。

マルチメディアはデジタル文化の基本要素なのだ。

☑デジタルのメリットとインパクト

色々な種類のデータを、デジタルに変換して利用するメリットは大きい。何よりも、デジタルデータは保管と移動が簡単である。電気信号の計測値のままのアナログデータの場合、計測した機器以外では使用できない事が多い。計測した機器の物理特性の影響が大きいからである。

さらに、電気信号のままでは、記憶媒体だけでなく再現するための機器も複雑になる。

一方、デジタルデータ化された場合、世界中のどのコンピュータでも再現、処理が可能となる。つまり、情報の流動性が飛躍的に向上する。また、データを保存する媒体も、圧倒的に小型化される。

数ギガバイトのディスクがあれば、膨大な量のテキスト、画像、実験データなどが、問題なく記録・保管できる。

さらに重要な特徴として、デジタル形式のデータは、情報の劣化が少ないことが挙げられる。図4－3の、アナログ波形のデータの形式では、ノイズと歪みの影響を受けやすい。

ノイズとは部分的な変形であり、例えば、雷が発生すると、その瞬間の低周波数側の波形が変化する。

一方、歪みとは、全体形状の変化である。レコード盤を何回も使用すると、ビニールの表面がその度に削られるため、波形全体の形が徐々に破壊される。これが歪みだ。

要するに、アナログの場合、もとのデータを精度よく保存するのは容易ではない。これに比べ、デジタルは劣化に強い。

デジタルの数値は、２進法の値、つまり１か０で表現されるので、要は二つの異なる情報が、区別できさえすれば良い。

例えば０・８－１・２は１とみなし、０・３以下は０としておけば、１か０かの識別は容易である。少しぐらい元データが変形しても、１か０かを簡単に判別できるわけである。

データ通信においても、このデジタルの特性は大変都合が良い。現代の主流である光通信の場合では、光の点滅（点が１で滅が０）がデジタル値を送受信する操作になる。シンプルなため、データ精度の確保が容易となる。

最近では過去の手書文書とか老朽化したフィルムが、デジタル化されて再び復活するという現象が多々見られる。

歴史に埋もれようとしていた貴重な資料が、デジタルの装いに変わって社会に再登場している。文化財文書や、伝統的建築物などの詳細な形状や設計図などを、デジタル・アーカイブすることで、人類の文化遺産を保存しようという活動もある。

そういう活動が広がる理由の一つは、デジタル記憶媒体の小型化と、情報劣化の少なさにある。

古文書の保管スペースの確保と、古紙の劣化防止は、大変な負担であるのだ。人類の文化遺産を後世に確実に伝承することは、その時代に生きる人類の大きな責任だ。その分野でデジタルテクノロジーが大きく貢献しつつある。

東日本大震災の結果、東北地方の様々な地域で伝承されてきた無形文化財（例えば伝統芸能や祭りなど）が消滅の危機に瀕しているという。そしてその解決策として、伝統芸能の手順をデジタル映像として記録し、後世に伝えようという試みが始まっていると、新聞が報じている。

そして被災地から始まったデジタル技術を用いた無形文化財伝承の動きは全国に広まっていると伝えられる。自然災害のためばかりでなく、少子高齢化の影響のため、全国で伝統芸能や祭りなどの無形文化が、その担い手不足と、伝承する世代の高齢化によって大きな岐路に立たされているとされる。だがその中で、最新のデジタルテクノロジーによる記録・保存は、文化遺産の確実な伝承

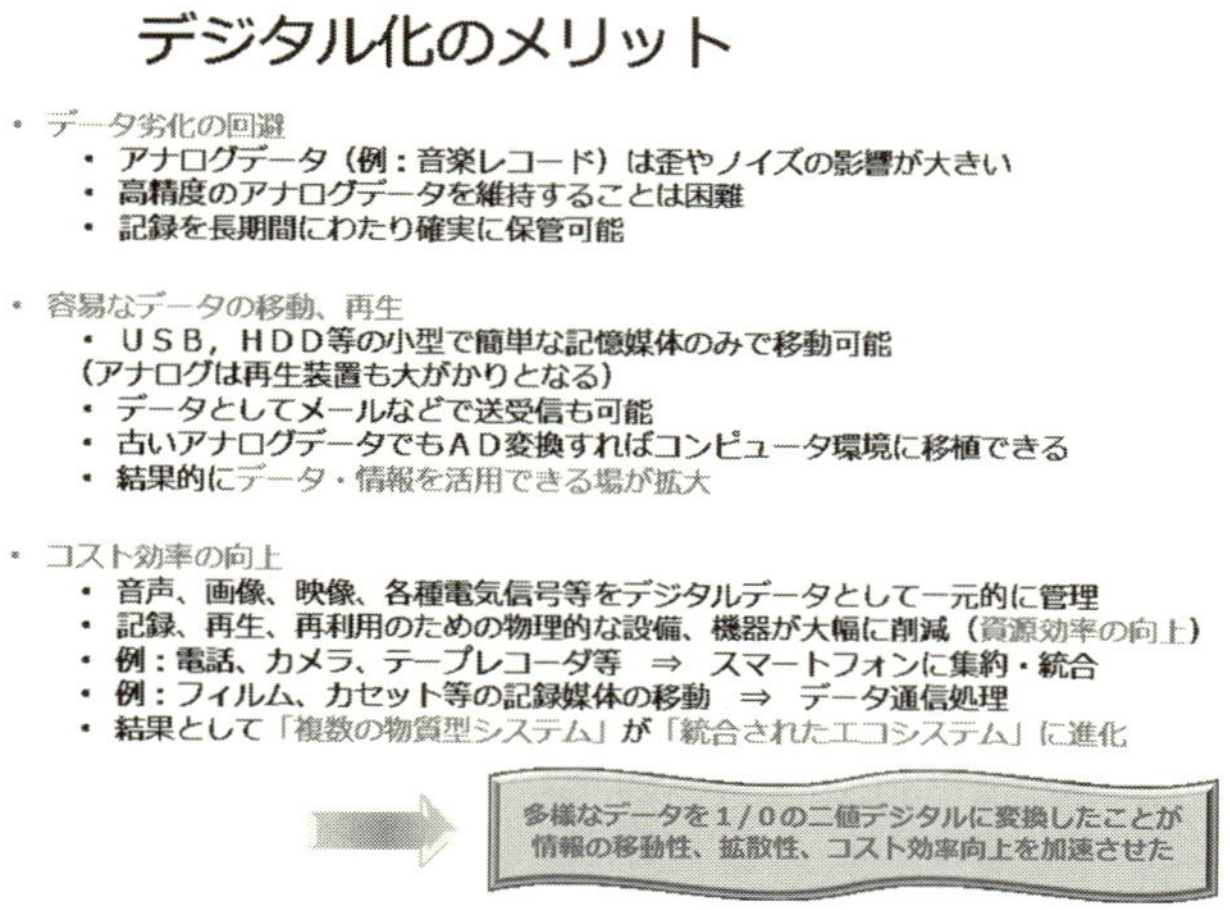
デジタル化のメリット
・データ劣化の回避
・アナログデータ（例：音楽レコード）は歪やノイズの影響が大きい
・高精度のアナログデータを維持することは困難
・記録を長期間にわたり確実に保管可能
・容易なデータの移動、再生
・ＵＳＢ，ＨＤＤ等の小型で簡単な記憶媒体のみで移動可能
（アナログは再生装置も大がかりとなる）
・データとしてメールなどで送受信も可能
・古いアナログデータでもＡＤ変換すればコンピュータ環境に移植できる
・結果的にデータ・情報を活用できる場が拡大
・コスト効率の向上
・音声、画像、映像、各種電気信号等をデジタルデータとして一元的に管理
・記録、再生、再利用のための物理的な設備、機器が大幅に削減（資源効率の向上）
・例：電話、カメラ、テープレコーダ等 ⇒ スマートフォンに集約・統合
・例：フィルム、カセット等の記録媒体の移動 ⇒ データ通信処理
・結果として「複数の物質型システム」が「統合されたエコシステム」に進化
多様なデータを１/０の二値デジタルに変換したことが
情報の移動性、拡散性、コスト効率向上を加速させた

図4-8　デジタル化がもたらすメリット

のための救世主になると期待されている。

図4－8にデジタル化のメリットを要約する。


文字、文章、画像、動画、人間の活動、自然現象等が、デジタルデータとして表現されることの意義は大きい。人間の活動のほとんどは、数値的な処理で代替できる。一見数値とは関係ないような行為も、数学的な手順に分解できる（これをアルゴリズムという）。

2進法をベースとする現代のコンピュータは、デジタル化されたデータ、つまり1と0で表現された、ありとあらゆる対象を、人間の能力を遥かに超越する速さ、光速のスピードで処理してくれる。

別な言い方をすると、2値デジタルという、1と0の2種類の数値だけを用いて、人類の行動、自然現象を近似的に表現できるようになったことが、インターネットやウェブや、クラウドやビッグデータや、人工知能の世界を切り開く推進力に繋がったのである。

それはデジタルテクノロジーが現代社会にもたらした大きなインパクトなのだ。

☑デジタルテクノロジーは汎用技術である

最近いろいろな機会に、この表現をよく目にする。今日では様々な産業分野においてデジタルテクノロジーが幅広く活用されつつあるが、それはデジタルが「汎用的な技術」であることに起因するといわれている。ではなぜ、デジタル技術は汎用性が高いのだろうか。

その答えは、すでにこれまでの説明の中に含まれている。つまり、人間行動や社会活動を通して発生する情報、すなわち音、画像、映像、文字、自然観察結果など、ありとあらゆる分野の情報をデジタル処理の対象として操作することによって、様々な目的を実現できるという点である。

具体的には次の四つの特性が汎用性を生み出している。

①柔軟かつ優れた表現力

デジタルテクノロジーを用いると、世界のあらゆる情報を「1と0のみのデジタル形式数値データを用いて近似的に表現できる」。

②多様なプロセスを統一的に処理できる応用力

デジタルテクノロジーは、多様なデータを、その内容や分野にかかわらず、コンピュータ処理という「統一された数値演算メカニズム」と、個別に用意されたプログラムを用いて処理することができ、そのことによって様々な目的を実現できる。

③感知能力、判断力、会話力の統合システム

デジタルテクノロジーは、人間が生来有する外界への感知能力、判断力そして会話力を、コンピュータシステムとして再現する。その結果、様々な人間の活動を、統合されたシステム処理に代替することができる。

④小型化、軽量化効果

最新のデジタルシステムは、数ミリ四方の小型チップの上で稼働する。小型・軽量化された専用システムは、いろいろな機器・物体の中に装着できる。その結果、デジタルテクノロジーを世の中のありとあらゆる場所に「埋め込む」ことが可能になる。

これら四つの汎用的特性が、デジタルテクノロジーを地球上に拡散させている理由なのだ。ではその内容を詳しく見ていこう。

まずは①、世界のあらゆる現象を、シンプルな1と0の2種類のデジタル数値データのみで表現できる柔軟な記述力が出発点だ。

かつて世界共通言語としてエスペラントという新たな標準言語を普及させようという試みがあった。現在でも続いている。だが、世界中で何千年もの間使われてきた何百通りの言語を一

元的に統一することは、今日においても創造を絶する難事業である。

しかし、その志はデジタルテクノロジーが違う形で実現しようとしている。世界の異なる言語の構成要素である文字は、現在では、前述の通り、ほとんど文字コードに統一されている。つまり世界の言語の文字は全て1と0の2種類の数値データに分解されたのだ。そして最新の人工知能AＩ技術は、複数言語間できわめて実用性の高い翻訳システムサービスを提供し始めている。例えば、スマートフォンの翻訳アプリに向かって日本語で話すと、その内容を目的とする外国語に変換し表示できる。そういうスマートフォンアプリが海外旅行者などに重宝されている。

この事例が示すことがポイントだ。エスペラント的な統一言語そのものを確立することは困難だが、翻訳システムという名前の複数言語間変換システムという知的な処理システムを介在させることで、実質的に世界の言語が統一されたことに等しい状況を生み出せるのだ。そのスタートは、複数種類の言語のすべての文字を、1と0の二つの数値で表現するという柔軟な発想によるコンセプトだ。

前にみたように、画像でも音声でも自然現象の観測結果であっても、1と0の二つのデジタル情報に代替して表現したことが、デジタルテクノロジーの多様性の原点である。

そして翻訳システムというコンピュータ変換プログラムを開発すると、通訳の代役になるという点が②の多様なプロセスの統一的処理という特性だ。プロフェッショナルな翻訳者は、膨大な言葉の知識、言語文法の特徴、そして日常の会話パターンという様々な情報をもとに、異なる言葉どうしの間に、等価な意味の表現方法を探し出す。そのプロセスをアルゴリズムとして再定義する作業がＡＩ処理だ。その結果、翻訳システムという、「アルゴリズムの集合としてのプログラム」が構築される。

そして目標とするテーマごとの「アルゴリズム集合」が確立できれば、デジタルシステムの適用範囲は無限である。税金の計算、法律の解釈、商品の売買手続き、専門語の検索、野菜の栽培法、音楽の再生、画像の修正など、対象となるデジタルデータの集合と、その処理のためのプログラムさえ用意できれば、実社会の幅広い分野における人間行動をデジタル処理に置き換えられるのだ。このメカニズムが汎用性を生み出すもう一つの理由なのである。

現代のコンピュータはフォン・ノイマン型という名前の、データとその処理手順の両方を入れ替え可能な手続き型コンピュータである。人間の脳の思考パターンとは異なる。しかし、将来コンピューターサイエンスがさらに進化すると、フォン・ノイマン型とは異なるパラダイムに基づくコンピュータの出現も期待される。その場合、デジタル技術の汎用性がさらに高まることは間違いないだろう。

もう一つの特徴である③統合力は、デジタルセンサとデジタル通信の両方の進化が関係している。半導体技術の驚くべき進化は、センサという計測機器にも革命的変化をもたらした。センサは元来、様々な現象の計測のためのデバイスであり、人間の視聴覚、触覚、味覚などを機械的なメカニズムで再現する役割を持っている。

そして従来、センサによる温度、圧力、速度などの計測は、原則的にアナログ的な処理が基礎となっていた。旧来の型式のセンサによる各種現象の計測結果は、ほとんどの場合、アナログ電気信号データとして取得され、何らかの手順でその計測結果を人手によって移動し、さらにそのデータに人間が様々な処理を施し、所与の目的のために活用するという手順が一般的であった。

しかし、アナログ計測結果を瞬時にデジタル変換できるようになった結果、センサ分野においても劇的なパラダイム変換が起きたのである。

まず計測結果は直ちにデジタルデータに変換され、容易にコンピュータ処理に供されることになる。その結果、計測現場においてシステムが直接判断を行って次の操作に移ることが可能になった。例えばパイプの中の流量が増加し、あるしきい値を超えたとき、バルブを開けるという操作が、システム制御により自動化できるのだ。従来のアナログ方式でも似たような制御が多少は可能であったが、ＡＩのような高度な判断はほとんど人間が介在していたのである。

さらに、近年急速に発達した通信用半導体チップをベースにしたワイヤレス通信技術と相まって、センサの計測結果はほぼリアルタイムに、現場のセンサデバイスから、分析用のバックオフィスシステムに送信できるようになった。その通信自体もデジタル技術である。つまりデジタル化によって計測現場と分析環境が結びついたのである。

結局これらのことは、人間の有する、観測能力と判断力とそしてコミュニケーション能力を統合した機器や仕組みの出現を意味する。この③の統合された機能こそが、デジタルテクノロジーの汎用性の大きな特徴のひとつなのだ。

人間の一般的な行動を突き詰めてゆくと、「外界を認識し、その結果に基づきなにがしかの判断と行動を起こし、その経過およびその結果をほかの人間と共有する」という要素に分解される。そして現代のデジタルテクノロジーはこれらの要素的な人間行動をすべて統合できるレベルにまで進化したのである。そしてその統合力が、デジタルの応用範囲を無限に拡大するのだ。

そして④、小型化・軽量化の特徴に関しては、半導体技術の進化がコンピュータの頭脳であるＣＰＵの低廉化、高速化と同時に超小型化、超軽量化も実現した。その結果、センサ、コンピュータ、通信デバイスが、ＣＰＵチップという名前の「統合された小部品」に変身して、様々な機器、素材などに装着可能になった。それは、過去には単発的な機器や素材であった様々なモノが、センサ機能、思考判断機能そして通信機能を獲得したということを意味する。それがＩｏＴの実態だ。

最新のクルマは動くコンピュータとも称されるように、数百のＣＰＵを内蔵する。多くの部品がコンピュータのような機能を持って互いに連携しているのだ。

また、様々な仕事の現場、例えば工場の生産ラインの途中とか、河川の流量計測施設とか、店舗の入り口などから、そのデータを分析するための異なる場所まで一気通貫でデータが伝わるようになった。それは通常は人間が介在できない場所や時間、例えば高いアンテナの上部や、極端な高温または低温の環境からの、ダイレクトで同時的なデータ収集を実現したのである。要は、人間が足を踏み込めなかったような世界までも人間の関与する領域に組み込まれたのである。その結果、小型化と軽量化されたデジタルテクノロジーの世界が急激に拡がっている。

これが④の意味するものだ。


結局、これらの四つの特性が、デジタルテクノロジーに高い汎用性を与え、多くの分野で応用される道を拓いているのである。

その汎用性は、アナログテクノロジーと対比することで明確に理解できる。

アナログの時代は、対象分野ごとにデータの測定やその処理の様式が分化していた。

音は空気の圧力が変化する波動現象であるため、音の検出とは測定した圧力変化を電気信号に変換することであった。エジソンの蓄音機は、その電気信号を使って、ビニール円盤に音の波を刻み込んで記録する方法だ。そしてレコードという記録媒体に保存された電気信号を、レコード針でなぞって抽出し、スピーカで音として再現する。

一方、光も波動現象であるのだが、光の明るさや色の違いを定量的データとして記録することは、近年、光学半導体が発明されるまでは、大変難しい課題であった。そこで、画像の記録には、写真技術が発明された。それは、感光性の高いフィルムという物質を用意し、それを対象物に向かってレンズを通し時間をかけて露出させ、その結果発生した化学的変化を記録するという操作であった。フィルムに残された分子サイズの化学変化が画像の記録様式であったのだ。

それらはすべてアナログ技術である。連続するエネルギー量を、連続情報として記録した結果だ。そして重要なポイントは、アナログ時代は、対象となる現象ごとに計測の方法も、その結果の記録様式も異なっていたということだ。また当然のこととして、記録された内容を再現して活用するメカニズムも別々であった。レコードに記録された音楽の再生装置と、印画フィルムに記録された画像を再現する現像方法は全く別であったのだ。

文字についても同様だ。文字そのものは離散的な情報であり、デジタル的な特性を持つが、長年活版印刷術という物理的手法によって記録、再生されてきたのである。

人類の歴史の中で、新たに発見された科学原理を応用した様々な技術が発明されてきた。それが世界の人々の生活に大きな幸福をもたらしてきた。そして新たな技術を活用する手法は、原則的には別々のアプローチをベースにしていたのだが、それはある意味で自然な成り行きであった。科学文明は、長い時間をかけて様々な領域に分かれて徐々に進化してきたからだ。

つまり、アナログ中心の時代には、テーマごとに異なる技術が、時代の変化とともに複数出現し、それらが共存し、その集合として全体の社会システムが構成されていたのである。

デジタルテクノロジーの出現と急速な進化が、過去のアナログパラダイムを一新することになった。1と0の数値のみを用いるだけで、世界のあらゆる事象が柔軟に、かつ正確に記録され、簡便に再現・活用できるようになった。デジタル処理システムという単独のメカニズムに統合されたのである。

これがデジタルテクノロジーの汎用性を生む背景だ。過去には分化されていた別々のシステムが、スマートフォンやPCというデジタル処理機器に集約された。その結果、現代人はシンプルなデジタル「統合システム」に包まれて生きるようになったのである。それがデジタル文化だ。

「統合システム」の中では、文字、数値、音、画像、映像、そしてありとあらゆる自然現象が、1と0という2種類の数値の膨大な集合として記録され、そして数値演算処理の対象になる。一秒間に数十億回という、想像を超える高速度の演算処理を実現した最新のCPUにとって、多少のデータ量は全く苦にならない。そして、CPUの進化と同期して急激に発達したデータ通信技術も、一秒以内に一年間の新聞情報を送受信できるレベルに達している。それは、東京で生活する数百万人の中の2人の送受信者を正確に特定し、1対1の個人間のダイレクトな通信接続をいとも簡単に実現できる。

そのような技術革新の恩恵として出現したのが、第一章と第二章で見たデジタルライフスタイルや、デジタル文化に他ならない。

そしてそのコストも激減した。統合されるとは、多数の道具が不要になるということだ。もはや電話機も、音楽再生機器も、カメラもラジオも要らない。すべてスマートフォンの中に入っている。世界経済が恐れるデフレーションの質が変化しているのだ。単に需要の総量が減っているのではない。単発的な需要が減った代わりに、統合製品の需要は増えている。しかし、社会のトータルコストは統合効果によって確実に下がっている。ビジネスの原理は、デジタル文化の中で揺らぎ始めているのだ。

こうして柔軟な記述性と、パワフルな処理能力を備えたデジタルテクノロジーは、その優れた経済効率と相まって、多くの産業分野に急速に浸透しつつある。その加速度は今後ますます大きくなる。

☑アナログとデジタルは共存関係

最後にアナログとデジタルの共存性について簡単に触れておく。この二つのテクノロジー様式に関しては、アナログをとるかデジタルをとるかという、二律背反的な関係性として理解している人を見かける。だがそれは正しくない。両者は本来、共存関係にあるはずのものだ。

図４－９には、マイクとスピーカを使った音楽再生のケースについて、デジタルとアナログの関係を図示してある。

この図の左上に示されるように、もともと連続なエネルギー量である音や声は、マイクを使っていったん連続値電気信号として記録され、直ちにＡＤ変換処理によってデジタルデータとして保存される。

その音源データは音楽配信ストリーミングサービスなど経由で地球上に配布される。そして再び音や音楽として再生しようとすると

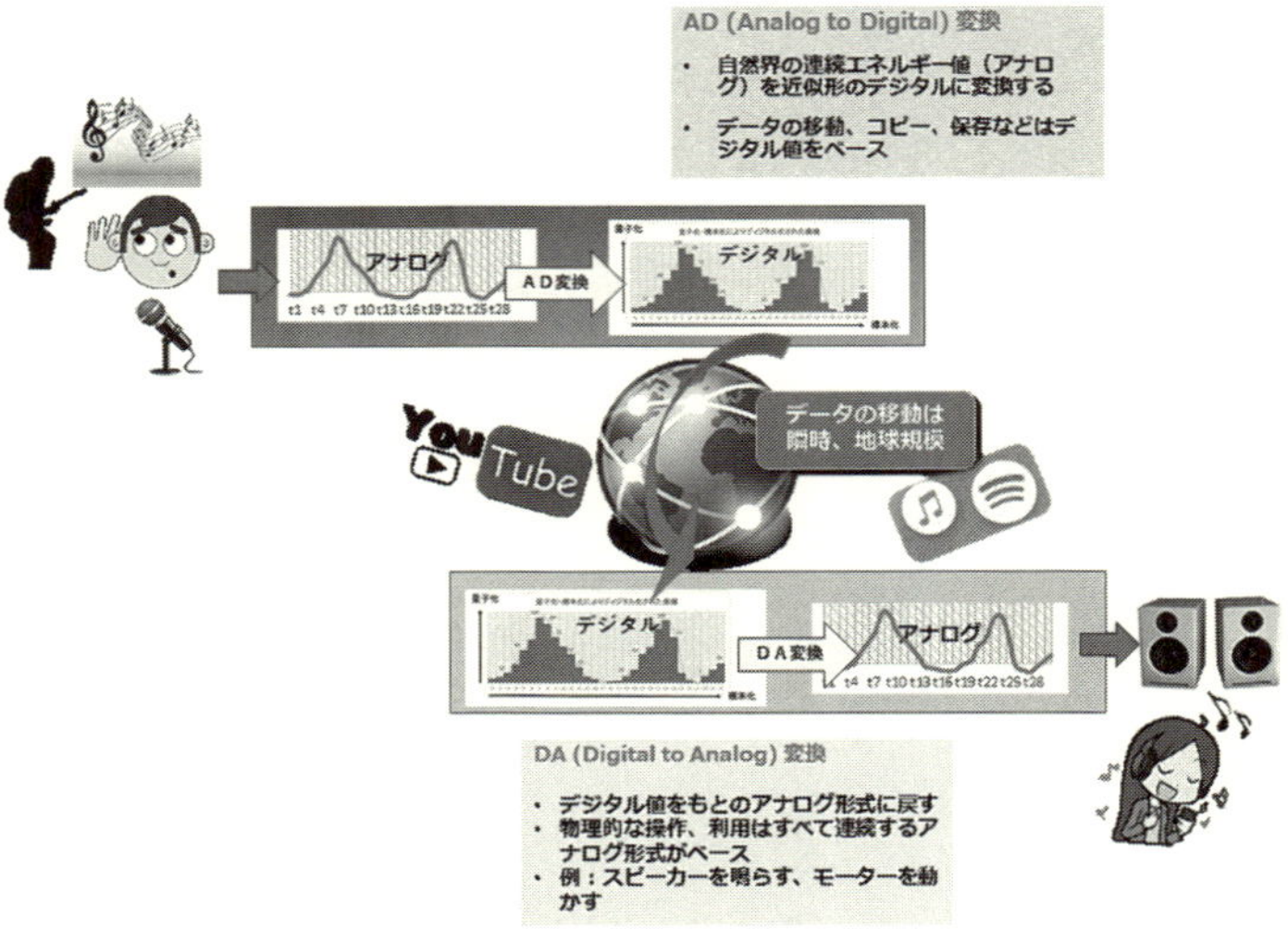

図4-9　デジタルとアナログの共存

き、音源としてのデジタルデータは、図の右下部のように、スピーカやヘッドフォンによって再びアナログに戻される必要がある。なぜなら生物としての人間の聴覚はアナログ連続現象を前提としているので、人間の耳に届くときは本来の連続エネルギーとしてのアナログ音でなければならないのだ。聴覚だけでなく触覚にせよ視覚にせよ、生物はアナログ環境の中で生きているのである。

その意味では現代のテクノロジーの中で、音や映像や圧力のように、人間と直接関わり合うものはすべて、最終的にはアナログ方式に戻す必要があるのだ。つまりデジタルとは、人間が直接感知しない、中間プロセス処理の中で大きな価値を発揮できるテクノロジーなのである。

要は、デジタルとして近似することで途中の複雑な処理がシンプルに簡略化でき、情報の移動や加工も簡単になるのだが、生身の人間の五感に供される際には、再びアナログ連続量に復元されるのである。だから、デジタルとアナログは排他的な関係にあるのではなく、相互補完的に共存する技術なのだ。

本章で簡略的に記した内容程度の知識があれば、デジタルの本質は明確に理解できるはずだ。これから先どのようなデジタルテクノロジーが出現しようとも、ここが原点である。

第五章 グローバリゼーションとデジタル文化

インターネットが出現した1980年代後半ころから政治、経済、文化、社会などの幅広い分野において国境を越える様々な活動の拡大、深化が顕著になった。「グローバリゼーション」と呼ばれるその現象には、交通や通信技術の急激な発展が深く関係している。

本書のテーマであるデジタル文化を語るとき、グローバリゼーションと情報テクノロジー進化の相乗的な関係は、欠かすことのできない重要なポイントである。本章では両者が、どのようにして互いに影響しあいながら現在に至ったのか整理してみる。

☑グローバリゼーションという新たなトレンド

経済学者の伊豫谷登士翁は、「グローバリゼーションとは近代国家の領域性を問い直す動きである」と述べ、「衣食住という人間の最も基本的な生活の在り方から、音楽・メディア、さらに国家の統治機構に至るまで、多くの国できわめて近似化した生活スタイルや政治形態が浸透した」と指摘する。

それはまさに第二章で見た、「生活の文化」、「感性の文化」そして「知性の文化」の地球規模の同質化に他ならない。それがデジタル文化だ。

更に伊豫谷は、「文化のグローバリゼーションの裏には市場経済を媒体とした、世界規模で活動する（多国籍）企業の存在があった。文化が国民文化として一元的に産出されてきた近代と異なり、グローバル商品は国籍を持たない文化として輸出され、世界的な共通経験を創り出してきた」と分析する。

つまり地球規模に拡大した市場経済がグローバリゼーションを推進し、そのなかでグローバル商品となった最新デジタルプロダクト、およびそれが生み出す新しいサービスが世界共通の新しい文化、すなわちデジタル文化を創造したと指摘する。

文化の中でも特に「生活の文化」の一部は、商品やサービスなど経済活動の結果として生成される傾向が強い。

その一方では、情報技術の進化が経済のグローバル化を推進してきたことも事実だ。

つまりスマートフォンのようなデジタル商品の普及が次々に斬新なビジネスを喚起し、それが更なるグローバリゼーションを加速させるというダイナミックな連鎖反応が起きているわけである。

その意味において経済のグローバリゼーションと文化のグローバリゼーションは、コインの裏表の関係なのだ。

デジタル文化の本質は、テクノロジーの視点からだけでなく、世界経済と「生活の文化」の関わり合いという面からも解き明かす必要がある。

☑グローバリゼーションとデジタル・ビッグバン

20世紀の後半、特に1980年代ころから世界はグローバリゼーションという巨大な潮流に飲み込まれ始めた。それまでのインターナショナルな世界の秩序は、国民国家という「ローカル」な存在を前提とし、異なる特性を持つ国家間の関係性、依存性に立脚していた。それゆえに、ある国家から見た他の国家との相互関係を示す国際（インター・ネイション）が基本であり、「インターナショナル」と形容されてきたのである。

しかし、「グローバル」は汎地球的とも訳されるように、世界の新たな共通性を表現する言葉だ。つまり世界的秩序の新たな均質化を強調する立場である。それはかつてのような、国家という構成要素を中心におく視線ではない。国家の境界が不透明になり、その結果多くの国家が次第に同質な状況に移行してゆくという、世界全体の変化を俯瞰する見方である。

もともとグローバリゼーションは、世界的経済構造が変化していく過程から意識され始めた。20世紀後半から世界経済はさまざまな要因によって大きく変貌した。近代経済の基本構造であった国際的な商業貿易は、インターナショナルな国際関係という形態を前提として長年継続してきた。しかし通信技術と交通手段の進化は、世界の時間と空間を極限まで圧縮し、インターナショナルに代わる新たな世界的秩序を出現させたのである。

それは20世紀半ばまでの前提であった、「国家という要素が存在し、その内部で完結する分業体制、企業間協調体制」というパラダイムを脱した、地球規模の垂直分業体制へのシフトであった。国家間の労働コストの差異に着目した製造プロセスの海外移転と、地球規模の生産、物流、販売プロセスの再編成が進行したのである。経済の論点は、世界地図全体を市場とする前提に変わった。そして地球のどこで原材料を調達し、どこで製造し、どのように販売するか、が問われ始めたのである。その結果、国内市場と海外市場の境界は曖昧なものとなり、国家間の輸出と輸入というシンプルな関係に立脚していた20世紀までとは異なる、密接な相互依存の中で連携するという、新たな秩序が出現したのだ。つまりグローバリゼーションとは、最新のＩＣＴにけん引された経済活動のグローバルな一体化が生み出した世界の新秩序なのである。

そのグローバリゼーションのキーワードは、「脱領域」、「越境」、「同時発生」だ。

国境という人為的な境界によって閉ざされたローカルな経済市場を超えて、同質の経済活動が世界中でほぼ同時に発生し、地球規模の市場として次第に一体化したのだ。平たく言えば、異なる国民国家の国旗は残したまま、実質的には市場が一体化した世界経済が出現したのである。

「グローバリゼーションは近代国家の領域性を問い直す動きである」と伊豫谷は定義している。そのような激的な経済秩序の解体と再構築を推し進めたものは、地球規模に拡大したコミュニケーション技術と交通手段の進化であった。第一章で見たように、現代社会の時間と空間は極限にまで圧縮され、地球の裏側で起きる事象をリアルタイムに認識できる情報化社会が出現している。つまり地球上の人間は、時差のない地球規模の相互依存関係、「グローバル埋め込み」の中で生きているのだ。したがって21世紀の経済には、タイムラグは存在しない。そして製品にも国籍はない。iPhoneの部品は韓国製や日本製であり、台湾で組み立てられ、米国のAppleブランドとして市場に流通する。しかしだれもiPhoneがどの国の製品なのか気にしない。それが経済のグローバリゼーションの本質なのだ。

20世紀後半以降、交通手段の進化が著しい。海外に旅行するのは、半世紀前の国内旅行程度の所要時間ですむ。だがそれにも増して、地球上のあらゆる情報が、きわめて正確にかつほぼ同時に世界中で共有できるようになった影響は大きい。そのことが世界経済のプロセスを一変させた。経済活動の中核ではモノ以上に情報が影響力を持つからだ。物流というモノの流れの裏には、商流という情報の流れが必ず存在するのである。デジタルビッグバンは商流全体の可視化を促進し、商流情報を世界規模で共有することを可能にしたのである。

その結果出現した経済のグローバリゼーションを通して、世界市場は一体化し、同じ製品が世界中の消費者にほぼ同時に提供されるようになり、人々の生活は均質になっていった。結果的に経済的グローバリゼーションの潮流は、世界の「生活の文化」を脱領域化させ、越境化させ、新たなグローバル文化、すなわちデジタル文化を生み出したのである。

つまりデジタルライフスタイルのもう一つの側面は、経済のグローバリゼーションがもたらした現代の新たなムーブメントでもあるということだ。

世界中の若年世代は、フェイスブックやＬＩＮＥなどのＳＮＳで互いに結びつき、スマートフォンを日常行動の中心に据え、ネット上の消費行動を好むという、同質の生活を営んでいる。十代から二十代の若者は、北京でも、ニューヨークでも、東京でも、パリでも、ムンバイでも、同じようなデジタルライフスタイルの中に生きているのだ。

結局、経済のグローバル化と文化のグローバル化は表裏一体となって相互につながり、現代人の新たな生活様式を創り上げた。それがデジタル文化なのだ。

☑グローバルな経済活動が生活の文化を変えた

第二章でみたように人類の文化は、「生活の文化」、「感性の文化」そして「知性の文化」という三つの視点から理解される。

ここで文化の領域を図示してみよう。水平方向に「ローカル対グローバル」軸、垂直方向に

「保守対革新」軸をとって、三つの文化領域をプロットすると、図５－１のグラフになる。

宗教・芸術・伝統の「感性の文化」は、地域性が強くまた基本的には保守的なものだ。他方、科学技術に代表される「知性の文化」は革新性が強く、また広く世界と交わるグローバル性が特徴である。そして、「生活の文化」は最も領域が広く、ローカルからグローバル、また保守から革新まで、実に多様な特性を備えている。具体的な例を示すと、例えば食文化として、私たち日本人は極めてローカルな納豆や味噌を好むと同時に、イタリア料理、フランス料理、中華料理も楽しんでいる。衣類に関しても同じだ。平成生まれの世代でも、結婚式は角隠し・振袖と紋付き羽織・袴にはじまり、ウエディングドレスとタキシードのお色直しをチョイスする。ローカルとグローバルの和洋折衷だ。

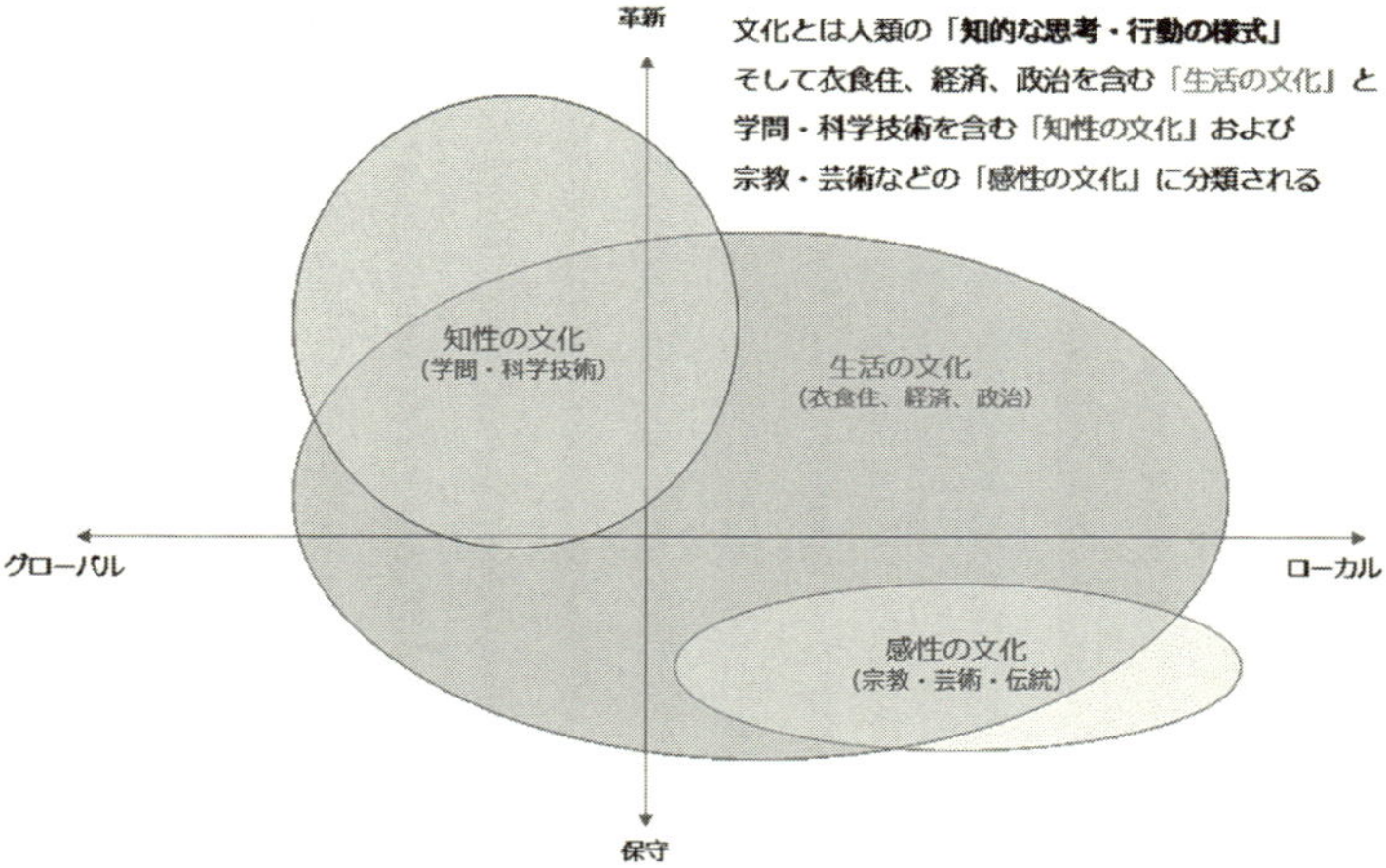

図5-1　３つの文化の特徴

生活の文化は経済と深く結びついている。生活を営むためには、主に経済活動で生み出される商品やサービスが必需品だからだ。そして経済は歴史的に地理的制約を超えようとする特性を持っている。太古の時代から地域や国境を越えた商取引や貿易が行われてきた。奈良の正倉院には、千数百年前、遥かなペルシャからシルクロードの旅を経て、唐そして朝鮮半島を通してもたらされた多くの宝物が収蔵されている。古代人の経済活動は、時間はかかっても、地球を半周する距離をいとわないグローバル性を備えていたのである。そして現代のグローバル化はその極限に到達しようとしている。

また生活の文化は、新しいテクノロジーの出現に大きく影響される。クルマや飛行機、いろいろな電化製品の登場によって、生活文化が強い革新性と国際性を持つようになったのである。古代から中世までは、地球規模の移動が困難であったため、ほとんどの文化は一般的に強い地域性と保守性を持っていた。しかし、大航海時代以来、高速船舶や飛行機などの近代的な交通手段が出現し、地域を超えた交流が可能になったころから、文化はよりインターナショナルな傾向を加速した。そしてグローバル化が進んだ現代では、ローカル性を維持しつつ汎地球的な特性を持ち始めているのである。

そしてテクノロジーの目覚ましい進化の結果、過去には想像できなかった生活スタイルが確立されつつある。つまり現代の文化はますます革新化を強めているのだ。図5－2のグラフではより左上の方向、すなわち、革新化とグローバル化を加速する方向に向かって「生活の文化」のベクトルは加速している。そのベクトルの最先端が、現代のデジタルライフなのだ。

先に見たように、世界の文化はもともと強いローカル性と保守性を保持していた。例えば、約二百年以上にわたり鎖国政策の下に置かれた江戸時代の日本は、物質の不足をリサイクルで補い、また独自の世界観に基づく極めて閉鎖的で地域色の濃い国家として存在していた。そしてその結果、ユニークなローカル文化が生み出され、それは現代日本にも脈々と受け継がれ、国家としてのＤＮＡになったのである。

しかし、交通手段の進化とともに、地理的制約を超えた交流が可能になったころから、世界の文化はよりインターナショナルな傾向を加速した。特に18世紀から19世紀に起こった第一次産業革命の結果、蒸気機関に支えられた機械生

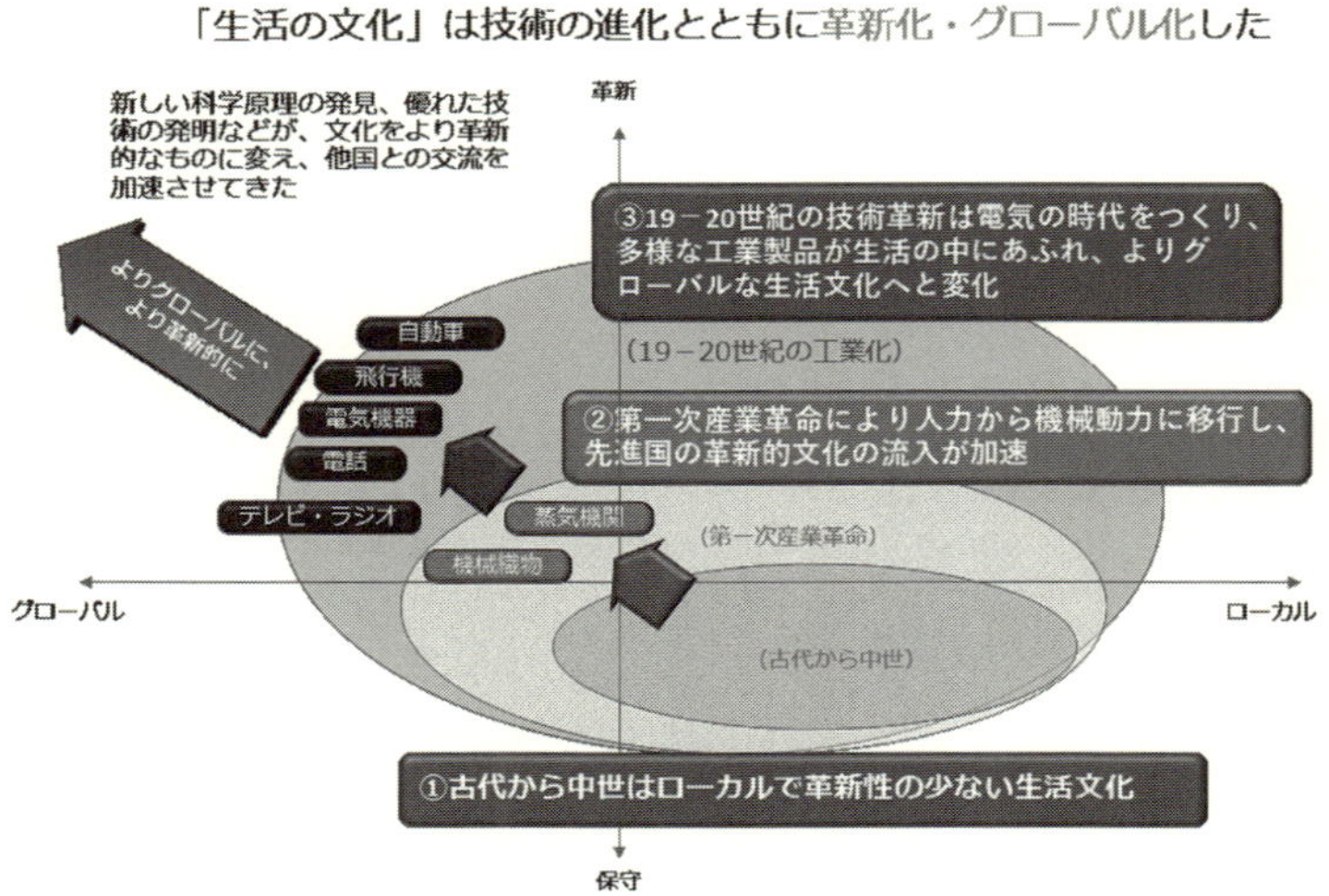

図5-2 「生活の文化」の革新化・グローバル化

産の時代が到来すると、様々な製品が大量生産され、世界中に普及した。機械織物の出現は、世界の服飾文化を大きく変えた。古代以来和装という伝統的な服装を維持してきた日本社会も19世紀半ばころより、急速に洋装に移行したのだが、それを推進したのは、製品としての洋服の出現であった。

そして19世紀から20世紀にかけて起きた、電気を中心とする技術革新は、生活文化の更なる近代化を加速した。

日本でいえば明治末期ころから、世界的に新たな科学原理の発見と、それを応用した新技術の発明が相次いだ。それは同時に多様な近代産業を生み出し、その結果数多くの製品が世界中に出現したのである。中でも電気の時代の到来によって、生活のための多くの新製品が、衣食住の各領域で登場し、人々の生活パターンは大きく変貌し始めた。

大正時代の日本では、科学的知識に基づいた生活や、生活の合理化を標榜した「生活改善」と呼ばれる社会ムーブメントが起きた。生活改善同盟という組織まで結成され、「虚礼虚飾の因習を排し、科学的・経済的生活の推進や、和式と欧風生活との融合を目指す」ことが官民挙げて奨励されたと記録されている。まさに「生活の文化」の革新化そのものだ。その先駆けとなったのは、電気アイロン、電気オーブン、電気こたつ、電気洗濯機、電気冷蔵庫などの、生活用電化製品の相次ぐ登場であった。

電球の発明は生活空間に明るい光をもたらし、電化製品は女性を家事労働から解放した。ラジオやテレビや映画の出現は、異国の異なるライフスタイルを紹介し、生活文化は、ますます革新的、グローバルなものに変わっていったのである。

そして20世紀末ころから、それまでのレベルをはるかに超えた生活文化の驚異的変化が始まった。それがここまで見てきたデジタル文化の出現である。

図5－3には、デジタルライフが生み出した多様な商品・サービスが、さらに北西方向、つまり「グローバル化・革新化」ベクトル方向に生活の文化を拡大させた様子が示してある。

ＳＮＳに代表されるプラットフォームという地球規模のデジタル・インフラは、もともとローカルで地域性が強かった生活の文化を、デジタル技術が有するイノベーティブな特徴を活かし、世界的に均質なものに変えてしまった。それがデジタ

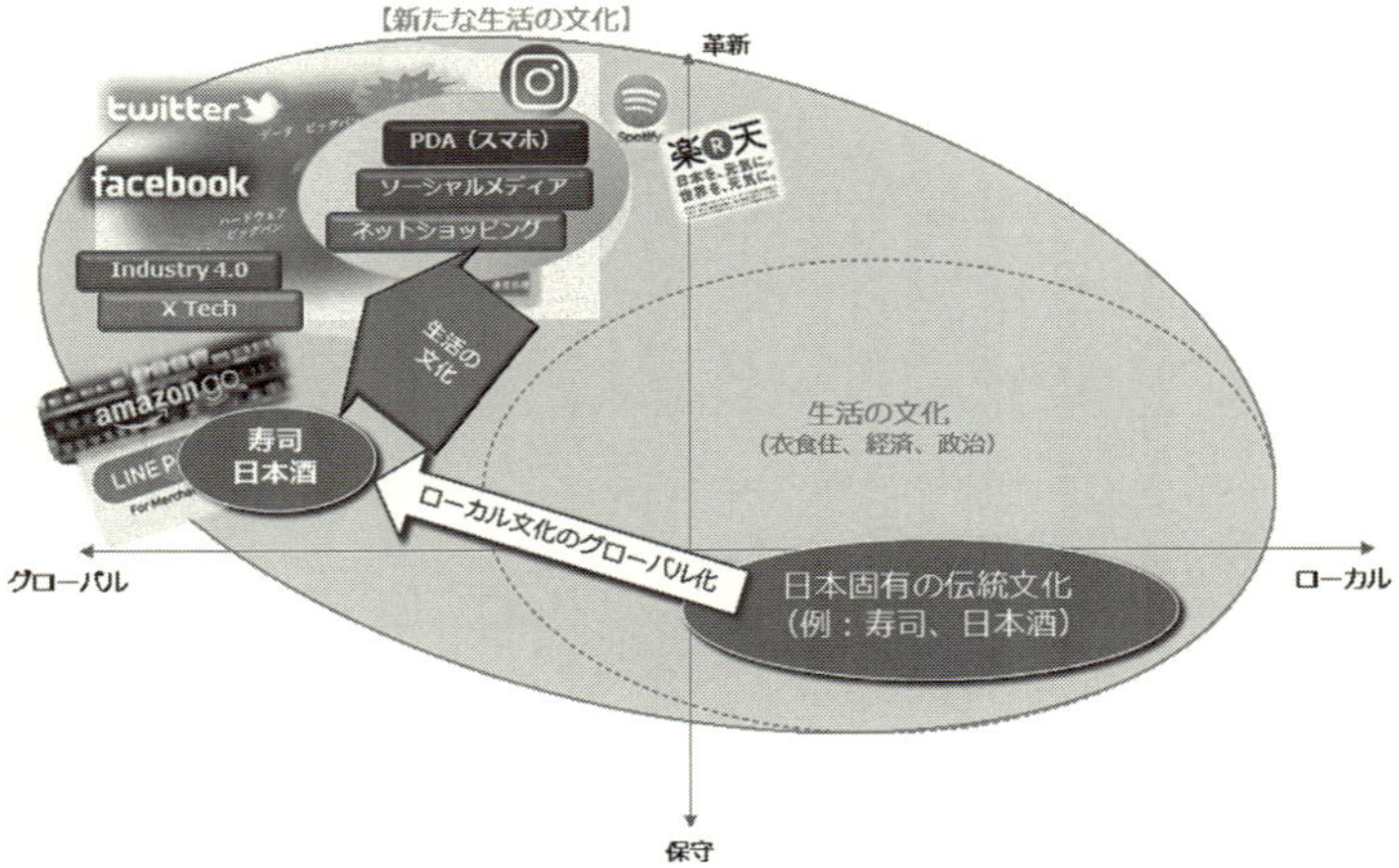

図5-3　デジタルライフが拡大する「生活の文化」

ル文化である。極限まで圧縮された時間空間の中で、現代人は政治体制、主義主張、イデオロギーに関係なく同じような生活様式の中で生きている。そのベクトルは更に強力になる。

そしてここで重要なことは、この図の左上の領域はウェブ空間に属するという点だ。図の右下に行けば行くほど物質的な世界になる。先述した通り、現代の「ウェブの民」は、ある時は物質空間で生きつつ、そして別の瞬間にはウェブ空間に移動するのである。したがって、物質空間の中で革新化・グローバル化を進めてきた生活の文化は、デジタルテクノロジーの成熟を機に、一挙にその存在領域をウェブ空間まで拡大し、革新化・グローバル化を加速させていると表現した方が良い。

そしてもう一つの特徴的な現象は、これまで限られた国や地域の中で継承されてきたローカルな文化が、ＳＮＳやインスタグラム経由でグローバルに露出された結果、他国の人々にその価値を認められてグローバルな文化に変身するというものだ。図中に示した、日本酒や寿司の海外進出がそのことをよく物語っている。グローバリゼーションの結果として消滅しかけているローカル文化がある一方で、世界の文化として普及し始めたローカル文化も存在する。これも越境現象のひとつだ。

☑ 創造と破壊、デジタル・ディスラプション

「生活の文化」がより革新化の傾向を強くする現象は、社会全体が「イノベーション」の潮流に飲み込まれていることを意味する。

イノベーションを最初に提唱したのは20世紀前半に活躍した経済学者ヨゼフ・シュンペーターだが、その理論は近年再び注目されている。

創造的破壊を繰り返しながら資本主義は変質することを、半世紀以上前に看破したシュンペーターは時代を先取りしていた。19世紀末に生まれた彼は、20世紀初頭から始まった「科学技術の時代」の目撃者であった。その激変の中で、シュンペーターが発見した原理こそ「イノベーション理論」である。「経済を変動させるのはイノベーションという変化であり、それがもたらす過去になかった価値こそが、旧来の市場を破壊して新たな製品と市場を創造する。その新陳代謝が資本主義の駆動源である」と主張したのだ。

デジタルビッグバンの中で起きているパラダイムシフトはディスラプション（創造的破壊）とも呼ばれるが、その本質はシュンペーター理論そのものだ。

シュンペーターはイノベーションを定義する条件として、新しい製品・サービス、新たな生産方式、新市場、新たな物質の調達法、そして新たな組織形態という五つの基本概念を指摘した。

先に見たプラットフォームのほとんどがこの5条件を満たしている。フェイスブックは交友サイトという画期的なサービスを創造し、アップルは生産をほとんど社外に委託し、アマゾンはウェブ空間の中に巨大な販売先を構築し、ウーバーやAirbnbは一般消費者から資本を提供してもらい、グーグルは過去になかった独占形態を実現した。

２０１０年代後半に入り、世界のあらゆる産業において起きている現象こそ、この「創造的破壊」に他ならない。デジタルビッグバンの結果、グローバルなネットワークが出現し、数十億人を直接結び付ける新たなビジネス形態やサービスが次々と生まれている。シュンペーターが予言した「創造的破壊」の最新現象がデジタル・ディスラプションであり、それが創り出した社会様式こそデジタル文化であり、その担い手は「ウェブの民」なのだ。

シュンペーターは、資本主義の発展は生産要素の新結合（イノベーション）によって生じ、イノベーションの実現に注力するリーダーを企業家（アントレプレナー）と呼び、企業家が管理者に堕すると資本主義は滅亡する、と警告した。この言葉は、大企業の凋落が顕著な21世紀の現代を見事に予言している。21世紀のヘゲモニーを握るＧＡＦＡの創設者は、いずれもシュンペーターが定義したアントレプレナーの能力を備えている。

そしてシュンペーターが提起したイノベーションの課題を、マネージメントスキルとして一般化したのは、ピーター・ドラッカーである。実は二人ともオーストリア人で、ドラッカーの父、アドルフの教え子がシュンペーターという親しい関係にあった。ドラッカーは起業家を経済の主体と位置付ける視点において、シュンペーターから大きな影響を受けている。

ドラッカーはイノベーションが成立する機会として七つのケースを挙げる。それらは、「予期せぬ現象（失敗と成功）が生じたとき」、「現実にあるものとあるべきものの間にギャップが存在するとき」、「ニーズが存在するとき」、「産業構造に変化があるとき」、「人口構造に変化があるとき」、「ものの見方、感じ方、考え方に変化があるとき」、「新しい知識が出現したとき」である。ドラッカーが指摘した七つの機会を、20世紀末頃から世界中で創造し、イノベーションを起こした企業や個人が21世紀経済の覇者になった。

生活場所に拘束されないネット上の消費行動というニーズを実現したのはアマゾンであり、物質の所有欲が後退している産業構造を見抜いてシェアエコノミーに突き進んだのはウーバーやAirbnbだ。消費者の置かれている現実と理想のギャップを埋めることに徹底してこだわったのがジョブズであり、現代人の美意識や知的感性の変化に応えたのがインスタグラムやグーグルなのだ。そして人工知能ＡＩという新しい知識が姿を現し始めた現代は、明らかに7番目の機会そのものだ。

イノベーションは破壊と創造というムチとアメを同時にもたらす。

プラットフォームの出現は、20世紀型ビジネスの秩序の中で繁栄を謳歌してきた多くの既存企業に大きな脅威となった。それが、「デジタル・ディスラプション」（創造と破壊）だ。新秩序の創造が、結果として旧秩序を破壊する。破壊されるのは古いレジュームであり、創造されるのは新たなパラダイムだ。そして創造者の殆どは新規参入者だ。

新たなテクノロジーの出現はディスラプションの震源である。とりわけデジタルテクノロジーの急速な進化は、旧秩序を短期間に解体する破壊力をもつと同時に、斬新なビジネスをスタートする機会を多分野で提供する。

身近で起きたディスラプションの事例はカメラ産業の変貌だ。図５－４にその姿を示す。

カメラ産業はデジタルテクノロジーの衝撃をダイレクトに浴びた業界のひとつだ。

カメラが発明された19世紀以来、感光フィルムを記録媒体とした光学式カメラの出荷量は成長を続けてきた。その中で高いシェアを保ったのは、日本のカメラメーカーであった。その出荷量のピークは１９９７年の約４千万台である。しかしそこから光

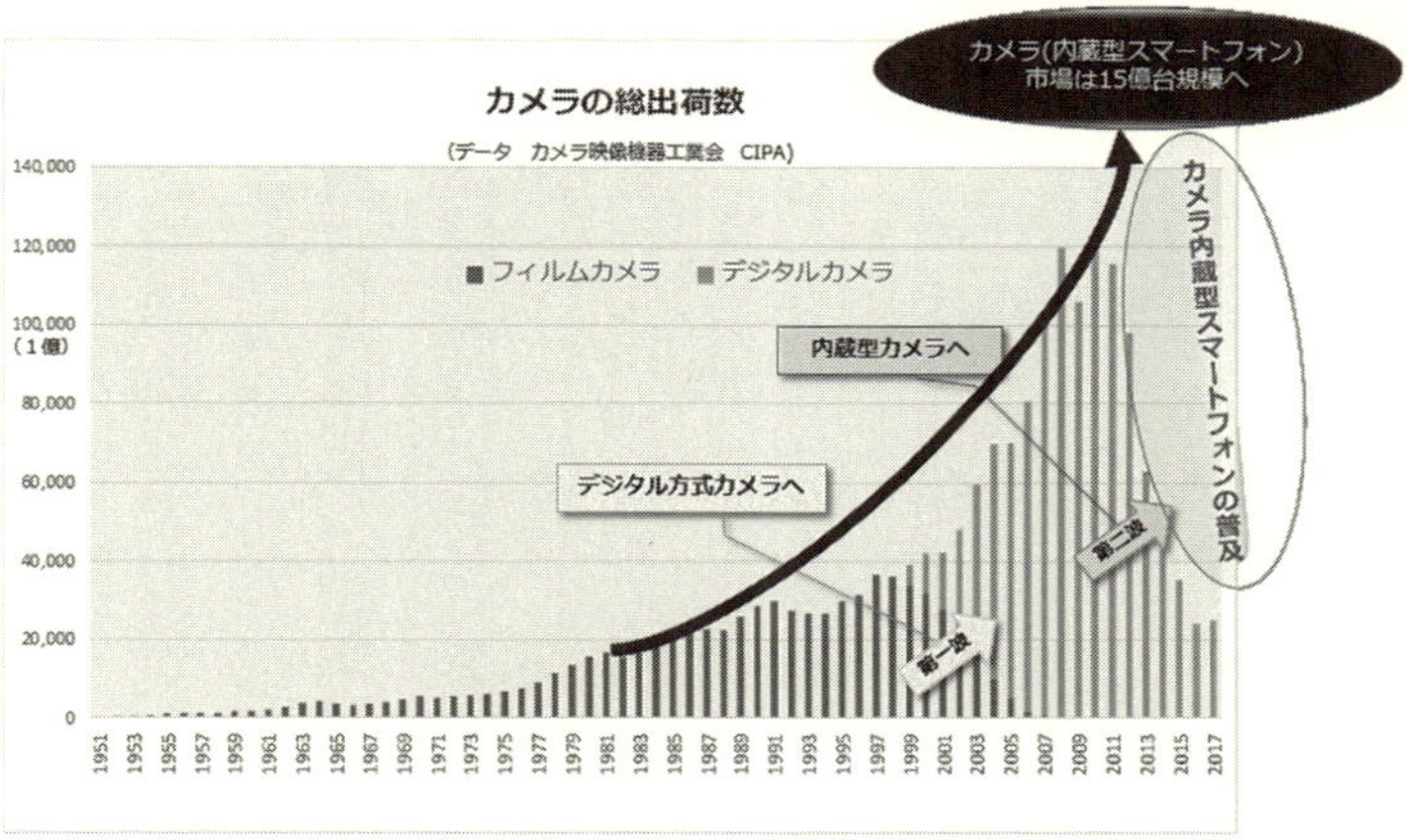

図5-4　カメラビジネスの破壊と創造

学カメラの出荷数は急速に減少し始め、2005年ころには数百万台まで下降した。明らかに光学カメラ市場が崩壊したのである。図5－4で急激な下降が明らかだ。そしてその原因はデジタルカメラの出現だ。

感光フィルムが不要で、現像というプロセスも省略できる簡便さが、デジタルカメラの市場を急激に拡大し、2008年ころには出荷数は1億2千万台まで上昇した。これこそが新市場の創造である。このグラフは、「第一波」と記される新旧の勢力のせめぎあいの結果として、破壊と創造が進行したことをリアルに表している。

そしてここでの重要なポイントは、創造された新市場の規模が、破壊された旧市場より数量面で3倍近く大きいという事実だ。コストパフォーマンス、操作性に優れたデジタル方式は、光学方式の数倍の規模にまでカメラ市場を拡大したのだ。これがカメラ産業における破壊と創造の第一波であった。

しかしデジタルカメラの覇権は短命であった。2010年ころには出荷数は3千万台程度まで下降した。この第二波の破壊者はスマートフォンに代表されるモバイルデジタル機器であった。カメラが携帯電話と合体したのである。その急速な普及がデジタルカメラの時代の終焉を加速した。

そしてこの場合も新市場はそれまでのカメラ市場を大幅に拡大した。いまやスマートフォンの出荷量は年間約15億台近い。デジタルカメラの出荷数のピークの約10倍以上だ。そのすべてに高機能カメラが搭載されている。

かつてプレミアム商品の象徴でもあった高額なカメラは、現代ではコモディティー商品になってしまった感がある。だが、世界中で述べ数十億人がカメラ機能を所持するという状況は、人類の生活に大きな潤いを与える。ウェブにアップロードされた子供や動物の何気ないしぐさ、いろいろな地域の美しい景色に癒やされる人は多い。それはインスタグラムやTikTokとしてデジタル文化に欠かせない存在になりつつある。

そしてディスラプションは、何世紀も市場を独占してきた古典的産業にも脅威になりつつある。それが金融業界に押し寄せるテクノロジーの波だ。

10年前の世界の株式時価総額トップ10には多くのグローバル金融機関が名を連ねていた。しかし現在はわずか数社に過ぎない。リーマンブラザーズの破綻以降、多くの金融機関が経営不振に苦しんできた。そして伝統的な銀行や証券会社が保ってきた秩序は、プラットフォームの出現という一撃により、極度に不安定な状況に陥った。

その中にあって、FinTechという新興勢力は伝統的金融機関のビジネスを根底から覆そうとする勢いを示している。その理由は明白だ。元来金融産業は本質的に情報処理ビジネスなのである。デジタル・ビッグバンによって、現代の社会システムそして市民の生活がデジタル型行動様式に大きく移行する状況では、情報処理ビジネスである金融産業が現状維持で済むはずがない。事実、投資市場ではコンピュータ処理を前提とした膨大なグローバルマネーが猛威を振るっているのだ。しかし、伝統的な金融機関の多くは、20世紀のビジネスプロセスをそのまま引きずってきた。そしてその市場に、デジタルテクノロジーで武装した多くの中小規模の企業が乱入してきている。それがFinTechというトレンドなのだ。

２０１３年、フランシス・ゴンザレスが『フィナンシャルタイムズ』で述べたコメントがすべてを物語っている。「銀行はアマゾンやグーグルを受け入れなければ滅びる」。

もちろんゴンザレスはアマゾンやグーグルをそのまま使って銀行業務をしろと言っているのではない。「アマゾンやグーグル」を象徴とする新たな秩序、すなわちプラットフォーム型ビジネスパラダイムへのシフトこそが銀行の生き残る道だと主張しているのである。

現在成功しているFinTechの中には、プラットフォームのダイナミックな仕組みを巧みに活用して成功する新興企業も出現している。その一つがイギリスのTransferWise社だ。

同社の海外送金システムはスマートフォン・ネットワークから集まってくる海外送金・入金の個人需要という情報がベースになっている。

図５－５に示すように、A国内に住む複数のTransferWiseユーザの間で、B国への送金ニーズを持つ人と、逆にB国からの入金ニーズを持つ人をマッチングさせ、A国内の入送金として決済してしまう。同じような国内入送金をB国でも決済する。こうすればすべてが国内での処

理となり、伝統的銀行を通した場合の高額な海外送金コストは発生しない。スマートフォンから集められる個人的な需要と供給をマッチングさせることによって、海外送金という従来型プロセスにブレイクスルーが生まれるのである。

これこそがディスラプションの典型事例だ。新たに創造されるのはプラットフォームを活用したTransferWise型ビジネスであり、その結果として破壊されるのは伝統的海外送金ビジネスなのだ。

デジタル技術を活用したイノベーションが世界中に拡散し、数十億の人々が同じライフスタイルを営むデジタル文化の時代が到来した結果、経済のグローバリゼーションは新しい局面を迎えている。

そしてディスラプションの破壊者は、同

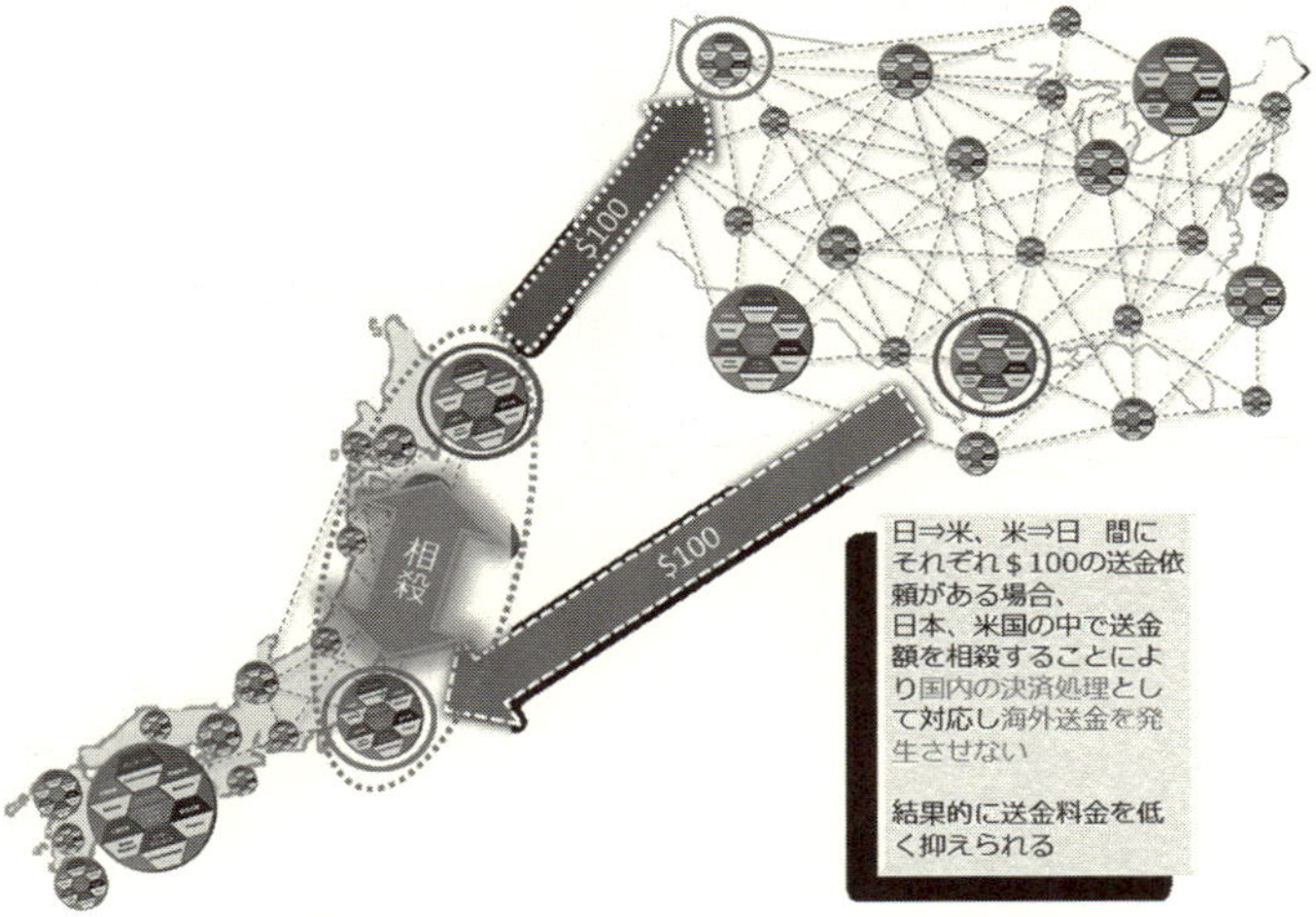

図5-5　海外送金フィンテックTransferWise

業者ではなく他産業からの侵入者であることを忘れてはいけない。FinTechに怯える既存銀行を襲撃しているのは、同じ業界の他の銀行ではない。大半はIT産業からの越境者たちなのだ。先のカメラ産業の事例でもディスラプションの主役は、デジタル技術を得意とする別業界の企業群であった。感光フィルム産業を破壊したのは、半導体産業だ。産業対産業の闘いが始まっている。

最先端のテクノロジーを使い慣れた消費者は、ある業界全体に対して、時代の先端を走る企業が提供する品質のサービスを求める。「どうしてアマゾンでできることが、ネット上での銀行サービスではできないのか」。それが現代の銀行を見る消費者の視線だ。FinTechの震源地は銀行業界ではない。

フィンテックの次はシェアリングエコノミーだ。

☑ シェアリングエコノミーは資本主義の後継者か

シェアリングエコノミーは、経済のグローバリゼーションとデジタル文化の複合的産物として出現した新たなビジネスモデルのひとつである。そしてシェアリングエコノミーという用語は、狭義と広義の二通りの意味合いを持っており、それぞれが未来に関する重要な示唆を含んでいる。

まず、『平成29年版情報通信白書』の次の記載が、狭義のシェアリングエコノミーを的確に表現している。それによると、「シェアリングエコノミーとは、個人が保有する遊休資産（スキルのような無形なものを含む）の貸し出しを仲介するサービスであり、貸主は遊休資産の活用による収入、借主は所有することなく利用ができるというメリットがある。貸し借りが成立するためには信頼関係の担保が必要であるが、ソーシャルメディアの特性である情報交換に基づく緩やかなコミュニティの機能を活用できる。」と定義されている。

ここでのポイントは、遊休資産の供給と、それを利用したいという需要が、「ソーシャルメディアの情報交換」を通して仲介されることにある。いまやシェアリングエコノミーの代名詞のような存在になったウーバーやエアビーアンドビーは、きわめて個人的な資産の貸し借りである。そもそも体系化された情報ではない、そのような個人資産の稼働情報をリアルタイムに把握して仲介、管理することは20世紀には雲をつかむようなテーマであった。しかしデジタルライフが普及した21世紀の市民生活の中では、ソーシャルメディアを支えるプラットフォームにとって、個人的な需要と供給の情報マッチングは得意とするところだ。個人同士がスマートフォンを通して密接に結ばれる分散ネットワークとしてのプラットフォームが出現したことが、遊休スペースの時間貸し借りや、個人タクシー的な遊休車の利用という新サービスを生み出したのである。そのビジネスモデルは、社会全体でアイドリング状態にあった資産の活用を促進し、結果的に社会資本の稼働率を高め経済の活性化につながるのだ。

また前章まで見てきた社会パラダイムの変化、すなわち消費者の間に起きている、リアル／物体的商品の所有から、デジタル化されたサービスの利用へと向かう変化のベクトルが、シェアリングエコノミーの底流にあることも確かだ。我に返って考えると、一日を通して数時間しか使用しないクルマのような高額商品を、個人的に所有することは決して経済的では無い。これは現代日本における、若者のクルマ離れにもみられる現象だ。度重なる世界経済の停滞という背景もあり、物質の購入・所有願望は時代とともに縮小している。

シェアライドの本質は、デジタルテクノロジーによる高度な「仲介」にある。過去には組織化された企業でも難しかった、正確で精密な個人間の仲介を、21世紀においてはインターネットとスマートフォンが容易に実現する。つまり現代は仲介業というビジネスには受難の時代なのだ。それゆえに、金融業という古典的な仲介ビジネスが厳しい状況に直面しているのである。

個人資産の一時的貸借ビジネスという狭義のシェアリングエコノミーに比べ、広義のそれは資本主義の未来にかかわるコンセプトだ。

米国の経済社会学者・未来学者のジェレミー・リフキンは、資本主義は２０５０年ころまでにシェアリングエコノミーにとって代わられると予言する。リフキンが述べるシェアリングエコノミー（共有型経済）は、人々が協働でモノやサービスを生産し、共有し管理する社会を指す。リフキンはその状況に至る背景として、テクノロジーの進化が資本主義における経済活動の効率性や生産性を究極のレベルにまで高める結果、最終的には「限界費用ゼロ社会」、つまりモノやサービスの価格が限りなくゼロに近い社会が出現すると予言する。そのようなコストが限りなくゼロに近い社会の中では、企業は利益を消失することになるため、資本主義そのものパラダイムシフトが発生し、シェアリングエコノミー（共有型経済）に移行する、というのがリフキン理論である。

もちろん資本主義経済が全く消えることはない。リフキンが指摘するのはその配分比率がシェアリングエコノミーに比べ相対的に「低くなる」というのだ。20世紀は資本主義が主な経済様式であり、共有型経済はそれを補完する程度の位置づけであったのが、21世紀中盤になると、その比率が逆転すると予言しているのである。

リフキンが予想する社会の中では「協働型コモンズ」という構造がポイントとなる。コモンズとは森林や湖沼などの共有資源を指すが、近代以前のイギリスの自治的な牧草管理や、江戸時代までの日本の山村に存在した入会《いりあい》（間伐材伐採や落葉堆肥の管理制度）に近い概念が協働型コモンズである。

そしてこの協働型コモンズのパラダイムは21世紀の日本にも現存する。「財産区」という制度が存在することは、今日あまり知られていない。しかし、財産区は市町村のような地方自治体と同様の行政組織として現代の法律でも認められている。財産区は江戸時代までの「村」、すなわち現在の地域の小規模集落が共有してきた里山や温泉などの資源を管理する役割を、明治政府に移行したタイミングで、各集落の所有する財産区として公式に制度化したものである。

その資産は住民の互助によって維持管理される。そしていくつかの財産区は議会を所有し、その選挙は公職選挙法に基づく。つまり公式な自治機能を持つ組織体として位置づけられている。その視点から見ると、シェアリングエコノミーとは決して最近出現したコンセプトではなく、むしろ民衆の知恵として歴史的に継承され、現代まで生き続ける制度なのである。

また米国のノーベル経済学賞受賞者であるエリノア・オストロムは、公共財や共有資源の管理は政府や市場が対処すべきであるという従来の考えに異を唱え、地域住民の関与としての協働型コモンズが共有資源を管理することが、その効率性を最高に高めると述べている。共有資源は地域共同体による自治的な管理に委ねるべきだという点において、リフキンとオストロムの主張は極めて近い。そして日本の財産区も同じ思想なのだ。

この文脈の延長でとらえると、コンピュータ・ソフトウェア分野で確立された「オープン」思想は、近代における「協働型コモンズ」モデルの成功例ともいえる。

その典型的な事例がオープンソース・ソフトウェアのコンセプトだ。これは、開発したソフトウェアの設計内容およびそのソースコード（コンピュータプログラム）を公開し、その無料使用を認める考え方だ。いわばソフトウェア分野の関係者たちが、ソフトウェアという社会資産を、無償かつ自治的に管理するアプローチである。まさに協働型コモンズだ。

その活動をサポートする団体が定義するオープンソース・ライセンスとは、「自由な再頒布ができる」、「ソースコードを入手できる」、「派生物（改良品）に同じライセンスを適用できる」、「個人やグループを差別しない」、「技術的な中立を保つ」などの条件を満たすものである。その目的は、社会の公共財産として多くの人が自由に利用し、かつその改善を促すことにある。

オープンソース・ソフトウェアとして有名なもののひとつは、ユニックスＵＮＩＸの系譜につながる、リナックスLinux/OSである（ＯＳ：オペレーション・システムとはコンピュータの基本ソフトウェアであり、Windows10などがこれに当たる）。

ユニックスは初めてオープンソースとして公開され普及した経緯を持つ。それは、米国ＡＴ＆Ｔベル研究所が開発した技術であるが、当時の半独占訴訟法によって、ＡＴ＆Ｔは電話以外の所有技術全てについて、それを要求する者があれば、ライセンスを供与することを義務付けられていた。

そのユニックスＯＳのソースをもとに、フィンランド、ヘルシンキ大学の学生リーナス・トーパルズが改良を加え、新たなＯＳであるリナックスLinuxを開発した。それは、リナックスLinuxカーネルとして現在に至っている。勿論リナックスもオープンソース・ソフトウェアである。

そしてこのリナックス・カーネルを中心にしたソフトウェアパッケージという形で、携帯情報端末を主なターゲットとして開発されたプラットフォームＯＳが、アンドロイドである。

よく知られているようにアンドロイドは、アップル社アイフォンのOSであるiOSとともに、スマートフォン用OSとして、現在の市場を二分するシェアを有している。

つまり今日のスマートフォンの隆盛は、誰でも無料で使用できるソフトウェアを提供する、オープンソース思想の賜物でもある。

そしてリナックスも、最近の一大ブームであるIoT（モノのインターネット化）においても、様々な機器に採用されている。

結局、スマートフォンの普及や、IoTという名のデジタル進化を、オープンソース・ソフトウェアという名前のデジタル共有財が支えているといっても過言ではないのだ。

そしてデジタル協働型コモンズの象徴的存在は、ネット世界の最も重要なインフラであるワールドワイドウェブ（WWW、以下ウェブ）だ。

イギリスの科学者バーナーズ・リーは欧州原子核研究機構（CERN）在職中にウェブを開発した。そして公開に際して、社会への貢献を最優先し、特許を一切取得せず使用料も求めなかった。

数々の優れたオープンソース・ソフトウェアの中でも、ウェブは出色だ。ウェブとそれに続くブラウザの出現が、インターネットの知名度と存在価値を高め、文字通り世界を変えたのである。

これらの事例でも明らかなように、コンピュータ・ソフトウェアの世界では、限界費用ゼロ社会、つまりシェアリングエコノミーがいち早く到来している。デジタル文化の出現によって、安価で便利なアプリケーションが簡単に入手できる。場合によっては無料のアプリも利用できる。

アマゾンやグーグルが主導するデジタルビジネスは、リフキンが予言する未来経済の先駆けになりつつあるのだ。

グローバリゼーションは経済とデジタルの相乗効果によって、20世紀には予想もしなかった新たな社会潮流を生み出している。次に見るグローバル・パラドックスもその一つだ。

☑パラドックス（逆説）の時代

21世紀を迎える直前の1994年、米国の未来学者、J・ネイスビッツはその著書『グローバル・パラドックス〝21世紀へ、この巨大潮流をどう読むか〟』の中で、「21世紀はパラドックスの時代になる」と記した。「経済や社会のネットワークが大きくなるほど個人や小さい組織の存在が強くなる。また、グローバリゼーションが進めば進むほどむしろ地域への帰属性やローカル性が強くなる」という予言である。

1994年といえば、その数年前英国のティム・バーナーズ・リーによってワールドワイドウェブWWWのコンセプトが発表され、ようやく広まり始めたブラウザを使ってインターネットを活用した様々なサービスが出現したばかりのころである。勿論スマートフォンなど存在しない。ＮＴＴドコモがｉモードというポケタブルウェブのサービスを開始するのはその5年後のことだ。いまだインターネット・カオスの時代であった。

しかしこの予言者の慧眼は、驚くほどの精緻さをもって未来に起こる現象を見究めていた。ネイスビッツが同書のなかで「未来の潮流」と述べたことの大半は四半世紀を経た21世紀の今日の現実になっている。例えばこんなふうだ。

「電話・テレビ・コンピュータの三つの機能を搭載するハイブリッド型製品が多数開発され」、それを活用する「テレコミュニケーション産業の狙いは、企業経営の諸問題を技術的に解決することから、人と人との通信能力を飛躍的に高めることへ移行する。つまりビジネス重視から個人重視へ転換」する。そして「ワイヤレスが生産性を大いに向上させ」、「携帯用の小型機器、つまり〝究極のパーソナルアシスタント〟は万国の言葉を話す」。そして「地球上に住むすべての人がネットワークされ」、「エレクトロニクス通信を使って商品の注文や代金の支払いができる」ようになる。

世界のインターネット人口がまだ１００万人以下で、ノート型ＰＣを含めても世界のコンピュータ総数がまだ数千万台の時代に、ネイスビッツはそのあとに起こる事象を明確にイメージしていたのである。スマートフォン、数十億人のユーザを繋ぐプラットフォーム、ワイヤレス通信を駆使したＩｏＴ、モバイル環境で使えるＡＩ自動翻訳ソフト、アマゾンのネット通販など、現代のデジタル経済の中核的な行動様式の出現を、見てきたかのような筆致で明快に予測している。

そしてテクノロジーに関する予測以上に驚かされるのは、ネイスビッツがその後に起こる社会変化の本質を見抜いていたことである。

それらの現象は表面的には矛盾するかのような様相を呈すると、ネイスビッツは分析した。

その一つめのパラドックスは、「世界経済が巨大化すればするほど、最末端の活動組織（パーツ）は細密化され強力になり、経済活動の最も効率的な単位は個人となる」というものだ。

２０１９年現在、全くその通りの世界が出現している。いうまでもなく、本書の第一章、第二章で見たように数十億人の市民のデジタルライフが巨大なデジタル経済の推進源だ。この四半世紀で最も力を得たのは、ポケットに入るスマートフォンというスーパーコンピュータを駆使して、地球の時差と距離差を克服した世界中の個人なのだ。加えて膨大な数の機器がネットワーク結合し協調するＩｏＴの出現は、ネイスビッツの予想を超える最末端パーツのパワーアップそのものである。そして第三章でふれたように、デジタルパワーで武装した数十億人規模の個人をネットワークで互いにつなぐ環境を無償で提供し、そこで生み出される膨大なデータ、つまり情報資産を糧に新しい経済パラダイムを構築して巨大な利益を上げる、プラットフォームというビジネスモデルが出現した。

ネイスビッツが「未来社会では、小さいことは良いことだ」という新たな原理を見出したのは、階層的な中央集権型大企業は、巨大化と分散化を加速する次世代の情報ネットワークの中では、柔軟に変化に対応できず、小さな組織や個人の敏捷性に太刀打ちできないと判断したからだ。中心が存在しないフラットな分散ネットワークの中では、ネットワークノード、つまり結合の接点である人や小型機器の行動がネットワーク全体のパフォーマンスを決定するのである。

そしてこの原理は必然的に、国家という大きな組織に関しては懐疑的な未来を導き出す。「国家の権力は個人に移譲されつつある。階層社会からネットワーク社会への転換の中で、権力はあちこちに分散され、混沌とした社会構造が出現する」。その結果、「世界経済の規模が大きくなるにつれ、国家の細分化はますます進む」と結論付けている。

二つ目のパラドックスは、「世界が普遍化（グローバル化）すればするほど人々の行動様式はより民族指向的になる」というものだ。ネイスビッツはその理由を、「グローバル化が進展し世界経済が均質化する中では自己のアイデンティティを保つことが困難になる」ため、人々はアイデンティティのよりどころとしての「民族的伝統にますます固執するようになる」と説明している。

21世紀に入り、グローバリゼーションによる世界の一元化が加速する中、ネイスビッツの予言通りの民族回帰的な現象が世界各地で起きている。スコットランド、カタルーニャ、バスク、ケベックなどの地域において、それらが属する国家である英国、スペイン、カナダからの分離独立を目指す動きが勢いを増している。国民国家の存在感が低下する中、歴史的には必ずしも地域住民の本意ではなかった過去の恣意的な国家設立の是非を問いただす運動だ。歴史上の国家成立のプロセスは、往々にしてその当時の政治力学の妥協の結果としてのきわめて人工的で、ある意味では暴力的な意思決定であったという背景がそこにある。数百年あるいは数千年の歴史の中でずっとその地域の領民であったという思いは、ある時点で唐突に制定された国家への帰属意識を必ずしも担保しない。独立した島国という特殊な地理条件によって、民族と国家の一体感が極めて高い我々日本人には簡単に想像できない、民族と国民の意識のずれがそこにある。そして、そういう人々にとっての原点は人工的な国家ではなく、歴史的な民族であり宗教なのだ。

「民族主義の高まりに拍車をかけたのは、万物を透明にする、『世界中で起きることを誰もが見られるようにした』テレコミュニケーション革命である」とネイスビッツは指摘する。

ＳＮＳに代表されるデジタルコミュニケーションは、近所の路地と同じくらいに「よく見える」地球の裏側の状況をスマートフォンに映し出す。その結果、21世紀の市民は、他国とは何かを容易に理解する。そしてそれはまた、自国とは何かを改めて理解することでもある。自己のアイデンティティは、他者との比較によって形成されるという相対的な一面を持つ。つまり他人を知ることは自分を知ることである。

SNSが伝える他国の友人知人が生きる社会の実相は、自国の社会との差異を明白にする。グローバリゼーション以前は、他国の文化の真の姿はなかなか把握できなかった。しかし、SNSが普及した現代では、よその国の人々の日々の営みはネット上のコンテンツを通して詳細かつ明瞭に見えてくる。その結果、自国のローカルな生活の本質は、良い点も悪い点も、過去に比べはるかにクリアに認識できるようになったのだ。

そういう意味においてグローバリゼーションは地域性、ローカル性の価値の再発見、再評価の機会となるのだ。世界の全体像が見えるにつれ、自己の所属する共同体の実像も明らかになる。こうしてグローバル化と、再ローカル化は同時進行する。

グローバリゼーションはいろいろな国の既存文化を解体する副作用を伴った。安価なグローバル商品の導入の結果、長年地域を支えてきたローカル産業が衰退した事例は多くの国で散見されている。

そしてグローバル商品の普及が地域固有の食文化や服飾文化を変え、結果的にローカルな文化の衰退に拍車をかけたのだ。その結果、地域に固有の伝統的行動様式や、宗教的慣習にも変化が表れつつある。その中で、時代のグローバルな流れを制御できない国民国家の存在感は低下し、国民の失望感は絶望感に増幅されつつある。

世界が経済的に均質化されることは、自己の生活の変化とアイデンティティの弱体化への不安を惹起する。その葛藤の中の反動として、歴史的でローカルなアイデンティティへの回帰意識が芽生えるのだ。

この現象をイギリスの社会学者アンソニー・ギデンズも同じように指摘している。「グローバリゼーションは、一方では在来型の国民国家の縛りを緩めるが、他方では地域的ナショナリズムの台頭を誘う」

『グローバル・パラドックス』には次のような記述がある（〝二十一世紀型社会は必ずこうなる！〟）。

「地球上の55億人の人間がインターネットで結ばれることも理論的には可能である。（筆者注：実現済）しかしこれはあくまで理論上の話であり、現実には何億人かの人が遠からず共通のネットワークで結ばれる。（筆者注：プラットフォームとして実現済）二十一世紀の初頭には、今のスーパーコンピュータの性能を普通のパソコンが持つようになるだろう。（筆者注：実現済）」

ネイスビッツが予測した共通ネットワーク上で、数億人のユーザの仮想コミュニティを生み出したのはＧＡＦＡに代表されるプラットフォームだ。

歴史上、20億人を超す人口を有した国家は存在しない。しかし、現代ではフェイスブックの利用者は既に24億人に達している。その人々はアマゾンもツイッターも利用しているだろう。

つまりその規模の集団が同じ行動や経済活動をするための環境が世界中に確立されているのだ。そして数十億人の活動が積分されることによって生み出される膨大な社会エネルギーは、現在の世界経済を激しく揺さぶる原動力に変貌するのである。

一人の消費者の存在は小さいかもしれないが、集団の行動は大きなパワーの源だ。過去には世界を代表する大企業でなければ、世界経済のインフルエンサーにはなれなかった。大企業のみが持つ、世界規模の情報ネットワークが商流の本筋を押さえていたからだ。しかし個人や小企業が、プラットフォームという地球規模のコミュニケーションを手にした現代は、個人や小組織のような小さな主体の機敏な行動が世界を動かす時代なのだ。確かに大企業もウェブを活用している。しかしその相対的な影響力は、個人消費者のそれに比べ明らかに減少している。

世界の国民国家は巨大なGAFAにどう立ち向かうべきかで苦心している。数十億人の消費者が主導する急速な経済的変化には、大国でも容易に対応できない。個人情報の保護、消費者の人権、国境を越えた独占の制御、物体的資産を伴わないビジネスへの課税、これらの課題に現代の国家は明確な解を見出せず苦悶している。一方、国家の諸制度が時代遅れになるのをよそに、個人や小さな組織は次々に斬新な行動を展開する。

ダニエル・ベルは、中途半端な存在に転落しつつある国民国家の現状をこのように表現する。

「国家は大きな問題を扱うには小さすぎ、小さな問題を扱うには大きすぎる」

人口130万人の小国家エストニアが、ITを活用した電子国家創設に向けて世界のリード役を果たしている現実は、ネイスビッツの予言通りだ。

☑ 大国の迷走と小国の躍動

そして経済のグローバリゼーションが一因でもある世界の政治の混迷は、国家規模ではどうにも対応できないグローバルな政治課題をますます肥大化させる。中東から大量の難民が押し寄せるヨーロッパでは、相次ぐ極右勢力の台頭が過激なナショナリズムを誘発している。閉鎖的、排他的なナショナリズムとポピュリズムの合体というネガティブ現象は、多くの先進国の深刻な社会問題となりつつある。グローバリゼーションの先鋒であったはずの米国も唐突な宗旨替えにはしり、世界を困惑させている。

米国共和党を支える支持者の大半は、経済のグローバリゼーションによって疲弊した自動車や鉄鋼業などの産業に従事する白人労働者層だ。対する民主党の支持基盤は、貧富の差の拡大に反対する社会主義的インテリ層である。ＧＡＦＡは膨大な利益を上げているが、米国内での雇用にはさほど貢献していない。更に世界の税制度の空白を利用して納税を回避してきたという批判にさらされている。巨大な利益を独り占めする少数の富裕者と、新しい経済繁栄の恩恵に浴することができない多数の市民という現代米国の構造が、皮肉にも共和党と民主党の両方の支持層の背景をなしている。ある意味、両者の支持基盤は経済のグローバリゼーションのネガティブな影響を受けた被害者たちだ。その混乱に乗じて登場したエコノミックな大統領の、目の前の損得勘定を優先する政策はますます世界の離散を加速している。世界をリードしてきた米国は迷走し始めている。

グローバル経済の巨大化と、その行動主体の小型化、というネイスビッツのパラドックス予言は、21世紀の現実になりつつある。

未来国家の構築に向け世界に先駆けて斬新で大胆な挑戦を試みているのは、人口わずか130万の小国エストニアだ。

動きの鈍い中央集権型大国をしり目に、電子居住性など「ウェブの民」を意識した電子国家に向けて驀進するエストニアは、小国ならではの柔軟で軽いフットワークを武器に、したたかに未来を創り始めている。21世紀のウェブ空間の主役は、ネイスビッツが予言する通り、間違いなく小国家なのだ。

エストニアの現状については第九章で紹介する。

第六章

デジタル律とブロックチェーン

この章では通貨のデジタル化というトレンドと、それを支えるテクノロジーについて紹介する。

物質からデジタル情報への変化の流れは、お金、つまり通貨の分野でも始まっている。モノから情報へ社会が移行する液状化社会の究極は、「お金の情報化」である。最近よく目にする仮想通貨の出現が、その典型例だ。しかし、情報化した通貨を社会に流通させるためには、解決すべき様々な課題がある。

近年注目され始めたブロックチェーンというテクノロジーは、通貨の情報化に関する「絶対的正確性の確保、および完璧な安全性管理」という難しい問題の解決法として考案された。そしてブロックチェーンは、「通貨の情報化」というテーマに留まらず、通貨と同レベルの情報の真正性および安全性管理が求められる社会領域においても利用できるのではないかという認識が高まりつつある。

個人の戸籍、資格、収入、財産、裁判記録などの情報や、社会全体の公式記録、許認可情報、公的機関の活動記録などの「クリティカル情報」は、完璧に真正性を維持することが強く求められる。そのためこれらの情報は、これまで主に国家やしかるべき公共性の高い機関によって、中央集権的に管理されてきた。

しかし、ここ20年ほどの間に世界で発生している深刻な社会問題は、その多くが、これらのクリティカル情報の偽造、漏洩、隠匿などに関係している。日本だけでも、年金情報、食品消費期限、建築設計図面、裁判資料、有価証券報告書、企業の決算書類、国会記録、製造会社の検査データなどの消失、偽造が相次いでおり、大手企業、国家機関への信頼を大きく揺るがす不祥事が後を絶たない。そして、このような事件が頻発することは、情報化社会が拡大する中、重要な社会情報の正確、厳密な管理を、恣意的にゆがめる抜け道が存在することを意味している。それは、深刻な社会リスクそのものだ。さらに、これらの不祥事に、政府機関の職員や、企業の重要な職責をゆだねられた社会的エリートが関与しているケースが多いことも深刻な問題として受け止められている。

アンソニー・ギデンズは社会を支える様々な中核的仕組み、つまり広義の社会インフラを「専門家システム」と呼ぶ。それは人々が安心して自我をゆだねているものであり、人々によって専門家システムが信頼されることが、社会が成立する前提となっていると指摘する。

しかし、昨今ここに挙げたような社会活動の根幹を成す重要な情報の偽装や隠匿という不祥事が多発しているという事実は、現代においては人々が社会の専門家システムを盲目的に信頼できない状況になりつつあることを意味する。

この点において、仮想通貨の正確な情報管理のために考案されたブロックチェーン技術は、社会の様々な分野において不可欠となる、「絶対的正確性を備えた情報」の厳格な管理のための切り札になりうるのではないかと期待されているのである。

この章では、情報化社会のアキレス腱でもある、厳密な情報管理ということについて概観する。またブロックチェーンと、ほかのデジタル技術をミックスして、多くの社会的リスクを回避するアプローチについても言及してみたい。

まず、仮想通貨とブロックチェーンの関係について整理してみよう。

☑デジタル／情報としてのお金・通貨

最初に通貨、いわゆるお金について、原点に戻って考えてみる。現代の通貨は、よくよく考えると、きわめて仮想的な性質を持っている。かつて金や銀で鋳造された通貨はそれ自体が物質的な価値を有していた。しかし現代の通貨は紙や安価な金属で作られており、物質的価値はほとんど無い。ではなぜ社会が実質的に価値のない紙幣や貨幣を大切なものとして扱うのか。それは通貨に記載された「情報」が有意なものであるからだ。例えば、日本銀行発行の1万円紙幣の場合、その中に明記されている発行者「日本銀行」と金額「1万円」という情報に人々が価値を認めているのである。言い換えると、その二つの情報が信頼に値するからこそ、仮想的にお金としての価値が発生しているのだ。

加えて国家が発行する通貨は、紙幣であれ貨幣であれ、簡単には偽造できないように精巧な技術が使用されている。多大なコストをかければ偽造可能であるかもしれないが、額面以上のコストになっては贋金を製造する意味がない。したがって物体としての通貨はある種の複製抑止力も備えている。

お金とモノの交換とは、信頼できる情報がそのあとも価値を持ち続けることを前提として、通貨と等価なモノとの交換が成立する。売り手が受け取った1万円紙幣の価値は、次の取引においてもみじんも変化しない価値を持っているのである。

そして「現金」通貨の場合は、その物理的な特性が、矛盾の無い価値の交換を保証している。具体的にいうと、千円札を使って700円の商品を購入すると300円のお釣りをもらう。商品を入手する代わりに手元のお金は確実に減るわけである。また売り手は確実にその場で700円を得る。この単純で矛盾の無い手順が、価値の確実な交換を保証しているのだ。つまり、このプロセスを通して、お金とモノの所有権が、売り手と買い手の間で完璧に移動することになる。

子供でも理解できるこのシンプルな取引は物体としてのお金だからこそ矛盾なく成立する。しかし、お金が物理的モノではなく完全な情報として扱われるようになると、このシンプルな一貫性を実現するためには、特別な、そして厳格な仕組みが必要になる。

なぜなら単純にデータ化されたお金は、簡単にコピーができる。また減るはずの金額をもとのままにすることも技術的には可能だ。従って、モノとして扱われていた通貨がデジタル情報に変身した瞬間から、情報の偽造や二重使用をどのように防ぐかという本質的な課題が必然的に発生する。それを完璧に解決できないと、社会は大混乱に陥るのだ。

物体中心社会では、真実は物体そのものが保証する。しかし情報中心社会では、真実は情報それ自体と、その情報の由来、歴史が保証するしかない。情報は簡単に作成、複製、修正可能であるため、その歴史が厳格に管理されることが情報の価値を担保するために不可欠となるからだ。それは情報化の便利さを享受するための大前提なのである。

また現金通貨の場合は、過去にだれがどのように使用したのかという経緯は全く不明だ。この匿名性も極めて重要になる。人々がお金を使った経緯がすべて記録に残されることは、一見メリットもありそうだが、逆にそれ以上に大きなデメリットも発生する。自分の過去のお金の使用履歴を、誰かにすべて把握されることを歓迎する人はまずいない。しかしデータ化されたお金の場合、その使用の由来を記録することは可能である。それはマネーロンダリングのような不正使用の追跡には有効だが、一方ではその履歴を簡単には見られなくする仕組みも必要になる。現実社会では「金に色がついている」と困るケースも多々あるのだ。このように、現金通貨が持つ匿名性をデジタル通貨でどのように担保するのかは、もう一つの重要な課題である。情報化された通貨の歴史的情報を維持するとともに、その不透明性の確保も大きな課題となるのだ。

ビットコインに代表される仮想通貨は、まさにデジタル情報化されたお金だ。かつてキプロスが経済危機に見舞われ、深刻な通貨不足に陥った時にビットコインの便利さが注目を集めた。それ以来、仮想通貨が未来の経済活動の中心になるのではないかと期待されてきた。

しかし現時点における仮想通貨に関する議論の中では、仮想通貨は通貨として本来備えるべきはずの大切な機能を欠いており、現金通貨を代替するのは難しい、という否定的な見解が主流になっている。

具体的に言うと、現在の仮想通貨は価格の変動があまりにも大きすぎるため、交換したのちすぐ価値が下落するリスクを抱えている。従って価格の目安、つまり価値の尺度として機能しない。そのため価値の交換媒体として使用することがためらわれるのだ。

更に資産として長期所有するには価格の変動が大きすぎるため、安心して所有し続けられない。つまり変化というリスクが常に付きまとうのだ。

加えて最近頻発する仮想通貨の盗難、流失事件は通貨としての信頼感を大きく損ねている。こういう理由から、今のままでは仮想通貨は、現金通貨に代わる存在にはなりえないという悲観的意見が大勢を占めている。

さらには現在の仮想通貨の発行者は、国家機関のように公式に認知された組織ではない。マイナーと呼ばれる仮想通貨発掘業者が、ブロックチェーンのプロトコルを厳密に履行し、プライベートに発行するお金が仮想通貨だ。その種類もすでに複数存在するが、どの仮想通貨が今後世界の主流になるかも現時点では不明だ。したがって万が一、仮想通貨に大きなトラブルが発生しても、誰かに損害を補償してもらうことは期待できない状況だ。

発行者への信頼は、現在の仮想通貨が直面する、避けて通れない大きな課題である。

このような背景の中、２０１７年12月の「ビットコインバブル」のピーク以来、日本における仮想通貨の巨額の紛失など様々な要因が重なった結果、多くの仮想通貨の価格は降下を続け、２０１８年11月には最高値の約5分の1の水準まで値を下げている。したがって仮想通貨の将来性に関しては、この時点では悲観的な見解が強い。

一方、こういう状況の中で、各国の財務当局は自国通貨のデジタル情報化に向けて動き始めている。キャッシュレス決済がグローバルなトレンドとなり、一国の経済の行方をも左右しかねない状況の中、各国は通貨のデジタル化を意識しだしたのだ。キャッシュレス先進国であるスウェーデンの中央銀行は自国通貨のデジタル版「eクローネ」の発行を検討中である。日米欧の主要銀行がデジタル通貨の発行を逡巡する中、小国のフットワークの軽さを武器にスウェーデンは半歩先に踏み出したのだ。

キャッシュである物質的お金の維持管理のためのコストは決して小さくなく、現金使用の比率が高い日本社会の大きな負担であるとも指摘されている。そういう中で通貨のデジタル情報化の流れは止められないと予測されるが、その際に大きな課題は前述したような「信頼の担保」だ。

☑ブロックチェーンが実現するもの

ブロックチェーンは、情報化されたお金、つまり仮想通貨を有効に機能させるために考案されたテクノロジーである。先ほど見た偽造（コピー）の防止、二重使用の禁止、正確な情報の維持管理など、通貨としての必須機能を、コンピュータを用いて実現するためのテクノロジーである。それは分散台帳技術とも呼ばれる。

図6－1にブロックチェーン機能の概略を示す。

ポイントは分散ネットワーク処理技術を前

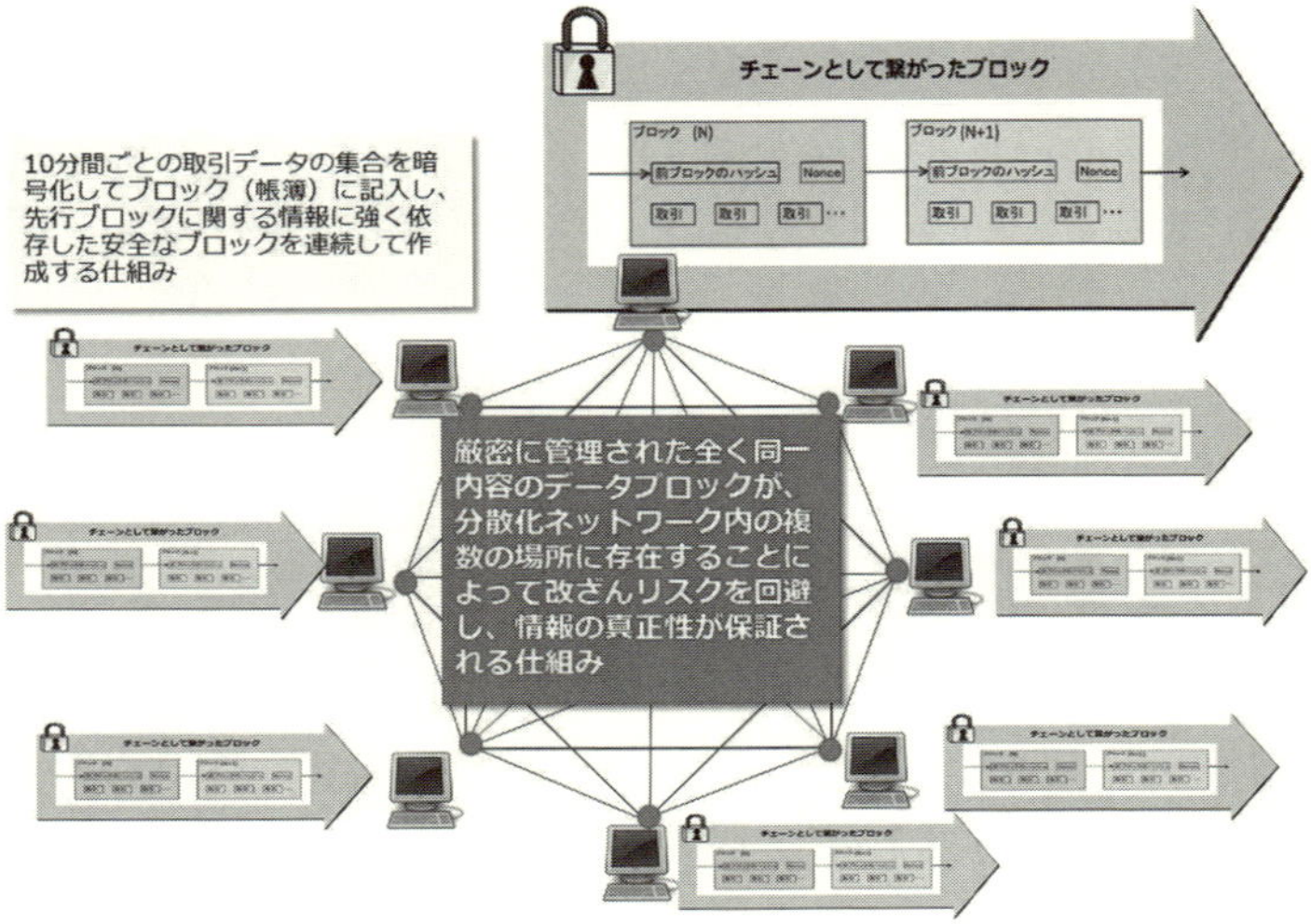

図6-1　ブロックチェーンの仕組み

提としていることにある。具体的にはこの図に示す通り、コンピュータネットワーク上の複数のコンピュータサーバに、まったく同じ内容のデータを分散して維持するシステムだ。仮想通貨の場合、過去10分間に発生したすべての取引内容データを、一つのブロックとして複数のサーバに記録する。つまり全く同じ内容の台帳が、同時に複数作成されることになる。

この時一つのブロックを作成するとそのデータ内容に関連したハッシュ値という特別な値が計算される。10分経過すると、次の新たなブロックが連続して付加されるが、その際に後続のブロックは前のブロックのハッシュ値に強く依存する仕組みにしてある。こうしてデータのブロックが鎖のようにつながる。それがブロックチェーンと呼ばれるものだ。

ブロックのデータ内容を変えるとハッシュ値が変わるため、仮に過去のブロックデータの内容を修正しようと試みる者は、複数のサーバのハッシュ値が全く同じになるように短時間に複雑な計算を実行し完了することが求められる。しかしそれは、事実上不可能に近い。この複雑さによってデータ改ざんが防止できるのである。

またブロックチェーンでは、取引には公開鍵暗号技術を用いた電子署名を採用して安全性を担保している。それ以外にもスマートコントラクトやコンセンサスアルゴリズムなどの複数の技術が組み合わされており、簡単に内容を修正できないようにするための防御メカニズムが幾重にも用意されているのだ。仮想通貨は別名暗号通貨と呼ばれることもある。

ブロックチェーンを支えるのはPeer-to-Peer（Ｐ２Ｐ）分散ネットワークである。Peerとは同僚という意味であり、ネットワーク内のコンピュータがすべて平等な関係にあることを意味する。それは、限られた特定の集権者が統治するのではなく、ネットワークの参加者の対等な関係を前提として、組織的な統治機能が成立することを指す。つまり過去の中央集権的な組織のように、誰かがトップダウン的に意思決定するのではなく、ネットワークの中の自律的な動きが全体を管理、保護するメカニズムである。分散の中の局所的な行動が、ネットワークの中の他の参加者から高い評価を得ると、それが全体に拡散する。いわば自然発生的なダイナミズムが全体の方向を支配する力となる。ＳＮＳのエネルギーはこの分散ネットワークの中で生成されている。先に見たＧＡＦＡのようなプラットフォームも、インフラそのものはグーグルやアマゾンなどの企業が管理するが、その中の動的な変化は、分散ネットワークの中の要素としての参加者一人ひとりのエネルギーが積分された結果として発生する。

20世紀型から21世紀型へのビジネスモデルの変化の要因の一つは、中央集権的組織から分散ネットワークをベースとしたフラットな組織への移行である。もちろんそれを可能にしたのはデジタルビッグバンがもたらした情報・通信テクノロジーの劇的進化だ。そして分散ネットワークの優れた拡張性、自律性に注目して新たなビジネスパラダイムを短時間に築き上げたプレーヤーたちこそプラットフォーマーなのである。

ブロックチェーンは分散ネットワークの平等性に着目して、「情報の完璧な真正性」を実現する優れたアプローチだ。仮想通貨のための基礎技術として登場したのだが、近代社会の中で、何世紀も続いてきた中央集権的な社会管理の仕組みが、このテクノロジーによって代替できるのではないかという期待が急速に拡大している。次にその内容をみよう。

☑揺らぐ中央集権型国家システムへの信頼

過去の歴史の中では、国家という中央集権的な組織が特別の権限を与えられ、通貨をはじめ社会の重要な信頼情報の発行管理の仕事を遂行してきた。しかしデジタルビッグバン時代には、ブロックチェーンという最先端テクノロジーを用いて、低いコストで、かつ安全に社会の多様な信頼情報を管理できることが分かってきた。このことは、国家レベルの中央集権的業務について、その在り方を考え直すべき時代が到来しつつあることを意味している。

前述の通り、通貨以外にも社会全体が管理するクリティカルな情報は多く存在する。戸籍、住民情報などの個人的アイデンティティ情報、法律が厳密な管理を求める裁判記録、証拠、資産・財産情報、そして政治関連の公文書、予算関係、選挙関連情報など現代国家には、厳密な真正性が不可欠の信頼情報が多数存在する。

また国以外の公的な組織、企業にも同様の信頼情報の管理が厳しく求められる。

金融機関は顧客の貯蓄・有価証券などの金融資産情報、企業は決算報告書、設計図面など社会的な影響の大きい多様な情報の厳格な管理を義務付けられている。

そして、これまで国家や大企業はその社会的責務の一部として、中央集権的な形態のもと、これらのクリティカル情報を維持管理してきた。

しかし、ここ20年のあいだに日本で発生した社会的影響の大きい不祥事をみると、そのほとんどが、何らかの形で信頼情報の不正操作に関係している。

過去20年に発生した事例だけでも枚挙にいとまがない。まずはさまざまな食品の有効期限表示偽装、建築物の偽装設計、STAP細胞研究に関する学術データの偽造、年金情報のずさんな管理と紛失、地検特捜部による裁判証拠の偽造、オリンパスや東芝など日本を代表する企業による粉飾決算・不正会計、JR北海道や自動車メーカ、鉄鋼メーカによる検査データ偽造、そして記憶に新しい財務省による公文書の改ざん。これらはすべて、社会活動に不可欠である「信頼情報」の不正な操作だ。これらの情報の真正性が担保されないと、社会は成立できないと言っても過言ではない。つまりこれまで人々が信頼して自我の生活を委ねてきた社会システムの情報が、意図的に書き換えられたり、消失したりする事件が多発しているのだ。

しかも、驚くべきことに、社会のエリートと呼ばれる人々が社会の信頼を裏切る行動にはしり、所属する組織の利害を優先させ、クリティカルな社会情報を恣意的に異なる内容に書き換えたり、削除したりしていたのである。

そしてこれらは一過性の事象ではなく、年々様々な分野に広がる傾向を示している。平成30年は、耐震ダンパーの耐震性能を示す数値が基準値を下回ったまま施工されていたことが判明した。遡る数年前にはビルなどの基礎工事の杭が所用の深度に達していなかった不祥事が発覚したばかりである。企業のモラルが地に落ちたとして世論の失望は大きい。しかし同様な情報偽装は後を絶たないのだ。平成31年に入ってからは、厚生労働省による「毎月勤労統計」データの実質的偽造が発覚し、政府の経済政策判断の根拠に疑いの目が向けられる事態が発生した。

これらの事実は、中央集権型組織は、場合によっては暴走する危険性を内包していることを示している。ギデンズが指摘した専門家システムへの社会の信頼が急速に低下しているのだ。

そして、これらの事件には、組織の中で比較的高い地位にあるリーダーたちが関与していたことも重要な特徴である。どのような組織にせよ、その中の権力者の行動はチェックが困難である。したがってこれらの不祥事が問いかけているのは、社会秩序を完全に維持するためには、現在のように、その業務、仕事に関わる人間の性善説を前提とするアプローチのままで良いのかという点だ。つまり人間を信用してよいのかという限界まで問題の深刻さは増している。

デジタル・ビッグバンの結果として、社会全体が産み出し、記録するデータは、過去に存在しなかった膨大な量になろうとしている。そのような状況の中で、中央集権的な権限や職務によって、クリティカルな社会情報を厳正に管理し続けることを見直そうとする動きが始まっている。それは最新のデジタル・テクノロジーによって社会の信頼を担保しようとする試みだ。

☑ブロックチェーン国家エストニア

中央集権的な国家の役割をいち早くブロックチェーン技術に置き換える国も現れた。

バルト海に面する小国エストニアは、電子エストニア（e-Estonia）という斬新な試みで未来の国家を構築し始めたことで注目を集めているが、早い時点でブロックチェーンの優れた機能に注目し、電子政府のシステムの中に取り入れてきた。

その引き金になったのは独立後間もない２００７年に起きた、ロシアからとみられるサイバー攻撃であった。この攻撃はエストニアの政府や銀行、メディアなどのシステムをダウンさせ、市民生活にもクレジットカードが使えず買い物ができないなどの深刻な影響をもたらした。

この苦い体験からエストニアが得た教訓は、「国家の主権を守るには、国民や国家に関する重要な情報のインテグリティ（完全性、真正性）を最優先で確立すること」であった。

そこからＩＴ立国を国家戦略とするエストニアの行動が始まった。２００７年に同国にガードタイム社が設立され独自の暗号化技術の開発に突き進んだのであった。ほどなくして同社はＫＳＩ（キーレス）ブロックチェーンという、リアルタイムでデータの改ざんを検知できる独自技術の開発に成功した。この技術は医療システムを含め、様々なエストニアの電子政府サービスの中に採用されており、エストニアを「ブロックチェーン国家」として世界に知らしめる原動力となった。

同国のケルスティ・カリユライド大統領はこう述べている。

「すべての独立した国家は透明性を担保しなければなりません。もし政府に透明性がなければ、国民は政府を信用することができません」

ここでいう透明性とはもちろん情報の透明性を指す。先に挙げた日本で起きている重要な社会情報の改ざんや紛失などは、情報の透明性が損なわれる不祥事そのものだ。重要な国民情報、国家情報の真正性を確保し、かつその透明性を維持することでエストニア政府は国民の信頼を得ているのだ。

エストニアが採用したKSIブロックチェーンは、ビットコインなどの仮想通貨に使用されているブロックチェーン技術とは異なるタイプである。マークルツリー方式と呼ばれる、情報履歴のみを暗号化することで第三者の認証を省き、安価にかつ少ないデータで安全性を確保できるテクノロジーだ。

仮想通貨が世界的な注目を集める以前から、ブロックチェーン技術のもつデータ改ざん防止機能に着目し、その優れた特性をいち早く電子国家システムの中に取り入れたエストニアは、今ではブロックチェーン国家という名誉ある称号を得ている。

☑ デジタル律という試み

ブロックチェーンの活用は情報の完全性の確保にとどまらない可能性を秘めている。様々な業務プロセスの中にブロックチェーンを埋め込んで、自律的で厳密な規範順守を実現する方法なども提案され始めている。それを見てゆこう。

近代社会の前提となる重要な約束事は法律である。その上位概念としての憲法は極めて概念的であるため、その考えを実生活に具体的に適用する指針として法律が存在する。『広辞苑』にはこう記述される。

「法律：社会生活維持のための支配的な国家的規範。体系的であり物理的な強制が可能」

ここで規範の順守のために「物理的な強制が可能」とあるが、あくまで人間の行動を想定している。しかし本書でこれまで見てきたように、多くの人間行動は今やデジタルシステムに代替され始めている。そしてシステムの動きは内部のアルゴリズムが規定する。そうであれば、法律が定める規範をアルゴリズム化し、システムがその行動を厳格に遂行することも可能だ。これを筆者は「デジタル律」と呼ぶことにする。

以下にその具体的なイメージを示す。

ブロックチェーンが持つ優れた機能を、現代の他のテクノロジー、例えばIoT（モノのインターネット）と組み合わせて活用すると何ができるだろうか。

進化するIoTは、計測（センサ）機能、通信機能そして情報処理に基づく制御機能を備えている。このIoTにブロックチェーンを加味すると、こんなことが可能になるのだ。

①まず、センサが計測した**真実のデータ**をベースにして
②その作業・処理に必要な**正式な資格を有する組織や人**が、
③**法律や規則に明記された手順・アルゴリズムに厳格に準拠**して、
④正確な**経過を記録**しながら実行し、
⑤作業の**結果データを規則通りに記録・保存**し、
⑥最終的に**定められた機関・組織に公式に報告**する

このように、本来あるべき行動が、進化した機器類と人間の連携を通して、実現可能である。

そういう過程においては、このパラグラフの太文字部分は、ブロックチェーンが担当する。

そこでは、恣意的な手順変更や無資格者の作業は不可能となり、作業の経過、最終状態のデータは正確に保存され、そして関連部門の結果検証と最終報告が確実に履行されるのである。

このことはあたかも作業実行時に監査システムが同時に働いているような状況だ。これは

「埋め込まれた監査システム」とも呼ばれる。つまりデジタル律とは「埋め込まれた監査システム」そのものなのだ。そのようなシステムが近い将来、社会の多くの領域に出現するのは時間の問題だ。

例えば運転免許を喪失した人がクルマを動かそうとすると、クルマのシステムは顔認証でドライバーが誰であるか特定し、ブロックチェーンを参照し、その人の免許所有情報をチェックする。運転資格がなく、許可できないと判断すると、クルマを起動させない。

同様に規定以上のアルコール濃度がドライバーの呼気から計測された場合も、クルマは言うことを聞かない。システムはブロックチェーンに記載されている運転時の許容アルコール濃度を参照し、規定値を超えたアルコールが検知された運転者は違法ドライバーと判断する。

情けない話に聞こえるが、よくよく考えると実は人間が助けられているのだ。規則違反をしようと思っても、許可されないわけだ。「つい出来心で」や「うっかりして」が発生しない。つまり悪いことができない状況が自動的に出現するのである。

☑デジタル律とIoT・AIのリミックス

異なるテクノロジーを組み合わせ、新たな価値を創造することは「リミックス」と呼ばれる。21世紀に出現した、多様なテクノロジーは、もちろん単独でも優れた効果を発揮するが、それらを組み合わせるリミックスによって相乗効果が増し、さらなる価値を生み出す。先に見たクルマの運転に関する例のように、さらに大規模で多様な社会インフラの運用、管理の場面において、デジタル律とＩｏＴやＡＩのリミックスを活用できる可能性もある。

現代社会のインフラは、ＩｏＴの普及により今や巨大な有機体に進化した。世界中に存在する膨大な数の機械・デバイスが通信ネットワークで互いに結合され、情報やデータを交換し、ＡＩを駆使して自律的にふるまい、従来人手に頼っていた作業を自動化している。デジタル律をほかの技術とリミックスすることによって、社会インフラが自律的に厳格なプロセスを実行し、恣意的な操作の変更や、判断ミスによる誤操作などの人間の過失を回避する試みに注目が集まっている。

図６－２には三つの代表的デジタル・テクノロジーである、ＩｏＴ、ＡＩ、ブロックチェーンが示されている。これらをリミックスするとどのような付加価値が生まれるのか、航空機の運航システムを例にとって考察してみよう。

２０１８年末から、操縦直前の航空会社のパイロットの違法なアルコール濃度が検出される事例が後を絶たない。何百人もの貴重な命を預かる重責を担い、国家によって厳格に認可されたパイロットとしてあるまじき行動には厳しい批判が上がるのは当然だ。これは心無いパイロットの数少ない事例であろう。しかし、残念ながら、パイロット個人の責任感と矜持にのみ頼るのはリスクが大きすぎるのだ。

ブロックチェーンを上手に活用すると、正確な情報を厳密に管理することができる。

ここでパイロット免許を喪失した操縦士が飛行機を操作しようとすると、まずＡＩシステムが顔認証によって、だれが操縦しようとしているのか個人レベルで認識する。次にシステムはブロックチェーンに記載してあるその人の資格情報をチェックし、飛行機のパイロット資格がないと判断。システムはこの人の操縦を拒否し、飛行機は動かない。

いずれは操縦席にパイロットの心身状況を検査する装置が付加され、リアルタイムのバイオ情報を得ることも可能となる。そして、航空機の操作のための心身コンディションを満たさないと判定すると、操縦を受け付けないと判断する。

そしてそれ以前に、パイロットが呼気検査を受

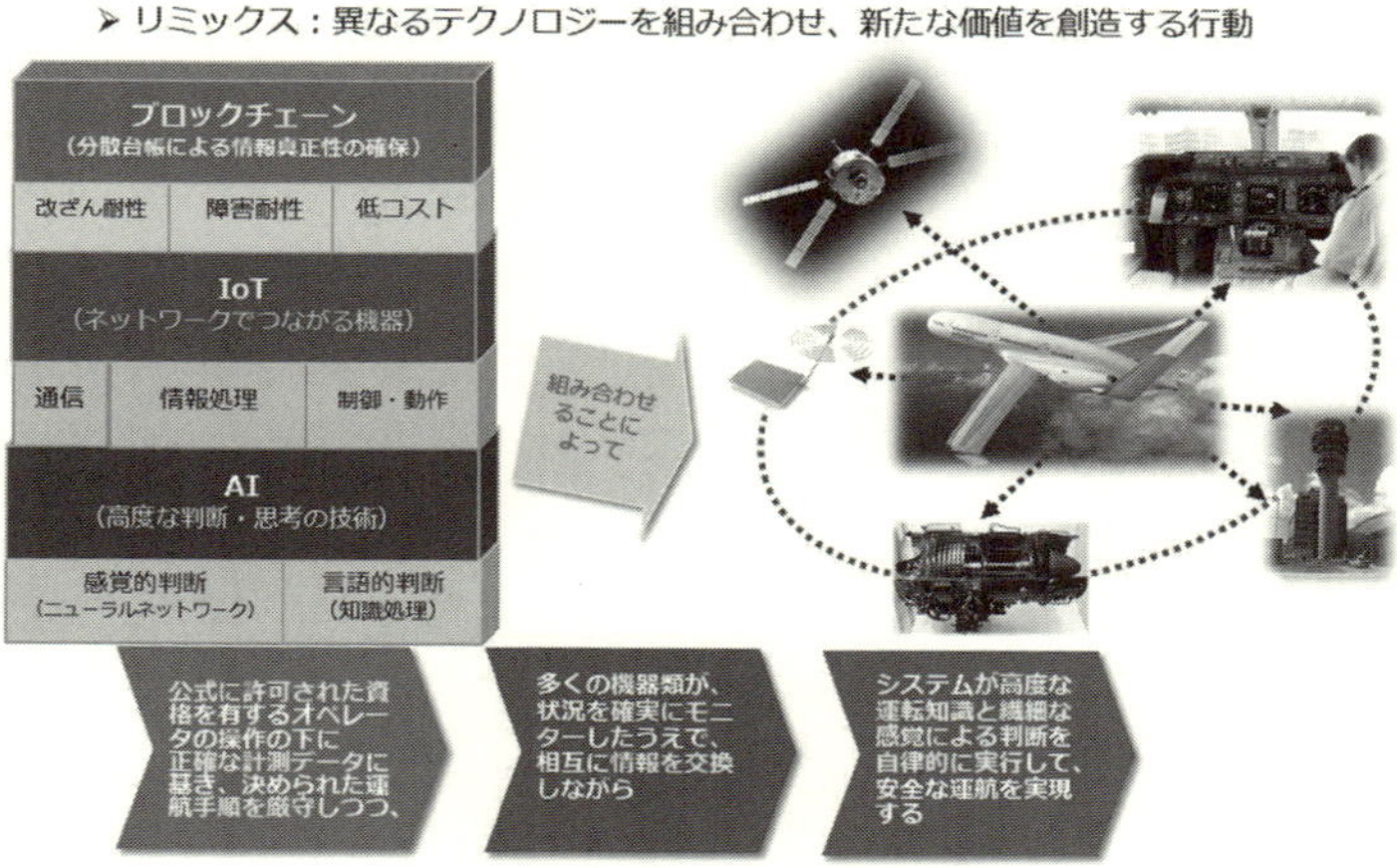

図6-2　リミックスの事例

けていない場合、コクピットのドアが開かない、さらには操縦席に着座した時点で許容値を超すアルコール濃度、違法薬物の兆候が呼気から検出されるとエンジンが起動しないなどのコントロール機能が作動する。

また、システムは離陸前のエンジンの動作データを計測し、もしタービンの回転数に異常があると認識すると離陸を拒否する。また飛行場の風速や異常気象を計測し、離陸可能な状況になるまで待機させるなどといったＡＩ的指示も可能となる。

また操縦士がブロックチェーンに記載されている、厳密な操作手順に反する行動を起こそうとした場合も、それを拒否する。

つまり、優れたセンサによる正確なデータの計測、デジタル律による厳格な資格・手順の管理、そしてＡＩによる自律的で知的な判断が、より安全な航空機運航を実現するというわけだ。

これが未来型システムの典型的な事例である。将来は多くの社会システムが、このようにリスクを自ら管理できるように進化してゆくと予想される。

最新テクノロジーのリミックスによって、「規則に準拠していない行動を実行できない」デジタル律の適用を真剣に考える時代に入ったのだ。

これらのことは現在実現されているいろいろなデジタル技術とブロックチェーンを組み合わせるとおそらく実行可能である。飛行機の例でみた「デジタル律による信頼システム」の構築は、いろいろな分野に応用できる。

これまでの社会では「法律＋人間行動」によって規範が順守されてきた。一方、デジタル律は、そういう過去の規範順守パラダイムの中の、人間に依存した部分を可能な限りデジタルシステム処理に置き換えるものである。

それは「法律（規範）＋デジタルアルゴリズム＋人間行動」というプロセスだ。そしてデジタルアルゴリズムの中には、センサによる正確なデータ計測、規範が求める処理手順の厳格な実行、結果データの完全な記録及び報告などが含まれる。勿論最新のＡＩによる多様な認知判断も含まれる。そして規定に反する人間行動の兆候をシステムが認識して、その発生を自動的に回避する。

このようにブロックチェーンがＩｏＴやＡＩとリミックスされた自律型システムは、厳格な「埋め込まれた監査システム」を実現する。

それは歴史的に確立してきた国家的機能や公的組織の見直しにも波及するかもしれない。

つまり国家しか成しえなかったような重要な社会保証システムが、最新の情報処理技術に置き換えられるという時代になったということなのだ。

そしてコスト効率が優れていることも大きなメリットである。

膨大な量の重要データを、中央集権的に一カ所で完璧に管理するためには、バックアップなどを含めて、維持管理のためのコストが非常に高いものになるが、Peer-to-Peer分散ネットワークの場合、比較的安価な複数のサーバを分散させてデータを管理するため、中央集権型に比べ低いコストで済むというメリットがある。またネットワークに障害が発生した場合でもデータ損失を回避できる。

厳しい経済環境の中、小さな政府を目指す動きは世界に広がっている。過去において、国家が高いコストをかけて行ってきた社会的な役割を、より確実にそしてより安く実現できる「デジタル律」は、近い将来疑いなく、社会を支える多くの基盤インフラの中に組み込まれるだろう。

ブロックチェーンを活用するエストニアが世界に示す電子国家は、未来の国家の在り方に大きなヒントを与えている。

☑フェイスブックが提唱するデジタル通貨「リブラ」

２０１９年6月、このところテッククラッシュの攻撃にさらされつづけ、精彩を欠いていたフェイスブックから衝撃的なプランが発表され、世界にサプライズが駆け巡った。

それによると、フェイスブックは「リブラ」という名のデジタル通貨（暗号資産）を前提にした、新たな決済サービスビジネスを２０２０年から開始するという。

世界が驚いたのは、従来の仮想通貨ビットコインなどとは全く異なる、「現実性を帯びた」

未来通貨としての次のようなリブラの特徴である。

①優れた耐情報改ざん性を有するブロックチェーン技術を使用。

②リブラと同額の準備金が、複数の法定通貨、短期国債などのバスケットとして準備され、通貨としての実体的裏付けを保証。そのためビットコインのような急激な価格変動が抑止され、通貨としての安定性が維持可能。その運営母体として、ジュネーブを拠点とする独立組織「リブラ財団」を設立。

③利用者はドルや円をリブラに交換し、ＳＮＳのメッセージのようにリブラを送金し、買い物の決済に利用することが可能。

これまで、大方の金融関係者はビットコイン型仮想通貨をある種の金融商品とみなし、通貨としての普及には無理があると考えていた。実際その通りビットコイン型仮想通貨は、投機の対象とされ、一般的な通貨としては殆ど流通していない。

しかし②に見るようにリブラはデジタル通貨として、既存のキャッシュを代替できる機能を十分備えている。加えて約24億人に達するフェイスブックユーザが一斉にリブラを使い始めることは十分に予想される。また銀行口座を持たない途上国の利用者に大きな恩恵をもたらす可能性も高い。

いまや世界のメディアは一斉にリブラがもたらすインパクトを論じ始めた。
その議論の内容は、リブラがもたらすメリットとリスクの両面を明らかにする。
まず歓迎されるのは決済手段としての利便性の高さだ。

- ビットコインなどに比べたリブラ価格の安定性
- グローバルに利用可能で便利な決済機能
- 新興国などの銀行口座を持たないユーザの支援

これらは、デジタル経済の波に乗り遅れる途上国の市民を救済する。

しかし、金融当局や大方の中央銀行関係者は、リベラのもたらす、次のようなリスクに関して大きな懸念を表明する。

- GAFAで問題となったデータ独占の発生
- マネーロンダリングにおける危険性増加
- 金利調整による国家金融政策機能の非力化
- 中央銀行の制御が届かない経済圏の出現
- アジア通貨などの低信用力通貨からの資本逃避

■既存銀行の預金高の減少
■新興国における金融不安の拡大
■投機的資金の更なる流動化の助長
■金融と実体経済の乖離の更なる拡大

最も大きな懸念は、これまで各国の中央銀行のみが有してきた金融制御機能という国家権力のある部分が、民間のリブラ財団に移行する可能性だ。これは米ドルを主軸とする現在の国際通貨制度の既得権への挑戦ともとらえられている。

「リブラ財団」が運営するとはいえ、フェイスブックの影響力は大きく、世界規模の金融世界で信用と信頼を寄せるにふさわしい企業なのか、システムが違法な侵入を確実に回避できるのか、詐欺、資金洗浄などは十分に対策されるのか、その課題の大きさが論じられている。

そして現時点では、これまでフェイスブックが露呈した公共性の欠如と、社会への協調姿勢に疑問があるという理由で、米国政府をはじめ欧州各国も否定的な立場を示し、欧米主要国との了解が取れるまでリブラの発行を認めないという立場で足並みをそろえる。

特にリブラの出現によって既存の世界的な金融システムが機能低下する懸念を示す関係者が多い。なかでも世界市場で自国通貨が弱い立場に置かれている開発途上国では、膨大な額の自国通貨が便利な超国家通貨・リブラに換金される可能性が高い。その場合国内銀行の預金残高は減少し、通貨の金利調整を通した中央銀行の金融政策も有効に機能しない事態も発生しうる。つまり国家としての機能が弱体化する怖れも指摘される。

また経済のグローバル化によって、世界中の過剰な資本がモノや人よりも自由に移動できる事態がすでに出現している。その結果として国境を越えた投機が加速している中、リブラの出現は世界をさまよう過剰資産の流れを助長するだけであり、資本規制の流れに逆行するものだ、という厳しい意見も聞かれる。

当面リブラをめぐる議論は続くであろう。そしてフェイスブック関係者も、世界的な合意が実現されるまでリブラの発行は控えると米議会で証言している。

また一方では中国が計画する「デジタル人民元」が現実のものとなる可能性も報じられている。

結局、通貨のデジタル化と本格的キャッシュレス社会を基盤とする未来型のデジタル経済秩序は、国家機能の見直しと、公的分野と民間分野のボーダーラインの引き直しという、歴史的命題を解くことなしには実現が難しいのである。リブラをめぐる議論がそのことを如実に物語っている。

世界の国家は、デジタル化されたお金を前提とする未来型社会にいよいよ正面から向きあわざるを得ない分岐点に差しかかりつつある。

第七章

未来を創る

この章ではデジタル文化が創造する「未来」について考察する。

現在とは毎日一歩ずつ進む道の最先端だ。そうして築かれていく道が続く先に未来がある。未来の生活は、現在の生活に何を加えるかにかかっている。新たな技術の出現は、過去にならなかった新たな生活の要素、つまりピースを付け加える。新たに加わるピースがあれば、消えるピースもある。往々にして何かが加わることで、何かが消えてゆく。そのような創生と消滅のプロセスを経た総合的な変化が蓄積し、未来が形作られてゆくのだ。

未来の形を決定づける大きな要因のひとつは、新たに出現するテクノロジーだ。過去にならなかった斬新な技術や発明を応用して、人々が想像できなかった新しい製品やサービスを創り出す企業や個人が、未来の姿に大きな影響を与えるのである。

未来は決して向こうで待っているわけではない。

☑ 未来の製品・サービスを創る

「未来を予測する最善の方法は、それを発明することだ」。これは、子供から老人まで誰でも簡単に使えるコンピュータ「ダイナブック」という概念を提唱した、ゼロックスのアラン・ケイの有名な言葉である。つまり、未来生活の中心となるような、画期的なプロダクトを発明すれば、未来社会のあり様はある程度コントロールできると、彼は主張する。

そして私たちはそういう実例を過去に何度も目撃してきた。電話や自動車やテレビや、コンピュータはその典型的な例だ。

その中で、二十世紀において最も未来づくりに貢献した組織を挙げるとすれば、その一つは疑いなく米国AT＆T社のベル研究所だ。

その根拠としては、ベル研究所から直接的、間接的に誕生したテクノロジーをリストアップするだけで十分だ。ラジオ、真空管、トランジスタ、半導体回路、CCDイメージセンサ、レーザー、マイクロプロセッサ、UNIX、C/C++プログラミング言語、携帯電話、光ファイバー、無線LAN。これらはいずれも現代社会に不可欠の製品や基盤テクノロジーとなり、深く広く21世紀の社会に浸透している。7人のノーベル賞受賞者を輩出したその社会的貢献は、他に類を見ないほど傑出している。

そしてベル研究所が残した遺産は、姿を変えて現代に広く受け継がれている。

例えば現代のソフトウェア産業にもそのレガシーが脈々と継承されている。もともとはベル研究所が開発したＵＮＩＸオペレーティングシステム（ＯＳ）の基本コンセプトは、それをベースに考案された、Linux・ＯＳに受け継がれた。そしてLinuxはＩｏＴの中核的技術であるとともに、現代のスマートフォンのコアソフトウェアであるAndroid・ＯＳに進化し、さらに未来のクルマの情報処理の頭脳に進化する可能性を秘めている。

だがベル研究所の人類への貢献はそれだけではない。独占的なテクノロジーを手中にし、巨大な利益を生み出す企業が、どのような形でその膨大な富を社会に還元すべきなのか、という課題において貴重な教訓を後世に残すことになった。もしかしたら、その教訓こそがベル研究所の遺産の中で最も価値あるものかもしれない。それは次の章でふれよう。

そして日本企業も20世紀の未来づくりに欠かせない存在であった。しばらく続いた低迷期を脱し、最近やっと昔日の輝きを取り戻し始めたソニーは、過去半世紀にわたり音楽分野の未来を築いてきた、まさに創造者であった。

１９５５年、設立時の社名を改名した新生ソニーはＴＲ－55という画期的製品を世に出した。それは5個のトランジスタによって、複数のＡＭラジオのチャンネルを受信できる、乾電池式の携帯ラジオであった。その当時トランジスタは温度特性が悪く、ラジオの周波数帯での増幅機能が不安定で、真空管を代替することはできないと思われていた。ソニーのイノベーションは、そういう技術の壁を越え、信頼性の高いトランジスタを実用化したのであった。日本での成功につづき、1957年世界市場に登場した新製品TR－63のキャッチフレーズは、「ポケッタブル・ラジオ」であった。それは間違いなく、21世紀の現代を席巻する「モバイル」ビジネスの先駆けであった。

1920年代に実用化されたラジオは20世紀という新時代の革新的製品であった。さかのぼること二十数年前の19世紀末、マルコーニによって発明された無線通信技術を、一般市民向けに応用した初めてのプロダクトがラジオであった。ラジオから流れ出る音楽は、コンサートホールや劇場に足を運ぶことなく、自宅で気軽に一流の芸術を楽しむ生活を市民にもたらした。ラジオの出現は当時の米国社会そのものにも少なからぬ変化をもたらした。当時南部の黒人社会という限られたコミュニティの中でのみ知られていたジャズは、ラジオ放送を通して全米に広まった。そして、一流のジャズミュージシャン達は高い報酬を手にし、米国の歴史の中で初めてアフリカ系アメリカ人富裕層となったのである。ラジオの登場は米国の社会構造にも新たな流れを生み出したのだ。

初期のラジオは真空管方式の据え置き型であり、サイズ、重さもそれ相応にあり、もちろん屋外に手軽に移動することは想定されていなかった。

その中で、設立後わずか10年の東京通信工業（ソニーの最初の社名）は、ラジオ用トランジスタの実用化というブレイクスルーを成し遂げ世界にあらたな音楽の場を届けたのであった。それこそシュンペーターが定義したアントレプレナー（起業家）の姿勢そのものである。ソニーは携帯ラジオ市場を新たに創造したのである。

そしてソニーのイノベーションはそこにとどまっていなかった。

約20年後の1970年代、ソニーは、ウォークマンという、楽に持ち運びできる音楽プレーヤを若者向けに発売し、大ヒットさせた。自分が聞きたい音楽カセットテープを、どこでも好きな場所で自由に楽しめるウォークマンは、音楽の新しいスタイルを生み出したのであった。それは新たな音楽文化として世界に普及した。結果的に、ソニーは、ポケッタブル・ラジオに続いて、ウォークマンという新製品を開発し、未来につながる音楽文化を創造した。

そのソニーのDNAを引き継いだのはアップルであった。スティーブ・ジョブズは、iPod発売前、最後までソニーの動向を警戒していたという。すでにソニーが同様の革新的な製品の開発を進めているのではないかと危惧していたのである。だがそれは杞憂に過ぎなかった。その後のiPodの爆発的ヒットは周知のとおりだ。モバイル音楽文化の遺伝子は、新たなアントレプレナーであるアップルが継承したのであった。

「音楽は水道のようになる」というデビッド・ボウイの予言通り、2019年の現在、音楽は流体的なサービスとして、どこでも誰でも、簡単に楽しめるようになっている。それは、一部の富裕層が、高価なレコードやステレオを購入して音楽を楽しんだ時代に生きた人々から見ると、まさに「未来の音楽」だ。大事なことは、ウォークマンに代表されるように、その時代のテクノロジーを応用して、だれかが創造してきた結果、「過去の人にとっての未来」であった

「現在」が出現しているのだ。

つまり新しい文化や、人々の新しいライフスタイルを創造するのは製品やサービスであり、それが普及して未来の社会が形成されてゆくということなのだ。

☑未来を創ったもうひとつの企業、アップル

過去30年間を振り返るとき、もっとも「未来の創造」に貢献してきた企業の一つは米国のアップルに間違いない。現代人のデジタルライフの中には、アップルが市場に出したプロダクトやサービスが原点になっているものが多数存在する。

アップルという企業が存在しなかったら、コンピュータは現在のように私たちの身近にあるプロダクトではなかったかもしれない。

１９７０年代、創業者スティーブ・ジョブズは、少数のマニアのものではなく一般の消費者が簡単に使えるコンピュータ、という理想を掲げた。そして、電気オタクのおもちゃのような武骨な製品ではなく、誰もが触ってみたくなるような、当時としては画期的なAppleIIというPCを開発し、コンピュータの普及に大きな貢献を果たしたのである。このヒットがパーソナルコンピュータ産業という新しいビジネスと新市場を生み出したともいわれる。その意味でジョブズは間違いなくイノベーションを実現したのである。

そして１９８４年のマッキントッシュＰＣに採用された「グラフィックス機能によってＰＣを操作する」というコンセプトは、現在まで続くＰＣの基本スタイルを確立した。それまでのＰＣは、キーボードから入力するコマンドという文字命令によってしか制御できなかった。その常識を打ち破り、ジョブズが実現したグラフィカル・ユーザインターフェースやマウスによる簡単な操作は、その後、一般市民とＰＣの距離を縮め、社会にＰＣが普及するための推進力となったのである。

ジョブズが残した言葉を振り返ると、彼が未来をイメージする優れた能力を持っていたことがよく解る。

曰く、「顧客が今後何を望むようになるか、それを顧客本人よりも早くつかむのが僕らの仕事だ」。また、「欲しいものを見せてあげなければ、みんなそれが欲しいなんて解らない」とも述べている。

ジョブズは、「顧客が望むものを創るのではない」とも言っているが、その真意は、顧客が未来の製品を要求するのではない。提供する側が先に未来の製品の姿を想像し、デザインするべきだ、ということにある。

マッキントッシュが創造した、多くのユーザフレンドリーな機能を取り入れたマイクロソフト社のWindowsは、その完成度がアップルにはるかに及ばなかったにもかかわらず、ビジネス現場でNo.１シェアを獲得し、大成功を収めた。そのサクセスストーリーの根底には、だれでも簡単に使えるＰＣという、ジョブズが創った「未来シナリオ」が存在していたのである。

アップルの未来づくりは、ＰＣの普及が一段落して、そのビジネスが曲がり角に差し掛かった時期に、逆に加速し始めた。１９９０年代半ば、イノベーションの推進役としてのＰＣの輝きに陰りが見え始めた時期、ジョブズは「デジタルハブ」というコンセプトを発表した。それはカメラやビデオなどデジタル化された機器類を、ＰＣが中心になって統合し、「デジタルライフスタイルのあらゆる局面をコンピュータが管理する」という、コンピュータの新たな役割を示す概念であった。彼の頭の中には、未来の人類の生活は、幅広くデジタル技術に依存するはずであり、その中心に未来形コンピュータがあるという絵が描かれていたのである。その夢は、後年iPhoneの出現によって現実のものになる。

ジョブズのチームはまず、音楽ジャンルにおいてiPodという未来モデルを世に送り出した。当時わずか15曲程度しか保存できなかった他の携帯型音楽プレーヤに比べ、iPodは「１０００曲をポケットに入れる」ことができ、加えてＣＤの音源ファイルリッピング（音源データの読み出し・保存）、ジュークボックス機能、プレイスタイル設定などを可能とする独創的なiTunesアプリを備えていた。斬新なスクロールホイールによる簡単操作とあいまって、iPodは音楽ファンに革命をもたらした。その結果アップルは、世界の音楽ビジネスの中心に立ったのである。

しかしジョブズはそこに留まってはいなかった。デジタルカメラが携帯電話に吸収される現実を見て、いずれ音楽も携帯電話に一体化されるはずだという予感を持ったのである。しかしその時点の携帯電話のほとんどが、ジョブズの求める品質レベルには程遠いものであった。そこでジョブズは、自ら携帯電話を創ることを決意した。そしてタッチパネル、慣性画面スクロールというブレイクスルー技術を備えたiPhoneを２００７年に発表した。iPhoneの持つ洗練された簡潔なデザイン、優れた操作性はスマートフォンというポケッタブル・デジタルハブを爆発的に普及させた。ジョブズはここでも未来を作り出したのである。

もしiPhoneが無かったら、現在のスマートフォン文化は生まれていなかったかもしれない。そしてさらに、２０１０年コンピュータの革命と評価されるタブレット型iPadをリリースした。

この時点でジョブズは社名を、「アップル・コンピュータ」から「アップル」に、ロゴマークもそれまでのレインボーカラーから、現在の黒一色の「かじりかけリンゴ」に変更した。それは、アップルはもはやコンピュータメーカーにとどまってはいない、という世界へのメッセージでもあった。

更にこの後、iPhone用のアプリを購入し、ダウンロードするためのプラットフォーム・App Store（アップストア）がリリースされる。

当時ニューズウィークはこのようにコメントしている。「ふと気が付くと、これなしでは生きていけないという製品を作り上げることに、ジョブズは並外れた力を持っている」。この称賛は、アップルそしてジョブズが未来を創造し続けてきたことを如実に物語っている。

最終的に近未来の人々の生活がどのような形になるのか、現時点では誰も明言できない。だが確実に断定できることは、いま誰かがプランしたり、デザインしたり、開発に着手している製品やサービスの中からしか未来の生活は生まれないということだ。無から未来が突然現れるのではない。現在の道の延長上にしか未来は存在せず、新たな道を築いているのは、その時代の道の先端を歩いている人たちなのだ。

☑ 文化の遺伝子・ミーム

未来を予測するためには、この先私たちを取り巻く生活の様式、つまり生活の文化にどのような変化が発生するのか、またそれを推し進める要因は何かを見極めることが求められる。

有史以来、世界中で様々な文化が出現し、あるものはすでに消え去り、あるものは姿を変えて現代まで継続している。だが、そもそも世界の文化はどのような変遷をたどって現在に至っているのか。その変化のプロセス、つまり動態構造はどのような原理に支配されているのであろうか。

急速に世界の文化が変貌しはじめ、デジタル文化が拡散しつつある今日、改めてその仕組みを振り返ってみたい。

文化人類学のなかでは、古くから文化の「変化」を説明する試みがなされてきた。19世紀後半にはダーウィンの生物進化論の考え方を人間の社会・文化に適用しようとする説が唱えられた。それが古典的進化主義である。しかし、この学説は結果的に、西洋文化が最も進化した段階にあり、様々な未開民族の文化はそこに到達しておらず、遅れた段階である、という西洋頂点の独善的発想に陥った結果、厳しい批判のなか消え去った。

その後出現した文化伝搬主義は、文化要素が民族から民族へ伝わってゆく、つまり伝搬してゆくという観点から、文化間の影響関係を論じようとした。しかし、その論拠となった資料の不完全性が指摘され、これも表舞台から消えたのである。

だが、世界の多くの文化が全く無関係に形成され、孤立したまま21世紀の現在に至ったと考えることは現実的では無い。そのような反省から、文化の「変化」に関する議論は続いている。特に第五章で見たように、グローバリゼーションという地球規模の経済活動の越境化と均質化が、世界の文化間の化学反応を加速させている中で、新たな議論が始まっている。それがトランスナショナル論、グローバル化論、カルチュラル・スタディーズなどである。

本書のテーマであるデジタル文化が、どのようにして既存の多様な文化と反応してゆくかを見極めるためのアプローチとして、本書では「文化の遺伝子、ミーム」という理論に注目する。

人類誕生以来の社会構造の変遷を、生物の進化論をヒントに解明しようと試みる理論が、二十世紀後半に出現した。それが社会進化論である。１９７６年、イギリスの進化生物学者リチャード・ドーキンスは、その著書『利己的な遺伝子』の中において、「ミーム」という文化を進化させる「遺伝子的」情報に関する新たな概念を発表した。

ドーキンスは、「ある種の進化を生じ得る点で、文化的伝達は遺伝的伝達と類似している」と指摘する。そして、「我々が死後に残せるものが二つある。遺伝子とミームだ」とも述べる。

その中核をなすコンセプトは次のような内容だ。


文化とは世代を超えて継承されてきた社会的情報の集合である。一方、ミームは人から人へ伝達される社会的情報の要素を意味する。そして、ミームをある人間集団が共有することによって社会に文化が形成される。


第二章で見た通り、人類最初の文化を形成したミームは、主として衣食住に関するもので、生存を確実にするための「生活の知恵」の集合であった。それは集団が生存する地域の気象や地理的条件という制約を反映したミームであり、服飾文化、料理文化、住環境文化として21世紀まで世界の各地域において、世代から次の世代へと引き継がれてきている。

つまり文化の継承とは、共同体に属する構成員の中の、ある人から別の人へのミームの継承に他ならない。親から子へ、子から孫へ、隣人から隣人へと、世代を超えて受け継がれてきた知識が、共同体固有の生活様式、思考様式を伝承してきたのである。そして科学の進歩や新たな技術の出現は、ミームに様々な変化をもたらし、その内容を少しずつ、またある時は過激に変化させてきた。

ドーキンスは、何万年にも及ぶ人類の歴史における社会および文化の進化現象を、ミームという名前の社会的情報の遺伝的継承というモデルを用いて説明しようと試みたのである。なお進化論的なネーミングであるため、前述の古典的進化主義と一見紛らわしいが、ミーム論の実態は全く異なる。現代の遺伝子学は、最も優れたものが現代まで続いているのではなく、環境の変化に対応できたものが種を維持できるとする。そこには優劣の評価はない。異なる環境であれば、異なる遺伝子型が生き残るのである。自然淘汰つまり適者生存が原則なのだ。したがってミーム論は文化の優劣に言及するものではない。

さて文化が遺伝的な特徴を有することは、ドーキンスの説とは無関係に、すでに社会で広く認識されてきた。「わが社の遺伝子」とか「当組織のＤＮＡ」、「永田町の文化」、「本学の建学精神」などは、よく耳にする言葉であり、様々な人間集団の特性が、ミームによって世代を超えて継承されてきたことを「組織の遺伝子」などという表現で表現している。いわゆる組織風土とか企業の社風などであり、組織文化と呼ばれるものだ。

国民性や民族性などもミームによって育まれる文化だ。その本質は、その国や地域で長年継承されてきたミームによって形成されている。

ミームは、会話、教育、儀式、書籍、マスメディアなど、広義の「教育と学習」を通して、一人の脳から別の人の脳へコピーされるものである。いわば遺伝子的役割を持つ情報である。それは、生物のＤＮＡに埋め込まれた遺伝子情報に類似したものであり、遺伝子の複製と変化が、生存環境の変化を超越して生物の進化を促したように、ミームの進化が社会における文化的進化を形成する。これがドーキンスの提唱するモデルである。

東京大学の佐倉統は、その著書『遺伝子vsミーム』の中でこう述べている。「ミームの概念によって、人間の思考はひとつの主体ではなく、多数のミームの複合体とみなせる」。そして「文化は世代を超えて継承されていく情報システムである」ともいう。

生物のＤＮＡは物質的遺伝子であり、その中に書き込まれた遺伝情報はゲノムと呼ばれる。これに対比されるのが、文化を遺伝する情報、つまりミームである。

生物が親から子供へＤＮＡを物理的に継承するプロセスに相当するものは、ミームの場合、先述したような教育と学習である。教育と学習を通してある人から別の人にミームが受け継がれる。生物の場合は誕生時に受け継いだゲノム情報の内容が死ぬまで変化しないが、ミームは教育と学習次第では、同一人物の中で変化可能である。

ミーム論の大きな特徴は、文化を「進化するシステム」と位置付ける点にある。

表７－１にゲノムとミームの対比を示す。

そしてデジタル文化を分析すると、情報とともに技術という物理的・実体的な要素も、文化の形成に重要な役割を果たしており、新たな技術の出現が新しいミームを生み出す原動力になっていることが解る。

デジタル文化は出現して日がまだ浅いが、その誕生の契機になったのは、間違いなく過去に存在しなかったデジタル技術の出現である。そしてそのテクノロジーが新たなミームの創造と継承につながる。

ラジオや音楽プレーヤを屋外に持ち出し、新時代の音楽文化を生み出したソニーのモバイル・ミームはアップルに受け継がれた。同じようにNTTドコモのｉモードは、インターネットの世界を人々の携帯電話の中まで拡大した。そして、そのポケタブル・ネットというミームは、AndroidやiPhoneに受け継がれ、今日のス

表7-1　ゲノムとミーム

	ゲノム（生物の遺伝子情報）	ミーム（文化の遺伝的情報）	ミームの補足
機能	タンパク質の設計図	文化を創造する行動の手順	文化を形成する行動プロセス
実体	4種類の塩基（A/T/C/G)の組合わせで構成された分子構造	教育・訓練・躾などのコンテンツとして記録や口述で伝えられる思考、行動様式に関する情報	料理のレシピ、伝統芸能の手順、宗教儀式手続きなど
成果物	生物の物理的機能、特性	人間・社会の行動様式、パターン（広義の文化）	国民性、生活様式、組織風土、伝統芸能など
継承メカニズム	複製、伝搬、変異	複製、伝搬、変異	
継承行動	繁殖行動	コミュニケーション、教育、躾、訓練など	
行動主体	個々の生物	複数の人間、共同体	国民、地域、ムラ、企業、学校、宗教団体
特徴	個体単位でユニークであり生涯ほぼ不変 世代から世代へと垂直的に伝承	伝承の過程で自由に変化 水平（地理的）・垂直（世代間）に伝承	

マートフォンの隆盛を生み出したのである。
ミームはテクノロジーを取り込んで進化するのだ。

☑ミームと「守・破・離」

生物の遺伝メカニズムにおける主要プロセスは、「複製」、「変異」そして「伝搬」によって構成される。その中で、多くの遺伝学者が重要視しているのは、確実な「複製」と、少しの「変異」であるという。

生物の進化は「適者生存」であり、環境の変化に上手に対処して生き延びる淘汰として説明される。そしてそのフィルタリングによってえらばれた遺伝子が、確実に複製されることが重要なのだ。新たな環境に適応できた生物の形質が、次の世代に伝わらないと、その種は絶滅する。ゆえに、サバイバルに成功した遺伝子を正確に複製することが絶対的に重要になる。生物の不変性を支えているのは、細胞の自己増殖を通して、ＤＮＡに刻まれた遺伝情報を確実に複製するというメカニズムである。

しかし同じ遺伝子だけしか存在しないと、次の異なる環境にその遺伝子が対処できない場合、その種は全滅してしまう。従って遺伝子群（これを遺伝子プールという）の中に、わずかに異なる遺伝子情報を有するものを発生させる仕組みをほとんどの生物は備えている。これが変異という名の可変性である。ちなみに遺伝子として生物の体内にあるDNAが二重らせん構造であるのは、一方のらせんには確実に後世に残したい遺伝情報が記録され、もう片方のらせんには変異的な遺伝情報が記録されているとされる。DNAが持つこの二重性が、確実な「複製」と、突発的な環境変化にも対応できる柔軟性を持つ「変異」を共存させている。すなわちDNAは不変性と可変性の二刀流なのだ。この対立的な特性を有することが、地球上に生物を数億年以上永続させ続けてきた根源である。

この、「複製」、「変異」、「伝搬」という主要プロセスは、ミームの場合も同様だ。まずは先人から受け継いだ貴重な知識を正確に次の世代に伝えるための複製プロセスが重要になる。文化継承の中では、「教育」がそれにあたる。世界のおよそほとんどの文化は、この「複製」のための教育システムを重要視し、確立してきた。人は教育を通して学ぶのである。そして「学ぶ」とは「まねる」ことから始まる。したがって学ぶとは複製することなのだ。

そして教育の場は学校に限らない。家庭、職場、地域共同体など社会には多くの教育のための仕組みが存在する。そこで、社会の秩序を保ち、その構成員である一人の人間として生きてゆくために必要な知恵が授けられるのである。その知恵こそが、ミームという社会の遺伝子的情報なのだ。

知育、徳育、体育とは、一人前の人間に成長するために不可欠の方法を学ぶための異なるジャンルを指す。生きてゆくために必要な知識を学ぶのが知育。社会の中で周囲の人と強調して社会の秩序を維持するための姿勢を学ぶのが徳育。そして健康に生き抜くための体育。これらがあってこそ文化が継承され、その結果として望ましい社会が栄え、未来につながるという思想が、日本社会において長年受け継がれてきたミームの神髄である。

ミームの継承は、先に見た生活、感性、知性の各文化において、複製、変異、伝搬のプロセスをそれぞれのスタイルで確立してきた。

第二章で触れたように、人間の快適で確実な生活を実現するための「生活の文化」は、それぞれの時代に出現した技術や道具と密接な関係性を持ちながら進化してきた。そして笹口健が指摘するように、「生活の文化」は累積性という特性を有する。すなわち、ある時代の人々はその時代以前に確立された文化の蓄積の恩恵を受けるということだ。人々は、その時まで人類が蓄えてきた文化をすべて利用できるのであり、わざわざ太古の原始的な生活に戻る必要はない。したがって技術や道具などのように、先人が獲得した知恵やノウハウを継承して、その時代なりの最も進んだ文化的生活を営んできたのである。そして新たな発明や、新しい科学的知識に基づく技術を加えて、生活の文化をよりレベルアップさせてきたのだ。そのようにして継続された累積的知識こそが「生活の文化」のミームと呼べるものだ。

そして19世紀半ばころから次々に発見された科学の原理に基づく、蒸気機関、電気、化学合成物、エレクトロニクスなどが「生活の文化」を一層進化させてきた（第五章の図5－2）。

その中でも、20世紀末から始まったデジタル・ビッグバンは図5－3のように、生活の文化の革新化、グローバル化をさらに加速させた。この間、多様な生活文化ミームが創出され、現代まで脈々と継承されてきているのである。

一方「感性の文化」の場合は、累積性よりも再現性が重要となる。例えば伝統芸能を例にとると、稽古や修行という厳しい教育システムが存在する。基本を確実に習得する、すなわち前世代が確立した全ての手順や動作を、誰かがひととおり確実に再現するというプロセスを経て、文化が伝わるのである。

日本の代表的な伝統芸能である歌舞伎の場合、宗家に生まれた子供は、物心がついた三、四歳になると初舞台を踏み、長い修行の道を歩き始める。まずはそのような複製のプロセスを完了して、先人たちが獲得した技能を確実に再現することが大切なのだ。

しかし「感性の文化」において、伝統工芸や創作活動の分野では、「正確な複製」だけでは、その成果物がマンネリ化する怖れを含んでいる。従って伝承の過程でわずかな変異を発生させ、新たな境地を創生することが求められる。絵画や陶芸などでは、この変異が重要である。日本の剣法武芸者たちが免許皆伝ののち、新たな自分の流派を形成したのはそのことをよく物語っている。天然理心流や北辰一刀流とは、新たな剣の極意、つまり変異の境地をもとに創造された派生形のことだ。

同様な変異は伝統芸術の世界でも時々出現する。「中興の祖」とは、そのような変異を創造し、全世代から受け継いだ伝統をさらに進化させた人たちのことを指している。そして新たな流派を創生した芸術家は、その普及に努める。それが「伝搬」に他ならない。

生命の遺伝の重要な三つのプロセスである複製、変異、伝播が、文化の遺伝をつかさどるミームにおいても重要な基本形であることを象徴しているのは、茶道の開祖、千利休が詠んだ、茶の道を究める歌、「利休道歌」に由来する「守・破・離」の精神だ。

「規矩作法　守りつくして破るとも　離るるとても本を忘るな」。その意味は、「規矩つまりお手本に忠実に徹底的に稽古・修行を重ねると、その神髄を習得し、やがて自分の独自の境地に至る。そこから自分の型に基づく道が始まるが、常に基本をおろそかにしてはならない」、ということだ。

ここで「守」は基本の徹底した習得を指す。一方、「破」は守を究めた者のみが到達できる、既存の型を「破る」境地である。そして「離」はオリジナルな道を広げるための出発を意味する。

そしてこの三つの型は独立した関係ではなく、無限のサイクルとして繰り返されるべきプロセスなのである。

生命の遺伝子との対比でみると、「守」は複製を、「破」は変異を、そして「離」は伝搬を表す。

まさにミームそのものだ。ここにおいて利休の哲学は、ドーキンスのミーム理論とつながるのだ。

芸術が停滞することなく、進化を続けて、本来の精神を維持したまま、徐々に姿を変えて継承されていくというステップは、文化の「遺伝」と呼ぶにふさわしい。

ミームのメカニズムは、「知性の文化」においても、その底流をなしている。長い人類の歴史の中でも、教育の重要性は先人たちによって繰り返し強調されてきた。教育は世の中を原始時代のカオスに戻さないための砦である。

そして現代においては、科学的、社会学的に確立された知識、あるいは真理を正確に後世に伝えることが教育の本質であることは言うまでもない。例えば科学を例にとってみると、有史以来数々の天才たちが数学、物理、化学などの諸分野で新たな真理を発見し、学説として確立した。その知識を後世の人に正確に伝えるのは教育だ。読み書きができるようになった子供たちは、その時代までに明らかにされた様々な真理を、教育という複製プロセスを通して確実に学ぶ。まさに「守」そのものだ。

そしてそれぞれの時代の優れた人材は、過去の学問では究めつくされなかった新たな真理を発見しそれを積み重ねることで、それまでの科学の概念を一段階上のレベルに向上させる。ノーベル賞が讃えるのは、そのような「破」、つまり優れた変異をもたらした研究者の功績なのである。

アイザック・ニュートンは「万有引力の法則」という概念を確立し、広大な宇宙の中の星と星の間に発生する物質間の引力を用いて、太陽系の恒星や惑星の動きを説明することに成功した。

ところが、ニュートンの学説を学び正確にその内容を理解したアインシュタインはそこから一歩踏み出し、万有引力とは巨大な質量を有する物質が宇宙空間をゆがめることによって生じる力であるとする相対性理論を発見した。アインシュタインの理論は、それまで別々な現象として理解されてきた、時間と空間と質量の間にはある相互的な作用が存在するとした点において画期的なものであった。ニュートンが発見した自然界の秩序を、アインシュタインは全く異なる視点から新たに体系化して説明したのである。これこそが「破」つまり変異だ。

これは一例であるが、あらゆる学問の進化・発展は、疑いなくその時点までに蓄積されてきた真理が出発点になっている。それこそが知性の文化のミームの複製と変異なのだ。そして新たな学説は広く世界に伝搬し、教育システムの中に埋め込まれる。

ＤＮＡの機能によって、大脳という思考のための臓器形質は世代を超えて確実に継承されるが、その大脳が考える中身、つまりコンテンツの遺伝にはＤＮＡは全く感知しない。「知性の文化」のような大事なコンテンツを数千年、数万年継続させたものこそ文化の遺伝子ミームなのである。

スポーツ・ミームの世界でも本質的に同じ進化が発生する。例えば半紀前のメキシコオリンピックの直前、男子100m走の世界記録は初めて10秒の壁を破り、9秒台に突入した。そして現代のオリンピックの100m走の決勝に残るほとんどの選手が、9秒台の記録を残せる走力を有している。この半世紀の間に人類の肉体的能力が急速に向上したとは思えない。多くの9秒台ランナーの出現を可能にしたのは、この間に究められた、効率的な腕、足の動作、最適なランニング・フォーム、トレーニング方法、靴や道具の改善などの総合的な効果であろう。そこには9秒台のレコードを実現するための貴重な情報が存在する。それこそが短距離走のミームと呼ぶべきものだ。勿論、それを可能にできる身体的能力を有する人材の発掘は大前提だ。しかし優秀なランナーが持つ身体的な潜在能力を最大限に引き出すための情報が加わってこそ優れた記録が達成されるのである。

スポーツ・ミームはマラソン、水泳、長距離走等ほかの競技でも同じだ。

組織のミームは、マクロには国家や地域という共同体の特質を定義し、お国柄や国民性などと表現される。同様にビジネスを実現するための要素組織である企業においても組織ミームが存在する。そして、先に見たソニーやアップルの例のように、どのようなミームを経営の根幹に据えるかは、激変する21世紀のビジネス環境を生き抜くための最重要テーマである。その典型的な事例を次に見ることにしよう。

☑企業ミームの優等生：米国J&J

米国ジョンソン・エンド・ジョンソン社（J&J）は優れた企業理念を掲げ、過去数十年間にわたり増収増益を維持する、現代の優良企業として知られる。そのカンパニーミッション、「我が信条」（Our Credo）はビジネススクールの教科書でもよく取り上げられる。

「我が信条」は同社の第三代社長であるロバート・ウッド・ジョンソンJrが1943年に制定して以来、75年以上を経た現在でも同社の経営の根幹を成す哲学であり、世界に誇る同社の組織・経営ミームとなっている。

そこに述べられている精神は、世界数十カ国の言語に翻訳された実にシンプルな内容だ。「我々は企業として四つの責任を負う。それらは、顧客への責任、社員への責任、地域社会への責任、そして株主への責任だ。ここで大事なことは、この順番が責任の優先度を示しており、顧客、社員、地域社会に対する責任を全うすることが求められる。その三つの責任を実現できれば出資者である株主への責任は自動的に実現される」。これがJ&Jが大切に守ってきた企業ミームだ。

そして第四の「株主への責任」の中においては「研究開発のため必要な投資を行い、絶えず新製品を市場に導入すること」、と明記されている。ビジネスの変異ミームも絶えず創出することの大切さも強調されているのだ。その教えを忠実に守ることによって、同社の利益の数十パーセントは、過去数年内に市場に導入された製品によって生み出されている。つまりJ&Jの製品ポートフォリオは絶えず更新され、稼ぎ頭の製品の新陳代謝が確実に実現されてきているのだ。同社は、決して守りだけに専念しているわけではない。

この企業理念という組織ミームの厳格な複製と、新製品という変異ミームの創造を、過去数十年実直に継続できていることが、J&J社をエクセレントカンパニーの位置に保ち続けている理由である。「守」と「破」がしっかりと達成され続けてきているのだ。

しかしこの企業ミームの複製と変異のために、J&J社が多くの時間とエネルギーそしてコストを社員教育に費やしていることはあまり知られていない。

同社には、全世界約20万人の社員が「我が信条」（クレドー）の内容を熟知し、日々のビジネスの中でその意味を自問自答するための、社員への教育と学びの場が準備されているのである。

まず全社員は、毎年約100項目近い数の設問からなる、「Credo Survey」（クレドーサーベイ）へ回答することが求められる。そこでは、社員が所属する各国のJ&J法人会社の経営層、管理職のマネージメント方法に始まり、社員への対応、環境への配慮や、地域社会への貢献、クレドーの精神が実現されているかなど、細かい質問が用意されている。

次に、この調査の結果は、数カ月後、前年の結果と対比して、会社ごとに全社員に報告される。そこで、クレドーの観点から現在の課題が洗い出される。そして必要に応じて各社の問題点を改善するためのプロジェクトが結成される。それがCredo Challenge Projectである。

三つめは、この二つのアクションに加え、社員がビジネスの現場で具体的な問題に直面した時、どのようにクレドーの精神を反映した行動をとるべきかをシミュレーションする、Credo Workshopが不定期的に開催される。

これら三つの活動を通して、社員は常にクレドーを意識し、その原点に戻るよう配慮されている。企業理念という組織ミームを永続的に維持するために、J＆Jはこれだけの熱意を注いでいる。その結果が数十年にわたる増収増益というパフォーマンスにつながり、結果的に出資者である株主への責任も果たしている。

このJ＆Jの「我が信条」ミームが教えるものは、守るべきものと、変えるべきものが明確に社員に伝わる企業文化を持ち、その維持のための努力を継続することがいかに大切かということだ。

企業理念は額に入れ、壁に飾っているだけでは実現されない。その理念の実現のための努力、中でも社員にその意味、大切さを学習させることが最も難しく、かつ大切なのである。

文化の継承も同じだ。今日の世界の繁栄の陰には、社会の秩序を維持し、人間が共存するために先人たちが苦労して獲得してきた知恵、すなわちミームが数千年間大事に継承されてきたという事実がある。生命が、病気や災害に打ち勝って生き延びられる形質を、遺伝子の中の情報、ゲノムとして確実に継承してきたように、社会が破滅することなく維持されるために、文化の遺伝子、ミームが受け継がれてきた。自由と平等、人権の尊重、協調の精神、社会貢献などだ。いつの時代においても、その基本的な姿勢は次の世代へと確実に伝えられなければならない。その意味では、文化の遺伝子ミームとは、実は社会そのものの遺伝子情報であると理解すべきなのかもしれない。

デジタル文化の変異は過激であるがゆえに、往々にして「破」のみが注目され、守られるべき「守」社会ミームがおろそかになる傾向がある。それが次の章でみる最近の「テッククラッシュ」の背景にある。

ちなみにJ&Jの「我が信条」と同じ趣旨の哲学は日本の商人の世界にも存在する。近江商人の商いの心得として知られる「三方良し」の教えだ。その内容は、「買い方良し」、「売り方良し」そして「世間良し」である。J&Jクレドーの顧客、社員、地域社会・株主への責任と見事に重なる。優れた文化の本質は、洋の東西を問わない共通性を持つのである。

ところでこの「守・破・離」の視点からみて、現代のデジタル文化の普及はどのように説明できるのであろうか。

☑デジタル・ミームの特徴

現代のミームはデジタル情報に変質しつつある。その影響がミームの特性にも変化を与えている。それをデジタル・ミームと呼ぶことにする。

過去においては口述、記録、文字などで伝承されてきた情報としてのミームがデジタル化されることは、本書の全般でみたように、ミームの振る舞いが電磁波の速度を持ち、地球規模の広域に及ぶということだ。現代は時間と空間が極限にまで圧縮され、距離の差も時差も実質存在しない世界に突入している。デジタル・ミームは、すでにその次元に入り込んでしまっている。

もっと具体的に言うと、「複製」、「変異」、「伝搬」という遺伝子的プロセスのすべてが、他のデジタル処理と同じになったのである。つまりこれらの3プロセスには、時間と空間の制約は殆ど無く、加えて情報としての精密度は過去のミームに比べ、飛躍的な高さにまで向上している。従って、デジタル社会の中の、ビジネスや個人の生活の中で起きているような急速な変化が、「文化の継承」においても発生しているのである。

この三種類の遺伝型プロセスを一般的な情報処理用語で表すと、「コピー」、「修正」、「送信」である。従って現代のミームは、SNS、検索、メールなど、最新のデジタル・テクノロジーの中に埋め込まれている。

前述の佐倉統は、ミームがインターネットに進出したこの現象を、「生物が海と陸から、空に飛びあがった現象に相当する」ものであり、「自己増殖する情報のプール（培地）の変革」であると表現している。つまり、ミームのデジタル化とは、文化の伝承活動が、デジタルの速度を持ち、ウェブ空間の規模に拡散したことを意味する。

その結果、文化の伝搬は地球上の全域におよび、地球人口の数の耳目に晒され、過去に決して発生することのなかった多様な変異につながることになる。

こうして、長い歴史を通して限られた地域の中に閉塞してきたローカル文化は、世界の人々の目に留まるようになった。それは、結果として新しいミームの創造につながる、いわば文化の再構築だ。その結果、過去の文化によって築かれた既存の商品や行動様式において、地球規模の新たな動きが起きている。

一例をあげると、いまや日本酒は世界ブランドのお酒に変身しつつある。それを後押ししているのは、ＳＮＳで拡散する体験談や、美しい映像だ。インスタグラムの画像に映える和食の盛り付けと、食事とともに楽しむ日本酒の感想コメントは、日本酒というかつてのローカルな酒を、一挙に世界中に露出させ、愛飲者を増やした。そしてその過程で、日本酒の味も外国人の趣向に合わせて少しずつ変化し始めている。精米法や麹の種類を変えることで、過去の日本酒には無かった香りや味わいが生み出され始めている。それこそが「変異」だ。日本人には受け入れられにくい新たな味が、もしかしたら未来の日本酒の主流になるかもしれない。日本酒市場が世界規模になるような状況下では、そういう「変異」の出現がサバイバルの条件になるのだ。

この例は、食文化の内容が、デジタル・ミームの出現によってすでに大きく変わるとともに、その生息領域が一気に地球規模に拡大しつつある事例なのだ。

またデジタル化された複製プロセスは、過去をはるかに上回る正確なミームのコピーを実現する。

例えば日本の伝統芸能の継承をみよう。

これまで、各地域の文化の継承は、伝承の役割を担う一般市民が、週末や仕事を終えた夜間に集まり、古老や年長者から踊りの動作や、お囃子などの演奏法を、丁寧に教わるのが一般的であった。しかし、少子高齢化と過疎化に歯止めがかからない多くの地域で、伝統文化の継承は危機的状況に瀕している。祭りの担い手も若者が減少し、その存続さえ危ぶまれる状況なのだ。地方によっては、複数の地域が協力し、若者を融通しあってかろうじて伝統を保持しているケースもあるという。

この状況を打開するアプローチのひとつとして、デジタル技術を用いた無形文化財伝承の動きが全国に広まっているという。

各地域で伝統芸能の踊りは、高精密度の静止画や映像として精密に記録され、場合によっては踊り手がセンサ埋め込みスーツを着用し、身体の動きを正確に計測して保存、後世にデジタルデータとして伝える試みなども始まっている。

このように最新のデジタル・テクノロジーによる記録・保存は、文化情報の確実な伝承のための救世主になると期待されている。それがデジタル・ミームの特徴だ。

世界の多くの遺跡などでデジタル・アーカイブによって、古文書、伝統建築の設計図や写真が正確にデータ化され、長期保存を前提とした記録に変身しつつある。そのようなミーム情報は、文化遺産の重要な要素である。

デジタル・ミームは、その「複製」の正確さ、精密さを活かして、伝統文化伝承の確実性を向上させつつある。

その一方、確実な「複製」と、世界規模の「伝搬」が一般化している中で、「変異」を生み出す想像力が、文化を未来につなぐためのキーポイントになる。

多様な発想を歓迎する風土無くして「変異」は起きない。多くの日本企業がビジネスの現場で直面しているのは、産業構造が地球規模で激変しているディスラプション（市場破壊）というリスクだ。その嵐を乗り越えて生き延びるためには、過去に例のない斬新なプロダクトやサービスを生み出せる、「やわらか頭」の組織文化が不可欠となる。つまり、組織のダイバーシティで大切なのは、容姿や言語などの表面的な差異だけではない。発想の多様性、すなわち柔軟で間口の広い思考力を備えた人材が集合しているのか否かなのだ。日本の現代社会では、男性と女性の割合のみがダイバーシティの指標と誤解されている節がある。しかし、最も大切なことは、繰り返しになるが多様な思考、発想なのだ。性別や国籍の違いだけではない。多様な発想なくして、前例のない世界は乗り越えられない。その多様性は、多元的な経験ができる環境から生まれる。均質社会になればなるほど多様性は誕生しにくくなる。

江戸時代までの日本は小さな藩が国として共存する、いわば合州国であった。江戸幕府は、その中の最も軍事力の強い一つの国にしか過ぎなかった。全国規模の財源などは無く、それぞれの国の財源は自藩内の領地からの年貢に頼っていた。江戸幕府も天領という名前の自領からの収入によって支えられていたのである。

そしてそれぞれの藩は大小にかかわらず、明らかに一つの国として存在していた。当時の一般人の感覚では、国とは藩のことであり、日本国という現代の国家観が生まれるのは明治以降である。

この狭い日本の中には六十余州、およそ三百藩が共存していた。そしてそれぞれの藩は、地理的、気候的特徴を生かした産物の開発を奨励し、他藩との交易を通して財源を強化しようとしたのであった。当時の各地の方言は全く異なる外国語のようなものであり、生活風習、信仰、伝統などにおいても強い地域色をもっていた。つまり文化の多様性が存在していたのである。薩摩と津軽は全く異なる国だったのだ。

そしてこの多様な文化の存在が江戸時代までの日本の強みでもあった。各藩が互いに異なるからこそ、異なる産物の交易が価値を生み出すのであり、異なる需要と供給があってこそ全体が活性化したのだ。つまり多様な地方の存在があるから日本全体が活性化されるのだ。

藩境があって、市場が分断され、経済格差があり、労働コストの違いがあり、異なる産物が存在することが、その中で越境的な経済活動を行う意義を生み出していたのだ。

結局、多元的なローカルの存在があってこそ、グローバルな活性化が発生するということだ。

文化の遺伝子ミームは長い歴史の中で、地球の異なる地域に異なる文化バリエーションを生み出し、その共存を通して全体としての世界の豊かさを創造してきた。そしてデジタル・テクノロジーがもたらす過激な変化の連続の中では、ミームの多様性、つまり遺伝子バリエーションの多彩さがますます重要になる。それは確実に変異ミームを生み出す柔軟な思考が不可欠であることを意味する。環境の変化が激しくなればなるほど、多様な遺伝子群（プール）が必要になる。均質な遺伝子だけでは、急激な環境変化に直面したとき、全滅するリスクがあるからだ。

ミームがデジタル化された場合の変異力は格段に向上する。世界中の多くの人々の目にさらされることで、多彩な視点からのユニークなアイデアが既存のミームに加味されるからだ。

料理文化はそのことをよく表している。料理のミームはレシピだ。ウェブの中には多数のレシピサイトがある。料理の材料、調理の方法、盛り付け法、最適な食べ方などが微細に、画像・映像付きで説明されている。家庭において、祖母から母へ、母から子へと口伝えで継承されてきた料理のレシピは完全なデジタル情報に変身している。

イタリア料理のレシピの中に、「ここで甘口白ワインを少々」と記載してある調理で、甘口の日本酒を代用すると、イタリア風味が和風になるはずだ。逆も真なり、味噌の代わりにブイヨンを入れると、どうなるか。デジタル化され、簡単にネットで再現できるオリジナルレシピに、いろいろな国の素材や調味料が加味されることで、その料理は軽い変異を起こす。そのような試みの蓄積が、新たな食文化の萌芽につながる。

要は異なる発想からの多様な試みが、変異を生むのである。したがってグローバルな規模のコミュニケーションを通してデジタル・ミームが伝搬する21世紀は、文化の大変化時代でもある。

結局、デジタル文化の大きな特徴を形作っているのはデジタル化したミームそのものである。過去の文化をはるかに上回る普及速度とその範囲の広さ、そして変化の過激さは、デジタル空間に侵出したミームが獲得した新たなパワーによって生み出されているのだ。

ここまで文化の伝承を、ミームという遺伝子型情報の処理プロセスとして総括してきた。その中で重要なことは、生命にとっても文化にとっても、複製と変異、つまり守るべきものと変わりうるもの、不変性と可変性が同時に存在することである。それは生命や社会が永遠に継続するための必須条件なのだ。

21世紀の現状に目を移すと、経済やテクノロジーの激変の中においても、社会を安定的なものとして維持する知恵や、そこで求められる人間の協調精神などのように、その時代の人々が次の時代に、確実に伝えるべき責任を負っている不変的ミームがある。それをいかに正確に次の世代へ伝承できるかが問われている。表層的な様変わりに惑わされて、社会秩序を保つ不変ミームを失った社会は絶滅する。

その一方で、テクノロジーが創造する過去になかった社会のあり様とその価値を正しく認識し、その潮流をしっかり捕まえることも、未来へ向かうために欠かせない。新しいものをすべて拒否する社会は進化しない。最悪の場合、絶滅へ向かう。残すものと変えるものの適度なバランスが社会に求められているのだ。

生物の遺伝子と同様に、文化の遺伝子ミームにおいても、不変性と可変性が確実に実現されなければならないのだ。

☑未来社会へのヒント、未来のクルマ・ミーム

進化するクルマは未来社会のヒントであるといわれる。その理由は、未来のクルマに起きることは、クルマ以外の未来社会全般にも起きる可能性が大きい。

ミームの視点からとらえると、未来のクルマの実現の過程で得られる様々な知見、ミームは、クルマ以外の未来社会の中でも有益なものになる可能性がある。なぜなら、未来のクルマを取り巻く様々な次世代型テクノロジーは、我々が目にするだろう未来社会全般に共通するインパクトをもたらすと予測されるからだ。

未来のクルマ・ミームは少しずつ姿を現している。

今やクルマは走るコンピュータとも呼ばれつつある。そして自動車メーカのリーダーたちは、自動車産業がいま百年に一度の大変革に直面していると明言する。もちろんこの大激変の推源は、デジタル・ビッグバンの中で誕生した多様なテクノロジーだ。

すでにクルマは自動走行車という、夢の車に近づきつつある。いわばジブリ映画『となりのトトロ』の中に出てくる「猫バス」そのものだ。

そして、未来のクルマの本質的特徴を象徴するのは、ＣＡＳＥという言葉だ。

ＣＡＳＥは、Connected（つながる）、Autonomous（自律的）、Shared（共有型）そしてElectric（電動式）を意味する。この四つの特性は、未来社会のあらゆる場所に出現すると予測される。

まず「Connected（つながる）」はすでに私たちのデジタルライフとして出現している。第一章で見たように、スマートフォンというデジタルハブ・デバイスを通して、現代人は互いに密接に結合された環境に生きている。スマートフォンのアプリの先にはクラウドがあり、巨大なプラットフォームが控えている。ソーシャルメディアはその名の通り、地球規模の共同体の構成員をきめ細かく結びつける媒体、メディアなのだ。その中のビッグデータは、スマートフォンユーザに多くの恩恵を与える。

未来のクルマはスマートフォンと同じように、その外の世界ときめ細かく「つながる」ことが大きな特徴だ。わずか数年前までは、車を運転する人は、肉眼で認識できる範囲内でしか、他のクルマや歩行者を認識できなかった。しかしコネクテッド・カーは数十キロ周辺の交通状況を詳細に把握できる。

未来型クルマが「走るコンピュータ」と称される理由はここにある。ネットワーク経由ですべてのコンピュータがつながっているように、未来のクルマは高速通信経由で互いに密接に結びついている。同じく、未来社会は、人間であれ機械であれ、外部から孤立することはまずない。モノのインターネットＩｏＴは、ありとあらゆる機械が互いに密接につながる世界を指す言葉である。その意味において、コネクテッド・カーは、人間や機械が、行動しながら互いに密接に結合するコネクテッド・ソサエティー、未来社会の先駆けなのだ。

次の「Autonomous（自律的）」も未来社会の大きな特徴だ。未来のクルマは多彩なセンサを通して周辺世界を詳細に認識し、その情報をもとにいろいろなタイプのＡＩ人工知能が判断し、道路を自律走行できる。人の力や思考がない状態で、望ましい行動をとることが可能だ。これも、未来社会の多くの場面で出現すると予想される現象である。

既に現代の多くの製造工場ではロボットが高度な判断のもと、機械や製品を精密に製造する仕事に従事している。そして、その進化形は、工場の外に飛び出し、動きながら周辺状況をリアルタイムで正確に認識し、知的な判断のもとに、目的を達成する自律型ロボットだ。そう考えると未来のクルマ、CASE・Carは未来型ロボットそのものと言っても差し支えない。自律走行車の開発を通して確立される様々なテクノロジーの応用範囲は、おそらく社会全体に及ぶだろう。

自律走行のための高度の判断は、多様なＡＩ技術が統合されて可能になる。

まずクルマの周辺状況を人間の視覚のように画像診断システムが判断し、ディープラーニング型ニューラルネットワークが、リアルタイムに歩行者、周辺走行車を認識する。瞬間的に危険な飛び出しを察知し、急停車や急ハンドル回避は、理屈以前の感覚的認識を担う、いわば人間の感覚的な判断に近いＡＩ技術だ。

一方、道路交通法の規則、例えば信号機の色が意味するもの、あるいは道路標識の示す内容、そして道路を運転するために必要な論理的判断は、知識処理型ＡＩがうけもつ。自動走行車に使われているＡＩはこのような感覚型ＡＩと知識型ＡＩのミックスだ。そしてこの、人間の行動と表裏一体となったＡＩこそ、未来社会において求められる理想のＡＩの姿なのだ。こういう総合型ＡＩテクノロジーはクルマ以外の社会分野に広く応用可能である。

また第六章でみたようなブロックチェーン技術を活用したデジタル律を取り入れることによって、人間が運転するより自動走行車の安全性は向上する可能性がある。

航空機のパイロットのケースと同様に、飲酒運転は完全に回避できるはずだ。運転手の呼気から規定を超えるアルコール濃度が検知されると、クルマを起動させない、あるいは自動運転モードのみ許可するなどの処置が可能になる。

また最近の日本で増加し続ける高齢者ドライバーによる交通事故の回避にもブロック律が応用可能であろう。クルマを運転している高齢者の動作や状況判断のデータを分析して、安全運転に支障があるとクルマ自身が判断した場合、強制的に人間の運転を停止し、自動運転に切りかえることも可能になる。また度重なる信号無視や、常軌を逸した速度違反の時も同じく制御は人間からシステムに移行する。

クルマ以外の分野においても、ＡＩやブロックチェーンなどを効果的に活用して、社会のリスク回避能力を強化できる可能性は大きいと思われる。

そして「Shared（共有型）」は、前の章でも触れたように、未来経済のキーワードだ。固定型モノ製品の所有を前提とした20世紀までの経済は、多くの領域において情報型サービスの共有という「液状化社会」特有の経済パラダイムにシフトしつつある。未来の共有型自律走行車は、現代のシェアライドがさらに進化したMaaS（Mobility as a Service）の中心的役割を担っているはずだ。スマートフォンのアプリを起動し、行きたい目的地を入力するだけでよい。自分の居場所はGPS情報をもとに自動的に認識される。付近を走行中の共有型無人走行車が、そばまで来てくれる。地方の郊外のお年寄りにとっては、居場所に関係なくどこで呼び出してもバスがやってきてくれるという便利な生活になる。利用機会が少なく、資源の活用効率が低い、高価な道具を所有する必要はない。ニーズがあるとき、便利なサービスを利用すればよい。つまり未来のクルマは共有型経済、シェア・エコノミーの先駆「車」でもあるのだ。

結局、「つながる社会」、「自律性を備えた社会」、そして「シェアリングを前提とする社会」という未来型社会パラダイムを最初に実現しそうなのは未来のクルマなのだ。

その中で生まれる新たなミームは、快適、かつ豊かな未来の文化の形成に中心的な役割を果たすことを期待されている。

この章では、デジタル化したミーム（文化の遺伝情報）の出現が、前例のないデジタル文化の創成に大きくかかわっていることをみてきた。

しかしこの文化的大変革は、一方では過去に存在しなかった社会的課題や懸念も生み出しつつある。

次章では、未来社会の産みの苦しみともいうべき、さまざまな21世紀型課題に焦点をあててみる。

第八章
未来社会の課題

☑デジタル社会が抱える未来への課題

21世紀はデジタル文化が地球上で本格的に普及し始めた時代である。その具体的なインパクトを、文化の視点、経済の視点などから俯瞰してきた。しかし一方で21世紀は、本格的な情報社会の到来によって様々な社会的課題、リスクが顕在化し始めた時代でもある。

本書の中では、過去には想像すらできなかった生活様式の出現と、それに対する人々の反応を何度も紹介してきた。勿論、その結果人々の暮らしは便利に、また経済的になり、そしてより豊かになっている。しかし、その反面、過去にはまず心配する必要がなかった、というよりも、そんなことが起きるとは想像もできなかった類いの新たな社会問題が出現し始めている。

自分自身の個人にかかわる詳細な情報を、自分以外の人間が所有することなど20世紀には不可能であり、それを不安視することなどそれこそ杞憂であった。空が落ちてきたらどうしようなどとは、取り越し苦労だったのだ。

しかし、現代は空に「神の眼」がある。監視衛星は地球上の生物、機械など、動くものの行動を数センチの精度で詳細に把握できる機能を持ち始めている。その精度は年々向上し、いずれ顔認証で宇宙から個人を特定できる日が来るかもしれない。つまり「神の眼」が現実のものになりかけているのだ。空から個人の行動を観察し、その実態を詳細に記録できるのである。問題は、そうして得られる細密な個人的情報を、本人以外の誰かが所有し、その情報が本人の知らないところで無断に使用される不安が現実のものになりつつあることだ。

これは一例に過ぎない。過去には存在すらしなかった新たな「懸念」、「問題」が出現し始めているのである。過去に存在しなかったため、まともに議論されていない「問題」がほとんどだ。未来に向かう前に、これらにきちんと向き合う必要がある。

現在、世界で問題視され始めている、デジタル文化にかかわる課題は、次に示すいくつかの領域に分類できる。

○垂直的文明の衝突：過去と現在の時間的対立
○情報独占という新たな社会的脅威
○民主主義の危機と国家の役割

本章では、これらの分野の新たな課題に注目し、どのような対応が求められるのか整理してみる。

☑「垂直的」文明の衝突

ベルリンの壁が消滅して間もない1996年、冷戦時代の終結が世界的なコンセンサスとなりつつあるなか、米国の国際政治学者、サミュエル・ハンチントンは、『文明の衝突』という著作を発表した。その内容は、冷戦後の国際社会の新パラダイムは、「最も包括的な文化レベルであるところの、文明のアイデンティティが冷戦後の統合や分裂あるいは衝突のパターンを形作る」というものであった。

ハンチントンは、冷戦後の世界では民族間の最も重要な違いはイデオロギーや政治・経済ではなく、文化の違いであるとして、その異なる文化的立場に起因する衝突が起こりかねないと予言した。

そしてハンチントンは文明（文化）の中で最も重要な役割を持つものは宗教であると述べ、ユーゴスラビア内戦を例に挙げて、民族や言語が同じでも、異なる宗教的立場が悲劇を生むリスクを指摘した。

この書の中でハンチントンが示す異なる文化とは、地理的に偏在する既存の文化を指しており、文化間に境界が存在することを前提としている。その意味では水平的「文明の衝突」ととらえられる。

『文明の衝突』は、２００１年に米国を揺るがした９・11同時多発テロ、それに続くアフガニスタン紛争やイラク戦争を予見したものとして大きな注目を浴びた。

しかし文化人類学の学者からは、ハンチントン理論は異文化間の理解と対話の可能性を閉ざしてしまう文化相対主義の悪しき発想を前提としている、という厳しい批判が投げかけられている。

たしかにベルリンの壁崩壊から、２０１０年代を終えようとする現在までの約30年に起きた変化をつぶさに観察すると、現代世界の主パラダイムは、ハンチントンが主張する既存文化間の水平的対立という古典的な構造問題だけではない。

現代世界の変貌の本質をなすものは、異文化間の水平的衝突よりも、むしろ同一の共同体内部における「垂直的」衝突である。

結論から述べると、「垂直的」文明の衝突とは古い秩序と新しい秩序の間の相克、つまり時代ごとに異なる文明間の衝突ととらえる方が説明しやすい。本書の中でもたびたび見てきたが、新秩序の創造は古い秩序を破壊し、社会の新たなパラダイムを生み出す。それがデジタル文化でありデジタル経済だ。しかし既存の社会のすべての仕組みが機敏に時代の変化に追随できるわけではない。つまり時代の流れに社会全体が柔軟に対応できない事態が、世界のあちこちで発生しているのだ。同じ国の中で、若い世代と古い世代では、価値観、社会観、国家観が異なり始めている。その結果、時間軸上の分断化が進んでいるのである。また国民国家そのものがテクノロジーの進化に追随できず、時代に遅れ始めているという指摘も多い。その意味で、文明の衝突は垂直的にも深化している。ハンチントンは、「水平型」文明の衝突を強調したが、それだけでは現代の多元的で複雑な世界の混迷は十分に説明できない。最も本質的な問題は、デジタル文化の急速な普及が、時間軸上の対立としての世代間の価値観のずれ、旧来制度の疲労破壊などの現象、すなわち「垂直型」文明の衝突を生み出し、激化させ、世界規模の社会問題化している点にある。それは多くの国や地域に共通する現象だ。

典型的な事例は世界を驚かせた米国の宗旨替えだ。

第五章で見た通り、経済のグローバリゼーションの結果、世界のビジネスは多国間の相互依存を深化させ、地球規模で市場の均一化を推進した。その中で、グローバル経済のメインテーマは一貫して「市場の開放」であり「関税の撤廃」であった。しかし、その中心的存在であった米国で誕生したトランプ政権は、ほぼ固まりかけていたTPP（環太平洋地域の国々による経済の自由化を目的とした多角的経済連携協定）からの一方的離脱を宣言した。トランプ大統領の公約は、長年の経済開放の被害者としての、米国中北部域「ラストベルト（錆びた地帯）」の経済回復と、不法移民の排除のための「国境の壁（Wall）」の建設という前時代的な目標であった。自由経済の旗手であり、移民によって人材を確保し世界の中心的存在になった米国は、建国の原点を否定するような閉鎖的で孤立型の自国第一主義、その名も「America First」を前面に押し上げたトランプを首班に指名したのである。

これは表面的にはハンチントンが指摘するところの「水平的」文明の衝突だ。国境に壁を建設し、海外からの低価格製品の輸入を抑制し、自国の衰退産業のみを復活させる政策は、他文化との間に距離を取ろうとする試みに見える。

しかし、トランプの政策の本質は、「時計の針の逆戻し」、つまり、新しい秩序への抵抗だ。トランプが政治家の頂点である大統領になるためには、時代の波から取り残された白人保守層の票田を掘り起こすしか選択肢はなかったのだ。「偉大なアメリカ」の復活という選挙スローガンの本質は、「偉大であった時代の、しかし現代では時代遅れになったアメリカ」の栄光を再び復活させるということだ。その実体は、新しい時代への抵抗であり、古い文化と新しい文化の衝突そのものなのだ。

前述のネイスビッツは、その著書『グローバル・パラドックス』の中でこう述べている。ベルリンの壁崩壊の後、「東西対立に置き換わったのは、普遍化（グローバル化）と個別化の対立である。こうした対立を緩和するのが、新しいリーダーシップの使命である」。トランプ政策は緩和の代わりに、対立を扇動しているようにしか見えない。

そして変わりゆく時代への抵抗は、米国だけでなく世界の様々な場所で起きている。テクノロジーの進化が加速し、社会の変化する速度が上がると、そういう時間軸上の対立もいっそう強まる。

現代日本の様々な社会的課題の中にもその影が潜んでいる。時代遅れになりつつある古い制度が、一部の利権者のみを守り、国民全体の利益を阻害している事例は多い。そのようなレガシーを破壊し新たな秩序を目指すべき政治家の中には、大票田である既存利益者の主張を排除できず、結果的に現状維持の先鋒になっている例もある。それは政治の限界を大衆に示し、現代民主主義の危機を招く行為なのだ。構造改革は遅々として進まず、現実の矛盾は放置されている。

反動的なトランプ型リーダーは米国だけに存在するのではない。ここ数年トランプ的指導者が多くの国の政治に出現しているのは偶然ではない。急速に変化する社会の出現に抵抗する世界的な政治潮流は、今後も多くの国に広まるかもしれない。確かに、拒否されるべき変化も当然ある。しかし、盲目的に変化を全否定する立場は許容できるものではない。時代遅れになり、全体の利益につながらない古い制度や慣習は廃棄されるべきだからだ。

無意識のうちに、捨てるべきものに固執することの愚を、自戒の念をもって認識する必要がある。それが「垂直的」文明の危機が意味するリスクなのだ。

垂直的「文明の衝突」の中で、社会のテクノロジー受容力と教育の問題は、近年注目を集めているテーマである。つぎにその具体的な内容を見てゆこう。

☑ デジタル分断という社会格差の発生

ここまで、次々に登場するテクノロジーが産み出した新製品は、生活の文化をより革新的そしてグローバルに変化させることを見た。

しかし文化は元来、きわめて地域的かつ保守的な一面を持っていた。それゆえに、あまりにも変化の速度が大きいと、人々は容易にそれを受け入れられない状況に陥る。特に伝統的な文化になじんできた高齢の世代は、新時代の変化のスピードについてゆけず、従来の生活のパターンを維持しようとする傾向がある。

デジタル・ビッグバンの変化は加速度的であり、現代の10年間には、過去100年間に起きたような変化が急激に出現する。そのような中では、人々は生活文化の変化、社会の移り変わりの過激さにしばしば戸惑い、立ち尽くしてしまうのだ。

ここに示す図8-1の「生活の文化グラフ」の上で、デジタル・ビッグバンの結果、現代人の生活文化は大きく左上に向かうベクトルに沿って膨張していく。しかしわずか数十年前までの生活文化は、右下の保守・ローカル象限に安住していたのだ。

そして、ローカルな文化に長年慣れ親しんできた社会層は、容易に新文化を受け入れられない。

そこに、明確な「文化の分水嶺」が出現するのである。

これは世界的な現象であり、「デジタル分断」と呼ばれ、「垂直的」文明の衝突の一面を明確に示している。テクノロジー進化は社会の中に、新技術に対する許容度の異なる複数の社会層を出現させ始めているのだ。

今からわずか40年前の1970年代、私たちはアナログの世界に生きていた。そこは物質中心の社会であった。

遠くの人と会話をするために電話機があり、音楽を楽しむためには、記録媒体であるレコードやカセットテープ、そしてそれらを演奏する機械である、プレーヤやラジカセが存在していた。カメラで撮影された風景は、感光フィルムに記録され、それを現像してもらって、初めて写真として鑑賞できた。貯金通帳と印鑑を使って銀行から貯金を下ろし、その現金を使ってモノを購入して支払う

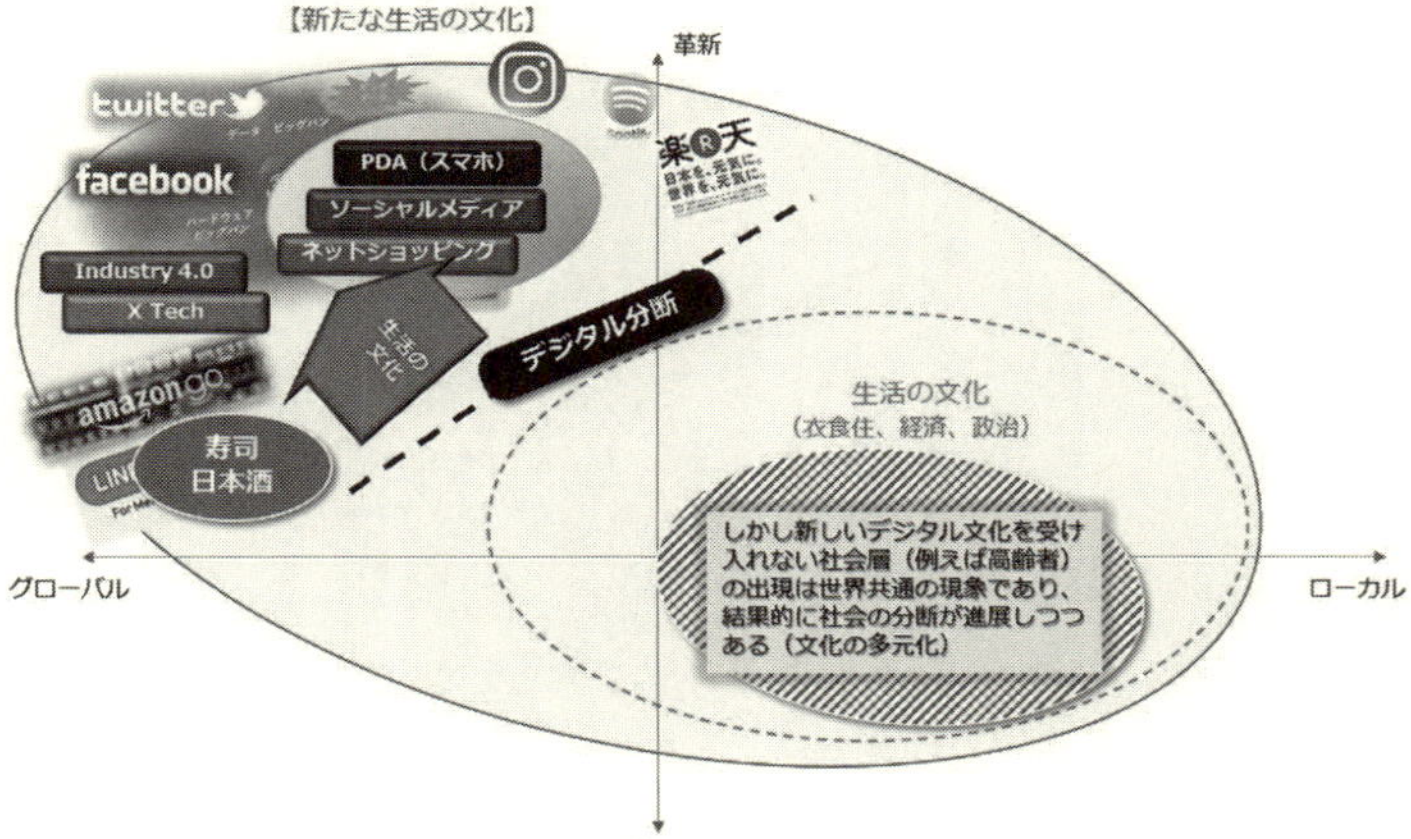

図8-1　「デジタル分断」という名の文化的断絶

のが普通だった。これがアナログの世界だ。

21世紀になってすでに20年近く経過した現在、これらの行動は、ほとんどデジタル化されている。スマートフォンというデジタルデバイス一つで、電話も音楽も写真もモノの購入そして支払いまで可能になったのだ。多くの人間行動がデジタル処理として統合されているのだ。かつてばらばらに存在していた活動コストは、統合によって一元化され、かつ低減された。つまり社会はデジタル統合によって、経済効率を向上させたのである。そして便利になった。

しかし、この恩恵に浴するためには、言い換えるとアナログ世界からデジタル世界へ移行するためには、目の前にある大きな谷を越えなければならない。その谷を渡るためには、デジタル情報処理という新しいカルチャーに馴染むことが求められるのだ。

だが一部の人々はこの谷の前で立ち尽くしてしまう。どのようにしてスマートフォンを操作し、目的を実現するのか、明確に示してくれるガイダンスが必ずしも準備されていないからだ。そもそもデジタル・テクノロジーの内容を、きちんと整理して教わったことさえもない。これがデジタル分断の実態だ。しかもこの谷は、放置しておくと、この後ますます深く大きくなる恐れがある。

デジタル分断に関係するトピックスをいくつか以下に見てゆく。

【イノベーションの普及とキャズム】

イノベーション製品の出現と市場の反応を、マーケティングの視点から分析したのは、米国スタンフォード大学のエベレット・ロジャースだ。ロジャースは、1962年に発表したイノベーター理論の中で、市場そして顧客が新製品を受け入れてゆく過程を、図8－2に示す五つのステップを用いてモデル化し、各ステップの中心的購買層にユニークなネームを与えた。

第一ステップのそれは、「ハイテクオタク」(革新者)、第二ステップは「ビジョン先行派」(先駆者)、第三ステップは「価格と品質重視派」(現実的な購買者)、第四ステップは「みんなが使ってるから派」(追随者)、そして第五ステップは「ハイテク嫌い」(無関心層)である。

そして、製品発売直後は新しいものに興味を持ちやすい少数者である「ハイテクオタク」や「ビジョン先行派」が新製品を購入するのだが、第三ステップの「価格と品質重視派」層に火が付き、ある規模の購買が進むと、新製品は一気に市場に普及する。その結果、累積の普及率は、図8－2の普及曲線のようなS字型になって次第に飽和状態まで到達するという考え方である。ロジャースのイノベーター理論はマーケティング分野で大きく受け入れられ、今日まで大きな影響を及ぼしてきた。

しかし、1991年ジェフリー・ムーアは、革新性の強い製品についてはイノベーター理論による説明には限界があると指摘した。

それによると、斬新な機能を備えたハイテク製品の場合、三つ目のステップに移行する前に大きな溝（キャズム）が存在し、一般の新製品の普及とは異なるアプローチが必要であると主張した。これがキャズム理論である。

ムーアは「不連続なイノベーション」によって生み出される革新的製品は、ユーザの行動様式に変化を強いるものであり、すでに存在する既存製品との不連続を発生させるとした。そして場合によってはすでに定着している社会インフラにも変化を及ぼすため、社会に広く受け入れられるには特別の対応を要すると主張したのだ。

21世紀の現代、デジタルビッグバンによる「不連続なイノベーション」は毎年のように発生し、消費者はしばしば行動様式に変化を求められている。そのようにして構築される新しい行動様式こそがデジタル文化だ。

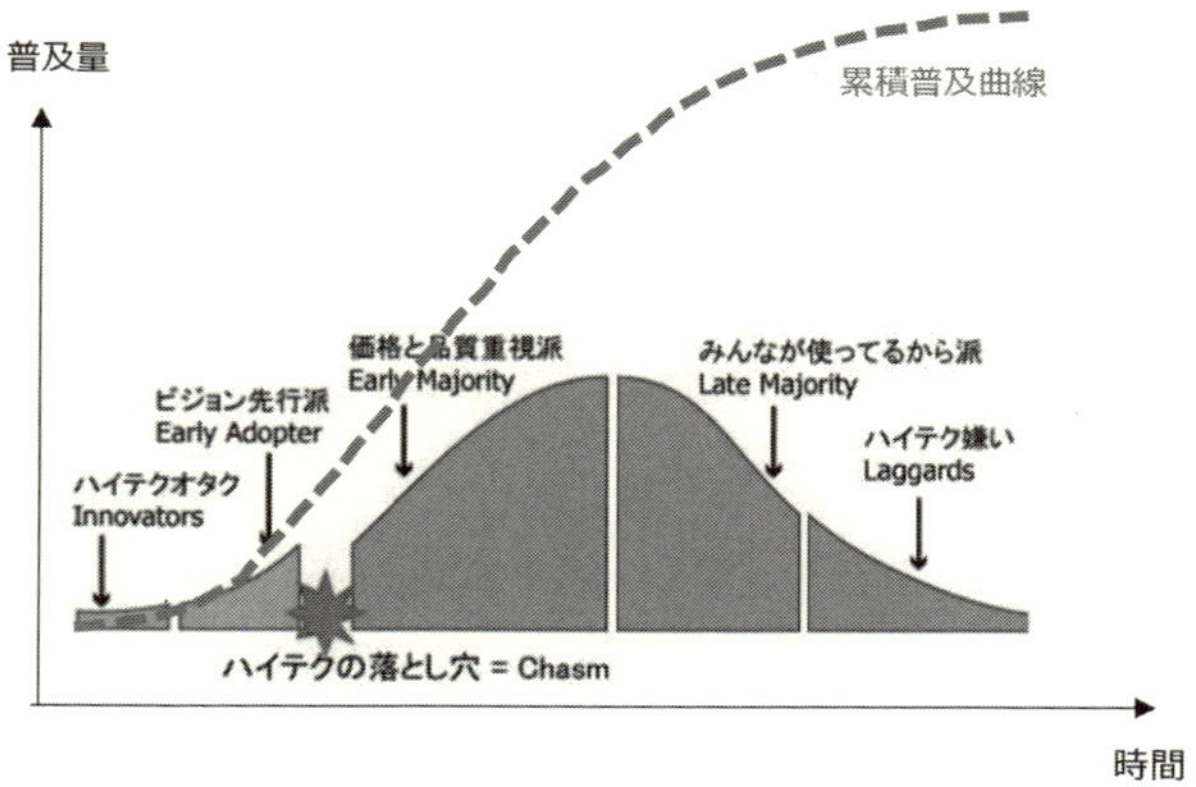

図8-2　イノベーター理論とキャズム理論

キャズムの原因についてムーアは、「(画期的な新製品の売り込みにあたって、) 先行事例と手厚いサポートを必要とする顧客を、有効な先行事例も強力なサポートなしで攻略しようとする」からだと述べている。

この二つの理論はマーケティングの視点、つまりサプライヤ側からの発想に基づいているが、利用者の視点から見ても同じだ。

我々が新製品を購入しようとする際には、身近でその製品を実際に使っているユーザの行動およびその評価に大きく影響されるのが普通だ。そして、デジタル・ハイテク製品、例えばスマートフォンのような高機能製品の場合、その使用法がシンプルで、かつその商品価値が明確に実感できない、つまり価格と品質の妥当性を感じられないと、消費者はなかなか購入にまで踏み切れない。その意味ではムーアが指摘する、キャズム（溝）は明らかに存在する。

iPhoneの登場がスマートフォン市場を急速に拡大したことは明白だが、その陰には、利用者の簡便な操作・使用法を極限まで追求したジョブズのこだわりがあった。結果的にiPhoneは、あか抜けた便利な道具としてのスマートフォンの佇まいを消費者に強くアピールし、その高機能性と価格の納得性、そして洗練された製品コンセプトを市場に浸透させることに成功したのである。つまり溝（キャズム）を埋めたのである。

デジタルビッグバンは今後も次々に斬新な製品を生み出す。一般の消費者が、そういう新製品を使いこなし、その価値を享受するためには、メーカやサプライヤによる解りやすく丁寧な製品導入がますます大切になる。

デジタル分断の最大の原因は、製品があまりにも斬新で、かつ機能が高すぎるため、消費者がその製品の本質を理解できず、また十分に使いこなしきれない、というジレンマに起因するということを忘れてはいけない。それがムーアが指摘したキャズムなのだ。

【Xネイティブ：テクノロジーの許容力】

前述のキャズムは、新製品普及を阻害する大きな谷であるが、それは消費者側のテクノロジー許容能力に大きく影響される。最新の科学技術に基づくハイテク製品は、消費者がその原理を確実に理解することを待たずに市場に溢れてゆく。

一方、コンピュータのような高機能商品は、操作方法とか基本コンセプトを基礎から学ぶこと無しに上手に使いこなすことはできない。最新のテクノロジー製品のほとんどは、一般市民が義務教育では学んだことのない科学の原理に基づいているため、特に中高年にとってはすんなり受け入れて活用するにはハードルが高くなる。

それに比べて、10代や20代の若い世代は、学校教育の中でテクノロジーに関する学びの場が用意されており、比較的容易に新技術製品を使いこなしてゆける。特に10代半ばに成長した時点で、すでに社会に普及している技術や製品を抵抗感なく使いこなす世代は、Xネイティブ世代と呼ばれる。インターネットネイティブやウェブネイティブはそういう世代グループの呼称として定着しているのだ。

そしてXネイティブの行動様式は、デジタル文化のサブカルチャーになりつつある。

図8－3はデジタル新テクノロジーが出現した時期と、それらのネイティブ世代の時系列的な関係を示す。新しいテクノロジーが出現して社会に普及するまでおおよそ5年程度を要する。ちょうどそのころ満10歳の年齢に達した世代は、自然にそのテクノロジーを受け入れる。これがネイティブだ。PCネイティブにはじまり、最新のAIネイティブまで、改めて現代人が多くの新テクノロジーの習得を余儀なくされてきたかが、一目瞭然だ。

一方「ネイティブ」に相対する立場にいる人々は、「難民」だ。難民とは本人の過失ではなく、主として急激な政治的変化のために、いきなり不条理に生活の基盤を失う民衆を指す。新たなテクノロジーX

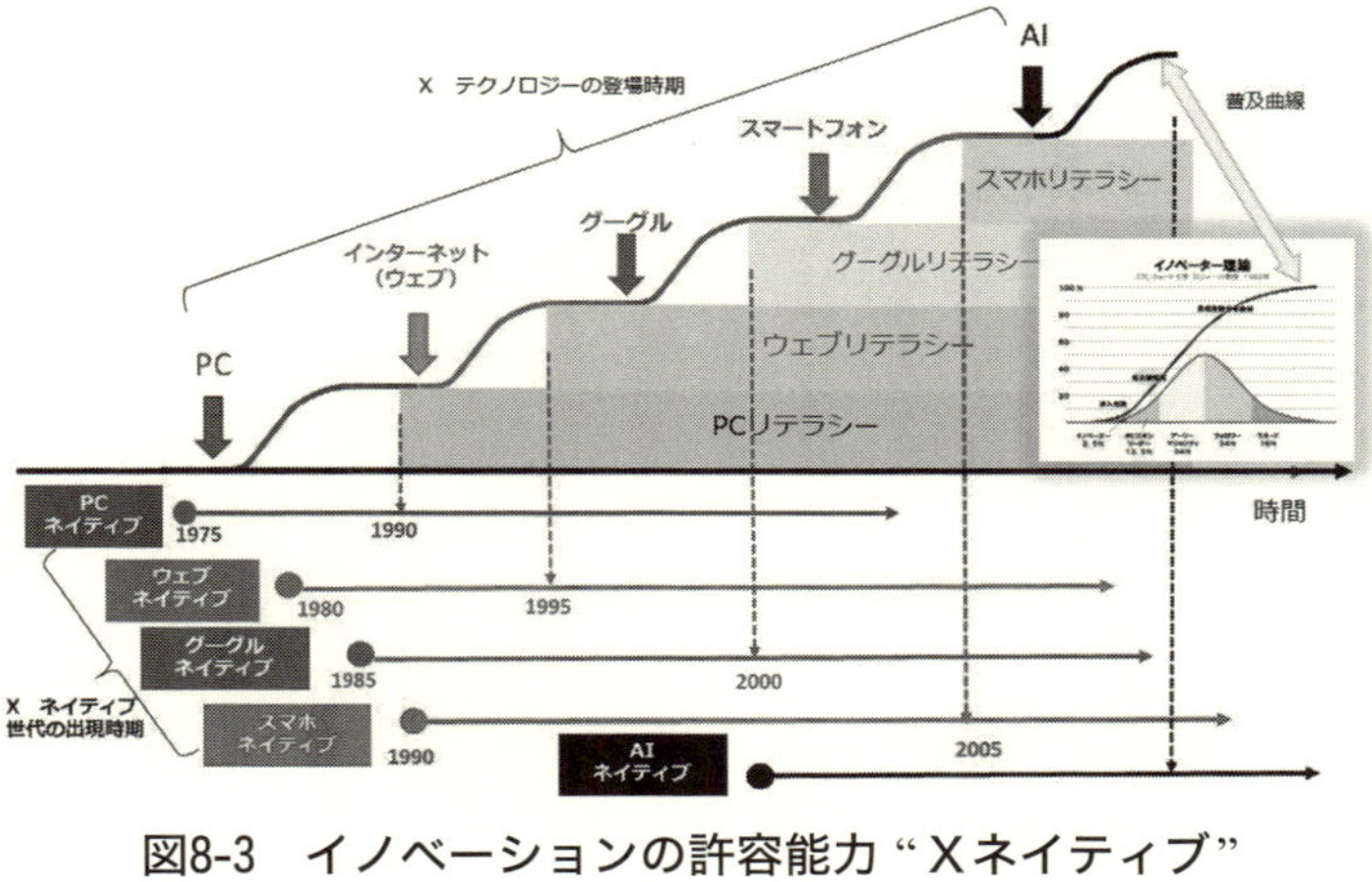

図8-3　イノベーションの許容能力“Xネイティブ”

が出現した際に、その恩恵にあずかれない人々の総称が、X難民である。つまり「Xネイティブ」の反意語は、「X難民」である。デジタル難民やウェブ難民はすでに世に存在している。

最新のデジタルサプライヤの取扱説明書は必ずしも解りやすく記述されていないものが多い。ある程度の予備知識を持っていることを前提にして書かれたようなガイドブックも多い。過去に見たこともないようなテクノロジー製品を、十分な説明やトレーニングを受けずに、いきなり使えと言われても、困惑する人も多いはずだ。

これからの時代においては、過去に存在しなかった新たなテクノロジーの導入が後を絶たないはずだ。そういう状況の中で大切なことは、社会全体でテクノロジー教育の仕組みを整備し、市民や消費者を啓蒙してその基本概念や操作法などを、公平かつ丁寧にガイドすることである。エストニアや英国ではすでにその試みが始まっている。

そのデジタル難民を支援する活動が次に示す「デジタル民主化」だ。

【デジタル分断と民主化】

１９９０年代の半ばに米国アル・ゴア副大領は、テクノロジー進化の受益者が均質ではないことに最初に警鐘を鳴らした。ゴアは、先進国・開発途上国という国家格差、地域格差、学歴・経済力による情報機器所有の格差、年齢・世代などによる個人差、などの理由によってデジタル社会は分断されつつあるとし、その状態を"digital divide"（デジタル分断）と呼んだ。

10代前半の年齢でデジタル機器の操作に慣れ親しんでいるデジタルネイティブと、アナログ世界からデジタル世界への移住に苦労を負うデジタル移民（難民）は、現代社会の中に、民族、国家などの既存共同体を超えた境界線を生み出しつつある。

国民・市民が公平にＡＩ人工知能の恩恵に浴するという、理想の状況を生み出す動きはＡＩ民主化と呼ばれ始めている。

そして、今後驚異的なテクノロジーが加速度的に出現する中で、分断されることなく公平に人々がその進化の価値を手にすることが理想である。そういう状況を回避して多くの人が科学技術のメリットを享受できることがテクノロジーの民主化に他ならない。これは未来永劫続くテーマだ。

過去の技術革新は比較的緩やかで、ある程度の時間的余裕を伴っていたため、社会が準備することができた。しかし一年前の製品が陳腐化する21世紀の変革の嵐の中では、テクノロジー民主化の問題がもっと真剣に議論される必要がある。テクノロジー難民を生み出してはいけないのだ。

その意味において、無人走行車はテクノロジー民主化の一つの方向性を示している。現在の社会には、いろいろな理由でクルマを運転したくない、あるいはできないという人々も多い。しかし自律性をもつ無人走行車は、誰でも利用可能だ。それはテクノロジーの恩恵が公平に行き渡る未来社会を予感させるものだ。

そして自律性（Autonomous）はクルマ以外にも適用できるパラダイムだ。高度なテクノロジーを応用した製品が、最新のＡＩなどをもとに自律的に動作すると、不慣れなユーザでも負担なく、また熟練度に左右されることなく公平にその恩恵に浴するのである。そこに一条の光が見えてくる。

注目すべき動きも始まっている。２０１９年2月7日の『日本経済新聞』の朝刊がインドのスタートアップ企業「ストアキング」のユニークなデジタル民主化活動を報じている。

インドでは総人口13億人のうち、ネットを利用できない消費者、すなわちネット難民が８億人存在する。地方に住むこれらの人々は、ネットにアクセスすることが困難で、しかも銀行口座をもたず、場合によっては携帯電話も所持しない。勿論ネット通販からは排除されている。

ストアキングは、この社会層のために既存の雑貨店経由で人々をネット通販の利用者に変えるビジネスを始めた。雑貨店を訪れた消費者が求める商品が店頭にない場合、雑貨店はストアキングが配布した専用アプリを使って商品を注文し、数日内にストアキングが商品を店に届け、消費者は数日後にそれを受け取るという仕組みだ。買い物客は店舗を介して、ネット通販を利用できるわけだ。

ストアキングは創業以来、田舎や、ネットが使えない人々をビジネスのターゲットとし、成功を収めている。社会的貢献がビジネスの成功につながる次世代型のビジネスモデルとして注目される。

デジタル分断の原因のひとつ、ＩＴリテラシーすなわちスキル不足を解決するためには、市民教育の新たな仕組みを整備することだ。義務教育の過程で教わることのない新しい科学の原理や、それを応用した新技術が次々に出現することを想定し、あらゆる年代の人々に、その時代の重要なテクノロジーを学習する機会を提供することは、未来社会の大きなテーマだ。

残念ながら日本社会ではそのことが十分に認識されていない。働き方改革が叫ばれるが、デジタル社会教育の重要性に関してはさほどフォーカスされていない。

２０１９年6月に発表された経済協力開発機構（ＯＥＣＤ）の調査報告によると、対象になった世界各国の中で、日本のデジタル教育の環境は世界に劣ることが報告されている。その調査結果によると、ＩＣＴ教育を頻繁に実施している教員の割合に関して、日本は中学校では48カ国中46位、小学校では15カ国中14位となっている。また指導のためのデジタル資産（ソフトウェア、コンピュータなど）が不足していると答えた中学校校長の割合は、調査47カ国中14番目の高さとなっている。

また教員の新たな赴任校における初任者研修の中に「オンライン上の活動、講座やセミナーが含まれる」と回答した教員の割合は、参加国に比べて特に低いとも報告されている。

明らかに学校におけるＩＣＴ教育は、人材、資源の両面において世界レベル以下だ。

デジタル教育のための教員の養成が進んでいないことは国内でも指摘されている。

政府は２０１３年に「最先端ＩＴ国家宣言」を打ち出したが、最も肝心な人材育成や教育環境の整備は進んでいない。国民の生産性向上に欠かせないＩＣＴスキルの向上は今のところ世界に遅れている状態である。

お手本が無いわけではない。次に示す英国の活動を日本は見習う必要がある。

【“GO ON UK”：英国の取り組み】

イギリスでは国民のデジタル能力向上を目指す運動が進行している。GO ON UK（Go Online UK）という非営利組織が結成され、「英国を世界で最もデジタル能力の高い国家に変える」というスローガンのもとに、様々な啓蒙・教育活動を展開しているのだ。

この団体はオンライン（デジタル）スキルの欠如に起因するいくつかの社会的不公平を指摘している。「就労機会の損失」、「オンライン社会サービスを受ける機会の損失」、「低価格の製品やサービスをオンラインで購入できる機会の損失」、「オンライン教育機会の損失」などだ。

この組織の目的は、国民がデジタル能力の欠如によって被る不公平をなくすことにある。

イギリスが世界に示しているのは、最先端テクノロジーは、無作為に放置すると国民を分断化し、意図しない差別的状況を生みだす怖れがあるという警鐘だ。

将来、世界には人工知能や多様な先端テクノロジーがますます溢れ、それによって人々が更に影響を受けるのは、まず間違いない。だが国民がもつテクノロジーに関する知識やスキルを、意識的に均質化しないと、その恩恵は公平には行き渡らない。これは近未来社会が内包する課題なのである。

【電子社会の一体化：エストニアの国民ＩＴ教育】

もう一つ参考事例を紹介しよう。

近年、未来を先取りした電子国家構築にまい進している小国エストニアのＩＴ教育だ。

エストニアは、電子国家設立の第一歩として「デジタル分断を解消すること」を掲げ、国民のＩＴ能力向上を確実に成し遂げてきた。その活動は多くのことを示唆する。

エストニアのこの活動を象徴するのはe-Inclusion「電子社会の一体化」（筆者訳）という言葉である。それはデジタル社会にすべての国民を招き入れるという意味を持ち、結果として「社会の中でのデジタル格差を解消する」というゴールを目指すものだ。

そしてソ連から独立した直後の１９９６年、独立記念日に時の大統領自ら、Tiger Leap Program「タイガー・リープ（飛躍する虎）」プログラムを発表した。

その内容は、「２０００年までにすべての学校をコンピュータ化し、生徒、教師のコンピュータリテラシーを向上させる」というものであった。

既にこの時点で、エストニアはデジタル・テクノロジーを活用した電子国家に生まれ変わるという国家戦略を固めていたが、そのために不可欠な国家的活動としてデジタル教育の重要性を明確に認識していたのだ。

電子国家エストニアの最新状況は第九章で改めて紹介するが、数々のＩＴプロジェクトを確実に実行し、電子政府やインターネット投票、そして電子民主主義の構築を着々と進めている。その成功の陰には国民全体を対象とするデジタル教育がある。

図８－４にはエストニアが、ソ連から独立した直後から、国民向けＩＴ教育を重要視して着実に推進してきた経過を示す。幼稚園から小学校、そして職業訓練校まで、また幼児から高齢者に至る、全国民を対象としてＩＴリテラシー向上に取り組んできたのである。

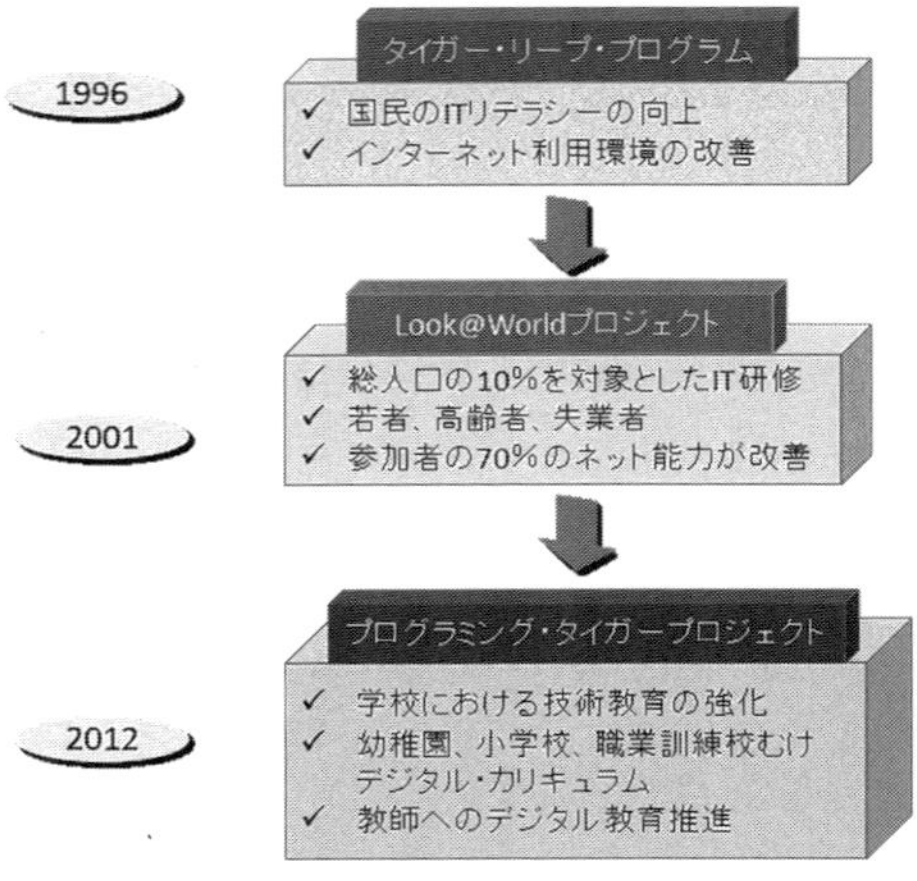

1996
タイガー・リープ・プログラム
✓ 国民のITリテラシーの向上
✓ インターネット利用環境の改善
2001
Look@Worldプロジェクト
✓ 総人口の10%を対象としたIT研修
✓ 若者、高齢者、失業者
✓ 参加者の70%のネット能力が改善
2012
プログラミング・タイガープロジェクト
✓ 学校における技術教育の強化
✓ 幼稚園、小学校、職業訓練校むけデジタル・カリキュラム
✓ 教師へのデジタル教育推進

図8-4　エストニアが国を挙げて推進するITリテラシー向上

２０１９年４月、エストニアの首都タリンで開催されたデジタル政府研修に参加した筆者が元政府関係者から聞いた話によると、社会の高齢化にもかかわらず、エストニアにおいて電子

国家が成功している背景には、学校教育でITリテラシーを高めた子供たちが、コンピュータの扱いに不慣れな両親や祖父母の世代をサポートしているという。

またエストニアでは「デジタル市民意識」Digital Citizenshipという概念が重要視されている。ICTは基本的人権の強化に有益であり、その効果を確実に活かして電子民主主義を構築するためには、デジタル能力の高い市民の育成が大切であるとするコンセプトだ。

電子国家エストニアの進化の陰には、社会のテクノロジー受容力を高めるための堅実な教育戦略が存在する。日本が学ぶべき点は多い。

☑ニューモノポリー（新独占）とテッククラッシュ

ここまで示してきた内容は、すべて垂直的「文明の衝突」として表れている現象だ。しかも世界の多くの国において同じ傾向を示している。デジタル文化が思想・イデオロギーを超え、今や世界共通の思考・行動様式として定着しているように、その課題も世界共通である。

変化の速度は今後ますます上昇する。その場合、ここに示した時間軸上の対立、つまり旧秩序と新秩序の間の軋轢はますます大きくなると予想される。これは未来に向かう道で遭遇する最大の障害だ。

そして時間軸上の対立以外にも、未来に向かう道の前には、克服すべきいくつかの課題が残されている。それらを見てゆこう。

最近「テックラッシュ」という表現をよく目にする。それは、テック企業、つまりＧＡＦＡに代表される巨大なＩＴ大手企業への批判や反発などの逆風現象を象徴する言葉だ。

この数年間でＧＡＦＡに代表されるプラットフォームへの風向きは激変した。ついこの間までは追い風だった。時代遅れの硬直化した制度を破壊し、多くの人々に新たな可能性と希望をもたらす改革の旗手、新時代のビジネスの創造者として高い賞賛を浴び、順風満帆だった。それがここ数年の間に、思わぬ落とし穴に陥り、強烈な向かい風に晒され始めたのである。それがテックラッシュだ。

その引き金になったのはプラットフォームによる、膨大な情報の独占である。

それは「ニューモノポリー（新独占）」と呼ばれる。ＧＡＦＡに中国のＢＡＴ（バイドゥ、アリババ、テンセント）を加えた7社のユーザ数を合算すると１００億人を超す。地球の総人口を上回るこの巨大な集団が日々生成する個人情報は、圧倒的な価値を生み出す。ニューモノポリーとは、占有された情報資産を基盤にした、ごく少数の組織による強力な支配構造を指す。

そして、この新独占が社会の脅威になりつつあることを認識し始めた世界社会は、一斉にテックラッシュという反撃を始めたのである。

現在最も批判の矢面に立っているのはフェイスブックだ。きっかけは２０１６年の米国大統領選挙の後に発覚したロシア疑惑であった。

ＧＡＦＡの一角をなすフェイスブックの月間利用者は、約二十数億人の規模に達しており、日々膨大な量の個人のプライベート情報がアップロードされる。そこにはウェブ上でしか存在しない巨大コミュニティが日々、ダイナミックに形成される。

フェイスブックの強みは、その中でシェアされた膨大なプライベート情報を蓄積していることと、それがビジネスにもたらす大きな付加価値をダイレクトに活用できる点にある。誰が何に興味を持ち、どのような行動パターンに従って生活しているのか、ＡＩアルゴリズムは明確な解を導き出す。それをもとに、そのユーザにある種の広告を示すと効果的な購買行動を喚起できることが解っている。こうしてフェイスブックは巨大な広告収入を得ることになった。

しかしその創立以来、フェイスブックはユーザがアップロードする膨大なプライベート・コンテンツの内容の真贋性にはタッチせずに中立性を保つ、といえば聞こえはいいが、結果的には傍観者的な姿勢を貫いてきた。しかしその放任的な態度が国家を揺るがす大スキャンダルにまで発展したのである。

２０１６年の米国大統領選挙では、当初は共和党の色物泡沫候補のように見下されていた感のあったトランプ候補が、次々と共和党の政敵を打ち負かし、民主党との本選挙でも大統領候補の本命と目されていたクリントン候補に辛勝し、晴れて米国大統領の座を射止めるに至った。

まさに大番狂わせの歴史的選挙であった。

ところが選挙後、ある疑惑が指摘された。英国データ分析会社ケンブリッジ・アナリティカが、８７００万人に及ぶフェイスブック利用者の個人情報を不正に入手し悪用していたことが判明した。そしてトランプ陣営に有利な偽ニュースや広告がフェイスブック上で拡散した疑いがあり、米国世論が恣意的にコントロールされたというのだ。しかもそのニュースの裏にはトランプ大統領の実現を歓迎するロシアの工作が存在している疑いがある、という前代未聞の事態が起きたのだ。

一国の大統領選挙に、他国が情報操作を通して介入し、その選挙の結果に影響を与える事態は、民主主義への挑戦であり、またその国民の民意をゆがめるという主権侵害でもある。このロシア疑惑の真偽についてはいまだに係争中であり、米国政治の大きな争点として決着がついていない。

だがその批判の矛先は、コンテンツ情報の真贋に関し、他人事のような態度を貫いてきたフェイスブックに向けられた。しかも、この事件を契機としてフェイスブックのずさんなセキュリティー管理が次々に露見したのである。

２０１８年9月には外部からのハッキングにより約５０００万人のアカウントが盗まれる事態が発生。２０１９年1月には、アンドロイド・スマートフォンの人気アプリ21種類が、顧客データをフェイスブックとの間でユーザに無断で共有していたことも発覚した。

その結果、フェイスブックの創立者でCEOのマーク・ザッカーバーグには、連邦議会で厳しい証言の場に立たされる日々が続いた。そして、米国大統領選挙の疑惑以外にも、欧州連合EUからの離脱の是非を問う、英国国民投票にも、件のケンブリッジ・アナリティカが関与している疑惑も浮上し、フェイスブックに対して、ますます厳しい世界の視線が向けられる状態になったのである。

フェイスブックに対する冷ややかな社会の視線が増幅されるのには、それなりの訳がある。フェイスブックはGAFAの中では最も若い企業であり、その急速な成長は華やかな時代の寵児として喝采を集めてきた。同じGAFAの一角であるアマゾンと比較すると、そのビジネスの高収益性は明瞭だ。

2018年12月時点の年間決算のデータによると、1994年創業のアマゾンは、売上高2328億ドル、純利益100億ドル、従業員数は65万人、一方2004年創業のフェイスブックは、売上高558億ドル、純利益221億ドル、従業員数は3・6万人である。アマゾンに対して、売り上げに対する利益率で約9・2倍、従業員一人当たりの売り上げでは約40倍になるビジネスをフェイスブックは短期間で築き上げたのだ。

しかし、その驚異的な高利益構造の裏には、アップロードされた膨大なコンテンツ情報の真実性に対する無神経で粗雑なかかわり方、膨大な数の利用者の個人情報を複数の企業との間で、利用者に無断で融通しあうモラルの無さなどが蔓延していたことを社会が知るに至ったのである。そしてフェイスブックの利用者は無料のサービスの対価として、自分の個人情報が乱雑にやり取りされていたことを今日では明白に認識している。

ある意味でフェイスブックは、21世紀に始まった高度情報化社会の最初の反面教師の役を背負ったのかもしれない。彗星のごとく登場した、このSNS時代の寵児のつまずきは、現代世界に対して、大事な教訓を認識するよう警告している。

それは、文化ミームを継承する際には、変異のミームのみに着目してはいけない。人類が長い年月と犠牲を払って獲得し、伝承し続けてきた基本ミームを確実に複製し続けよということだ。

基本ミームに内包されるのは、社会の調和と協調を維持するための知恵だ。人権や民主主義、自由な競争、互恵、相互信頼という、社会を健全に維持するために不可欠な思考様式、行動様式は時代を超えて継承されなければならない。それが断絶することは世界に再びカオスを招き、原始生物の混乱に戻る。それを避けるためには、人類が何世紀もかけて獲得し維持してきた社会の基本ミームを、生物の遺伝子が確実に次世代につながるように、正確に世代から世代に伝えることが必要なのだ。

たしかにデジタル・テクノロジーの驚異的進化は、想像もできない斬新性をもたらす。つまりミームの変異を生み出す。しかし、変異だけでは社会は持続性を失うのである。守り伝えるべき基本のミームを失ってはならないということだ。

フェイスブックは驚異的変異をもたらしたが、大切なミームを欠いていた。それは社会との調和と共存であり、社会的信頼の確立である。莫大な利益のなかからそのための費用を工面することなど簡単だったはずだ。だが、世界中に物質的な投資を行う必要のないフェイスブックのビジネスは、モノ中心のビジネスに比べ巨額の利益を生み出したにもかかわらず、既存企業より少ない納税で済ませてきた。いわば相応の社会への貢献という責任を果たしてこなかったのだ。

これはグーグルや他のＧＡＦＡ企業にも向けられている視線だ。社会から隔離され、超越して存在する企業などありえない。成功した企業には必ず社会的責任が伴うのである。

これはまた、未来に向かって出現し続ける、新たなテクノロジー企業への警鐘でもある。それは、過去の社会が経験したことのない驚異的なサービスやビジネスの成長が始まると、それを規制する規範が未熟であったり、また当事者の慎重な配慮が欠けていたりする場合には、民主主義や国家制度の根幹にも及ぶ、予想もしなかった社会的リスクを生み出すかもしれない。したがって、それを避け、社会の秩序を継続するための手立てを考え、実現することはビジネスの一部であると心得よということだ。攻めとともに守りも大事なのである。

結果的にフェイスブックが加担したのは、多国籍に生活する24億人という規模のユーザが参加する情報ネットワークのメカニズムを使って、世界の最先進国である超大国の大統領の選出プロセスを歪め、民主主義の根幹を危うくしかねない行為だ。

勿論、ザッカーバーグをはじめフェイスブックの関係者が、そのような悪事を意図したはずはない。しかし、結果として前代未聞の選挙不正の一助になったかもしれない疑惑をかけられていることは事実だ。その真相解明にはもうしばらくかかるだろう。だが、フェイスブックへの批判の根底には、利益追求のみに固執し、膨大な利益の一部をリスク回避に向けようとしなかったフェイスブックの未熟さ、社会的責任の欠如に対する一般市民の怒りがある。

驚異的な額の利益の一部を、人類が直面するかもしれないリスクの分析、その対策に充てていれば、最悪の事態は避けられたかもしれない。遅ればせながらフェイスブックはそういう行動を開始した。その結果、最新の決算内容は増収減益となった。リスク対策という、ある種の社会コストを負担したからだと指摘されている。しかし、その社会コストを負担することは未曾有のビジネスの立ち上げに成功し、巨額の利益を創出できるようになった企業が、利益の一部を社会に還元するという、本来あるべき社会奉仕の姿なのだ。

第五章においてジョン・ネイスビッツが１９９４年に発表した『グローバル・パラドックス』に、新たにもう一つのパラドックスを加えるべきかもしれない。こういうフレーズだ。「新たなテクノロジーの出現で社会の変化が激しくなればなるほど、変化してはならないものの重要さが高まる」。この新パラドックスの意味はベル研究所の歴史をたどるとよくわかる。

前章で、斬新なテクノロジーを次々に生み出し、現代の情報化社会という「未来」を創ってきた米国ＡＴ＆Ｔベル研究所の功績について触れた。

ここで注目すべきは、それら多くの傑出した技術を開発するための原資が、米国社会の中で約70年間の長期に及んだＡＴ＆Ｔによる電話事業の独占的支配によって得られた巨額の利益によって賄われたという事実である。

当時のアナログ電話回線は複雑すぎるため、複数の競合社のサービスを統合することは極めて困難であった。そしてその理由によって、例外的にＡＴ＆Ｔに独占事業が認められた。しかし独占の許可にあたっては、司法省の独占禁止法担当の法律家たちから交換条件が示された。それは、「ベル研究所で生み出されたすべての特許発明は、請求があった米国企業に無償で使用許可を与える」というものであった。ＡＴ＆Ｔは、電話事業の独占を認められた代わりに、その利益が生み出した斬新なアイデアを、社会に広く開放することを義務付けられたのである。

その結果、ベル研究所が生み出した多様かつ革新的な技術は広く社会に公開され、真空管や半導体など、その後の社会の近代化に大きな貢献を果たしてきたのである。そして最新のLinuxやアンドロイド、携帯電話、無線ＬＡＮ、レーザーポインターに至るまで、さまざまな形となって現代社会に価値を提供し続けている。つまり、ＡＴ＆Ｔの強大な独占支配は、その後の世界に半世紀以上にわたって巨大な社会的価値をもたらしたのだ。ここに、独占的ビジネスを勝ち得た企業のあるべき姿が示されている。つまり企業や組織にとって「ビジネスで成功する」ことと、「社会と協調し貢献する」ことは、表裏一体なのだ。

前述のジョンソン・エンド・ジョンソン（J＆J）は、GAFAのような独占企業ではない。だが、同社の企業理念「我が信条」の中には、社会への貢献が経営の大切な責任であることが明記されている。「我々の取引先には、適正な利益を上げる機会を提供しなければならない。」（第一の責任）。「有益な社会事業及び福祉に貢献し、適切な租税を負担しなければならない。社会の発展、健康の増進、教育の改善に寄与する活動に参画しなければならない。」（第三の責任）。

そしてJ＆Jは日本を含む多くの国で、その理念を確実に実践している。専任の社員による社会貢献委員会（Contributions Committee）が確立され、様々な社会貢献プロジェクトが推進されているのだ。日本のJ＆J法人は、「ヘルシー・ソサエティー賞」という社会表彰制度の創設に参加し、国民の健康・医療の分野で長年活動し貢献してきた人々に光を当て、その功を讃えるという活動を２００４以来15年以上にわたり継続してきている。

このような社会と共存するという風土は、短期間に急激な成長を遂げたフェイスブックの企業文化には無かった。だが巨額の富を社会に還元しない企業を見る世界の眼は厳しい。

その結果、フェイスブックは、社会への貢献と企業の繁栄は、経営の両輪であるというごく根源的で古典的なミームの大切さを、高い代償を払いながら改めて学びはじめたのである。

「新たなテクノロジーの出現で社会の変化が激しくなればなるほど、変化してはならないものの重要さが高まる」という新パラドックスは、社会との協調と社会への貢献という理念が受け継がれるための未来へのメッセージとしたい。

しかし一方では、同質のリスクが、他のテクノロジー、例えば進化し続けるＡＩで発生する懸念は否定できない。

前代未聞の影響力を備えたテクノロジーの普及は、前代未聞の社会的混乱を招きかねないのだ。

社会の秩序を保つための基本ミームを失うと、革新の旗手であったはずの先進企業でも、結果として革新の障害になり下がる懸念もある。

ウェブの発明者である英国のバーナーズ・リーは、昨今のプラットフォームによる個人情報の占有と自由競争の制約によって、次の20年は成長が鈍化する恐れがあると警告する。

☑ EUが先導する未来ルール作り

このような、地球規模で発生しつつある未来型社会リスクへいち早く対応を始めたのは欧州諸国だ。デジタル情報化社会を危うくする未来型脅威を黙視することなく、ヨーロッパ諸国は、北米、アジアなどに先駆けて早く動き始めた。

欧州連合（ＥＵ）は個人情報を保護し、その独占、無断使用などを排除するための新ルールとして、「一般データ保護規則（ＧＤＰＲ）」を２０１８年5月25日に施行した。

ＧＤＰＲ以前の個人情報の管理については、「ＥＵデータ保護指令（Directive 95/46/EC）」のもと、ＥＵ加盟国それぞれが有する法律に委ねられていた。しかし各国間の差異によりビジネス面での不都合が発生し、ＥＵとしてのデータ保護の統一的体系化が強く求められるようになってきた。

そのような背景のもと、プラットフォームへの膨大なデータの集中が引き起こす個人情報の不当な乱用に歯止めをかけるＧＤＰＲという規約が、ＥＵ全体の合意として確立されたのである。

注目すべきは以下のような規定だ。

①個人データのＥＵ圏外への持ち出し禁止
②個人が、提供した個人データを取り戻し、他の企業や組織に移すことを請求する権利
（データポータビリティの権利）
③一定の基準に該当するデータに関し独立性や専門性を備えるデータ保護責任者の設置
④不要な個人データの消去を請求する権利（忘れられる権利）
⑤違反した組織に対する明確な罰則規定など

ここでGDPRの対象とする個人データとは、EU加盟国に居住する市民のみならず、出張滞在者や一定期間の赴任者なども含めてEU圏内で活動するすべての個人（データ主体）に関する一切の個人的なデータを指す。したがって日本企業を含め、EU圏内で生活する人々に製品やサービスを提供し、その契約などを結ぶ世界中のすべての企業がこの規則の順守を求められることになった。

そして早速、EU当局の本気度を示すような処罰事例も現れた。2019年1月、フランスのデータ保護機関は米グーグル社に対し、個人情報利用目的の説明が不十分であり、加えて個人情報の利用に関するユーザ合意の取得規定に違反している、という理由で5千万ユーロの制裁金を命じた。これは個人情報の保護が新たな時代に突入したことを象徴するものである。

一方、米国は当初欧州主導のGDPRには否定的な態度を示していた。次世代の情報化世界の覇権をめぐって中国と鍔ぜり合いを始めている米国は、EUが示した個人情報の保護指針GDPRには、自国プラットフォーマ支援の面からも簡単には賛同できない姿勢であった。世界を代表するプラットフォームはこの両国を起点としており、その生み出す利益も無視できない規模に達しているからだ。それゆえに個人情報保護の世界的基準を設定することには、中国同様、米国も及び腰であった。

しかし、ここにきて米国内でも新たな動きが始まっている。米カルフォルニア州は、GDP

Rをやや緩やかにした規定、「消費者プライバシー法（ＣＣＰＡ）」を２０２０年1月に施行する。その内容は、企業の行き過ぎたデータ利用に歯止めをかけ、個人情報の取得や売買を規制するものだ。そしてカリフォルニア州の動きはいずれ全米にひろがり、ＣＣＰＡが米国全体を対象とする新たな個人保護規制の連邦法のモデルになる可能性があるとも伝えられている。

個人情報という、20世紀までには存在しなかった情報資産の価値にどう向き合うか、世界的コンセンサスの確立までの旅は始まったばかりだ。

そして米欧の動きに同期して、日本政府も個人情報やビッグデータにどう向き合うべきか議論を重ね、新たなデジタル政策を推進し始めた。

ＧＡＦＡなどの大手ＩＴ企業の一方的な行動を監視・規制するために、政府は個人情報保護法と独占禁止法（独禁法）に新たな規約を設けようとしている。その基本的な考えは米欧に協調するデータ流通圏の確立であり、データの保護と活用の両立を目標とする。

まず２０２０年に予定されている個人情報保護法の改正に当たっては、前述の欧州連合の「一般データ保護規則」（ＧＤＰＲ）のコンセプトに準拠した個人データを「使わせない権利」規定を導入する。これは企業に対して個人が自分のデータの利用を拒否できる権利があり、利用停止に応じない企業に対しては指導、命令そして罰金などの罰則が適用される。

しかし自分のデータを「忘れられる権利」については、データの管理負担増を危惧する企業側の反発もあり、導入が見送られた。また個人データを自由に移動する「データ持ち運びの権利」も次回の改正には折り込まれない。

一方大手ＩＴ企業による個人データの乱用に歯止めをかけるもう一つのアプローチとして、政府は独禁法の適用を拡大する方針を示している。独禁法はこれまで企業同士の取引が対象であった。しかし、個人データの経済的価値が広く認識されつつあるデジタル社会の現状を考慮し、独禁法の運用範囲を企業対個人の取引にも拡大する。たとえば大手企業が個人データの独占的使用を通して個人を不利に扱ったり、個人情報利用の規約を故意に長文や難解な内容にしたりするなどの行為を、「優越的地位の乱用」として不公平な取引と定義し、企業に違反行為の改善をせまるものである。

そして、最新のデジタル社会が直面する課題はこれにとどまらない。欧州連合ＥＵは個人情報保護の活動に加えて、昨今過熱気味の人工知能ＡＩへの傾倒現象に対しても、一定の歯止めをかける動きを始めた。

２０１９年4月8日、ＥＵは「信頼されるＡＩのためのＥＵ倫理ガイドライン」（表8－1）を発表し、一方的なＡＩの判断によって人や社会が混乱する事態を回避し、人間中心のＡＩ活用のための指針を世界に明示した。

その根底には、社会や人々の幸福に貢献できるＡＩは人々の信頼の上に築かれることが理想であり、それゆえ人間主体のＡＩシステムであるべきだ、という固い信念が存在する。

最新のＡＩ技術である深層学習は、ビッグデータを用いた学習を通して、判断アルゴリズムを導出する。だが学習データの選択が判断論理を左右することになるため、使用されたデータに関する情報開示が不可欠である。

またＡＩの判断がブラックボックス化することに関する対応も望まれる。さらには、ＡＩが下しかねない偏見や差別的な決定を人間が監視する仕組みも確立する必要がある。欧州委員会は、こういう視点にたってこのガイドラインを世界に先駆けて発表したのである。

新たなテクノロジーが出現したのち、想定していない社会的混乱が起きる事態を避けるためには、ＥＵがリードするような、世界規模の前倒しの議論が欠かせない。

表8-1 「信頼されるAIのためのEU倫理ガイドライン」

（2019年４月公開のEU資料をもとに著者作成）

「信頼されるAI」に求められる7つの主要特性
1. 人間による監視
2. テクノロジーの確実性と安全性
3. プライバシーとデータの保護
4. 透明性
5. 多様性、非差別性、公平性
6. 健全な社会と環境
7. 説明責任

ゲノム医療や、人間の出生に関する遺伝子操作など、デジタル技術以外の分野においても、同様な懸念が拡大している。新たに出現する斬新なテクノロジーが人類にもたらす多様な影響を冷静に見極めるための、世界規模の新たな枠組みの早急な確立が待たれている。

☑問い直される国家の役割

そして既存の国家の制度や枠組みも、ＧＡＦＡのような新たなビジネス構造に対して、有効に機能しなくなりつつある問題も浮上してきている。その大きなテーマの一つは課税の問題だ。

従来、企業活動への課税は、売買が発生した店舗の所在地などの物理的指標を目安として運用されるのが普通だ。例えば法人税は、売上高、所有資産など計測可能な資産指標に準拠してきた。そしてこれまでの課税制度は、原則として国内で完結できることを前提としてきた。

だがプラットフォームが国境を越えたウェブ空間の中に存在し、従来の国家の枠組みの外側でビジネスを行い、ネットの上で利益を創出する企業が出現している現代においては、従来の課税の概念が現実とマッチしなくなってきている。

ネット空間というボーダーレス環境の中では、消費活動の発生場所を特定するのは容易ではない。そして現在の税法は、物理的な目安が存在しないような取引形態を想定してはいない。

音楽ストリーミング配信サービス・スポティファイが扱う商品は、ネットの中を行き来する音楽データのみなのだ。聞いているユーザは日本に住んでいるが、その音源データはどこの国のサーバにあるのか明確ではない。商行為の現場が不明なのだ。そのような税法規範の想定外の現実が発生していることが混乱の主因だ。

本質的には、課税であれ情報の独占であれ、過去にはその実現性すら議論されなかったような、グローバルに一体化した密接な世界が出現したことによって、既存の法律や規範が非力なものになっている。

遅まきながらデジタル課税の議論が始まったが、現行の法人税が時代遅れになりつつあることは世界的な認識になりつつある。2018年3月の欧州連合（EU）、欧州委員会はデジタルビジネス企業の税負担率9・5%は、伝統的ビジネス企業の23・2%の約半分以下であると批判した。企業のサービスや販売に対する課税は支店や工場などの物理的拠点が算定の根拠になる。しかしグーグルやフェイスブックのようなネット上の情報サービス企業は、物理的施設を持っていないため、巨額の利益を上げても現行の課税の対象とみなされない。このことはG20や経済協力開発機構（OECD）の中でも問題視され、デジタル課税の新ルール策定に向けて議論が続いている。

しかし大手IT企業を抱える米国や中国は、ここでも新ルールの導入には反対の立場だ。またEUの中でも低税率をIT企業誘致の呼び水にしたいアイルランド、フィンランド、ルクセンブルクなどの反対があり、各国の利害が衝突し、2018年末を目標としたコンセンサス決定に至っていない。しびれを切らした英国は２０２０年４月から検索エンジンやネット通販などの売り上げに２％の税率を課す新税の導入を決定した。それに続いてフランスも２０１９年１月から同国の消費者や企業向けのインターネットサービスに課税することを表明した。結局、国家横断的課税ルール作成は足並みがそろわず、いろいろな国の個別対応が先行しかねない状況だ。しかも、ルールが決まっても、各ＩＴ大手のネット事業の実態を各国の税務当局が詳細に把握し、課税額を決定することは容易ではなく、徴税の実現には壁が大きいとも言われている。

結局、巨大化するＧＡＦＡなどの成長速度に、グローバルな合意形成が追い付かず、事態は更に混迷を深めようとしている。

それどころか中国の状況は更に危険な方向に向かっている。これまで中国政府はウェブ空間における自由な発言や情報交換に様々な制約を課し、実質的に言論の弾圧や表現の自由を抑圧する姿勢を続けてきた。一党独裁政府が最も懸念するのは、２０００年代初めに吹き荒れた「アラブの春」現象だ。ウェブを通して増幅する市民の反政府意識が、最終的に政権を転覆させることにつながったこの事件は、貧富の格差が拡大し、社会的不満が解消されない中国においては対岸の火事ではない。

そして事態は更に好ましくない方向に展開しつつある。アリババに代表される中国製プラットフォームへの共産党政府の影響力は、従来にも増して強化されているのだ。

中国の中央銀行である中国人民銀行は、２０１８年アリババやテンセントなどの全スマホ決済が参加するシステムを稼働させた。その結果、消費者の個人情報は政府に筒抜けになる。さらに中国では企業や個人が当局の情報収集に協力することを義務づける「国家情報法」も2017年に成立した。共産党政府と巨大IT企業が一体となって、国民の個人情報を独占する、新たな独裁と監視の社会が築かれつつあるようにみえる。

懸念材料は他にもある。中国のアリババは、ネット通販（EC）の利用状況や資産額などをもとに個人の信用力を点数化するシステム「ゴマ信用」を導入した。当初は融資の判断などに使われていたが、最近では就職時の採用、見合い相手の選定などの判断にも使われているという。そのような情報も政府の情報収集の対象になれば、個人のプライバシーが裸にされ、国家権力による国民の監視をより強化することになる。

米国の投資家ジョージ・ソロスは、「専制主義国家と、大規模で豊富なデータを持つデジタル企業の同盟により、国家と企業による監視が結びつくことを警戒すべきである」と警鐘を鳴らす。

中国の問題はそのユニークな一党独裁体制という政治形態にも起因するが、いわゆる自由主義諸国においても、膨大な量の情報が氾濫するデジタル社会と、既存の民主主義の間に不協和音が響き始めている。

というのは情報戦争ともいえる現代の情報所有の覇権争いが、民主主義を歪曲化させかねないような現象を生み出しているからだ。先に見たフェイスブックによるフェイク情報の放任は

（あくまで疑惑の域を脱しないが）、結果的にゆがめられた世論の形成、それによる選挙への介入、そして最終的には有権者の正確な意思表示の阻止につながりかねない。これは結局、民主国家への国民の信頼を揺るがす事態だ。

結局、デジタル社会のグローバル化が進む中で、国家の指導力と影響力が相対的に縮小していることが未来への不安を増幅している。近代になって確立された国民国家の既存の枠組みに、デジタル社会特有の国境をまたぐ様々な問題を解決するための方法が欠けているからだ。

国境の内側のことだけ心配していればよかった時代はもう終わってしまったのだ。しかし大半の政治家は発想の転換ができないでいるように見える。それどころか、多くの国で、自国第一主義という百年前に戻ったようなスローガンが公約になってしまっている。

21世紀から未来へむかう国家は、膨大な情報を伴って大きく変動する社会を制御するための新たなガバナンスを確立できないと、急速に進展する技術革新の前に無力な存在になってしまうかもしれない。

第一章でも見たように、市民が営むデジタル・ライフの多くの面において、すでに国家の影は薄い。ネットの中に国境は存在せず、アマゾンはウェブの中の越境的なコミュニティを市場とみなし成功した。世界で数億人から数十億人が利用するプラットフォームの勢いは、単独国家では制御できない。

そして、国家だけでなく、様々な国際機関にも同じような機能不全の兆候が指摘されている。

それは現在のほとんどの国際機関が、単独国家の存在とその自治権を前提として設立されているからだ。国際機関が加盟国の多数決で意思決定を行う現在の制度では、個別国家の利害を超越した全地球的な観点からの意思決定は難しい。人々の行動がグローバルな意識に基づいている反面、国際機関が個別国家の視点の積分でしか物事を判断できないというジレンマがますます大きくなりつつある。

その結果、デジタル社会が内包する個人情報保護や、デジタル課税などの問題の解決は、G7、G20などという先進国サミットの場に委ねられつつある。その背景は、GAFAが既存税制の不備をついて膨大な課税を回避していることに対し、既存の国際機関が有効な手立てを示せないからであり、またそもそも国境を越えた世界規模の個人情報の問題を管理、調整する国際機関は存在しないからだ。頻繁に開催される先進国サミット会議は、喫緊のグローバル問題に関する現実的な議論の場が、そこ以外にないことを物語っている。

2019年6月に開催された大阪G20サミットでは、世界貿易機関(WTO)の改革を進めることが合意された。

こういう状況の中、グテレス国際連合(国連)事務総長はデジタル技術に関する国際的な議論を、国連主導で進める考えであることが報道された。

現時点で国連は世界の政治、経済、環境などの包括的問題に関する最もハイレベルな意思決定機関だ。しかし新たなテクノロジーが生み出す様々な地球規模の課題解決に際し、現在の国連がデジタル社会の調整役として主導力を発揮することは、他の国際機関と同じように、それほど容易ではないように見える。

例えばＡＩ兵器の拡散禁止に関する国際的合意を目指そうとしても、もし安全保障理事会の常任理事国のひとつが自国の安全保障上の理由から拒否権を発動すれば、そこで議論は止まってしまうのだ。

結局、デジタル文化が地球を覆う傍らで、時代から遅れ始めた、国家前提のルールを基盤とする世界の現実がある。これも時間軸上における、既存レジュームと新たなパラダイムが「衝突」する現象のひとつだ。

国家の元気のなさを象徴する現象は、この瞬間も続々と発生している。残念ながら日本も例外ではない。というよりも情報化社会への対応に関し最も混乱している国といえるかもしれない。そう指摘せざるを得ない理由は、これまで国家に全面的にゆだねられてきた社会の信頼管理に齟齬をきたす不祥事が日本では頻発している点にある。

第六章「デジタル律とブロックチェーン」の中でも触れたように、21世紀に入ってからの日本社会では、国家が管理するはずの重要な公的社会情報に関するトラブルが後を絶たない。

自民党が55年体制として長らく維持してきた政権を手放す一因にもなった、「消えた年金記録」がその発端であった。国民から強制的に徴収した年金の情報記録を正確に管理できなかった事実に弁解の余地はない。国家として国民との間の信頼情報を確実に管理する行政能力が欠如している以外の何物でもない。

そして、その後も国家の情報不祥事は改まることなく発生している。

大阪地検特捜部による裁判証拠の偽造は、裁判制度そのものを国家の一部が否定する行為だ。そして記憶も新しい財務省による前代未聞の公文書の改ざんの場合、事件を引き起こした役人の目線は、所属組織の利害にしかおかれず、国民の利益への配慮はみじんも感じられないありさまだ。所轄する財務大臣の責任問題さえ不問にされ、国民のひんしゅくを買った一連の騒動は、日本の政治や国家運営の中では、社会情報の重要さとその価値が正しく認識されていないことを痛感させた。

さらに、それに輪をかけて社会を驚かせたのは、2019年に発生した、厚生労働省による「毎月勤労統計」情報の実質的偽造だ。誤った管理というよりも、厚生労働省が法律違反を認識しながら内容の異なるデータを統計として採用、発表するという違法行為を長年黙認してきたのである。じつに耳を疑うようなお粗末さが露見したのだ。

世界はすでにビッグデータの価値を明確に認識し、正しいデータの蓄積とその効果的な活用が未来の国家運営に欠かせないことを知っている。そういう時代状況の中、日本では財政管理の要ともいえる経済データを、国家の行政組織が恣意的に歪曲していたのだ。国家の中央組織において、社会データの重要性が正しく認識されていないのである。

そして根本的な問題は、これらがすべて情報化社会の流れに逆行している点にある。ビッグデータが世界的テーマになっている最中に、情報スキャンダルが続出するということは、国家、政府がすでに社会の進化から取り残されていることを国内外に示していると批判されても仕方がない。

第六章で「デジタル律」として見たように、ブロックチェーン技術を応用した情報の厳密な管理システムは、従来国家のみにゆだねられてきた様々な重要情報を、分散データベースを介して確実にそして安価に管理することが可能である。そこでは担当する人間の恣意あるいはミスによる誤操作を徹底的に排除することができるのだ。

もし国家が国民への義務行動を完璧に履行できないのであれば、新たなテクノロジーにその役目を速やかに譲るのが、国民にとっても望むところだ。

デジタル社会がますます広がる現代において、国家とは何か、その使命、役割を改めて問い直すことは急を要する。そして国家や社会の中枢で重要な職責を負う人たちを筆頭に、国民全体が、テクノロジー進化に伴う世界の現状変化を正しく認識し、未来に対しての必要な判断を実行できるよう、社会全体で学びの場を確立することが重要である。

地球上の多くの場所で発生しつつある国家の混乱と迷走は、「垂直的」文明の衝突の最も象徴的な現象である。

国家の未来は決して安泰ではないのだ。

しかし一条の光明も見えている。

小国エストニアはこの章で述べてきた、未来のデジタル社会に関する様々な課題に、国家として正面から向き合い、真剣に取り組んでいる。

同国のケルスティ・カリユライド大統領はこう述べている。

「政府に透明性がなければ、国民は政府を信用することができません。」

「なぜ公共のサービスがアマゾンのようにできないと決めつけるのでしょうか」

「テクノロジーには平等をもたらす機能がある。電子政府は素晴らしいイコライザー（平等化装置：筆者注）なのです。」

他国に先駆けたブロックチェーン技術の導入によって、国民、国家情報のインテグリティー（真正性）を確立し電子政府を短期間で実現したことにとどまらず、形骸化する民主主義を改革すべく、e-Democracyという未来型電子民主主義のコンセプトを提示するなどの行動を通して、21世紀の世界をリードするエストニアは、未来に最も近い国家になりつつある。

その詳細は第九章で整理する。

第九章

エストニアの挑戦 ― 未来の国家創り ―

☑エストニアが目指す未来型デジタル国家

前の章では、デジタル文化がだれにも止められない勢いで急速に地球上に普及する中、既存の国家制度の限界が露呈し始め、様々な課題が浮かび上がってきたことを見た。

その中にあって、北欧バルト海に面する人口約１３０万人の小さな国、エストニアにおいて世界の大国に先駆けて新たな国家の概念を模索する動きが始まり、そこで進行しつつある様々な国家プロジェクトに世界が注目している。本章では、デジタル文化の最先端を行く電子エストニアを紹介するとともに、その歴史的意義、そしてその中で生まれつつある未来社会について触れてみる。

筆者は２０１９年４月、エストニアの首都タリンで開催されたデジタルガバメント視察研修に参加する機会を得た。その１週間のカリキュラムは実に興味深い内容で構成されていた。具体的には、１９９１年ソ連から独立した新生エストニアが電子政府を樹立するまでの時期に、政府中枢で活動した大臣経験者、元政府ＣＴＯ（技術担当大臣）、また現在運用中の電子政府の中核業務に携わっているキーパーソンなどから、デジタルガバメント設立までの経緯、現時点における運用の実態を直接聞くという内容であった。加えて、政府施設、閣議室への訪問と電子閣議の運用視察、ＩＴ立国エストニアの最もホットな最前線であるタリン工科大学における大学関係者との直接対話、そしてＩＣＴを駆使した電子警察e-Policeパトカーの観覧など、電子国家エストニアの多彩な実情を学ぶ有意義な体験であった。

そしてこの研修を通して最も深く印象に残ったものは、このデジタル国家戦略は、既存の国家の仕組みを単純にデジタルシステムに置き換えるものではなく、国家とは何か、国民のアイデンティティと誇りとは何か、民主主義とは何かという根源的な問いかけにエストニアの国民が真剣に向き合う過程の中から導き出されたという事実であった。

その試みは、過去の苦難の歴史をバネに、テクノロジーの可能性に未来を託し、21世紀の新たな国家像と社会制度の確立をめざそうとするエストニア国民の決意と覚悟によって支えられている。

エストニアはバルト三国の最も北端に位置する、面積が九州の約１・２倍、人口が長崎県とほぼ同じ規模の小国家である。

ソ連崩壊後の1991年、ようやく主権国家として独立したこの国は、小国の悲哀の歴史を辿ってきた。

13世紀以降、エストニアはデンマーク、ドイツ騎士団、スウェーデンそしてロシア帝国による支配下に置かれた。ロシア革命後の1918年独立を果たしたのだが、1940年にはソ連によって占領され、直後の1941年からはナチスドイツに、そして戦後の1944年再びソ連に併合された。

しかし、大国に蹂躙され続けたこの歴史体験こそが、エストニアという小さな国が世界に先駆けて過去に存在しなかった斬新な国家像を創ろうと動き始めた出発点なのである。

そのエストニア国民にとって心強い味方になっているのは、進化を続けるデジタルテクノロジーの無限の可能性だ。

写真9-1　首相官邸から見るタリン旧市街とバルト海

（2019年４月　著者撮影）

エストニアは、アマゾンやグーグルがビジネスの世界で挑戦したことをさらに拡張させ、未来型電子国家の構築を試みている。その電子的建国の過程の中で、国家の安全保障、政策決定、選挙、政府の在り方から民主主義の新たな形態、さらには国家主導型デジタル経済プラットフォームなど、20世紀までの国家観を一新する斬新なコンセプトが生まれ始めている。

☑ 電子エストニア(e-Estonia)というコンセプト

「電子エストニアはエストニア共和国がウェブ上に設立した世界で最も進化したデジタル社会です。それは効率的で、安全でそして可視化されたエコシステム(生態系)を生み出します。私たちのビジョンは、自動化された電子サービスを、24時間/7日間提供する電子国家になることです」

これは電子エストニアの公式サイト(https://e-estonia.com)に記述されているデジタル国家宣言だ。そこに掲げられた未来の社会モデルは、デジタル化の嵐に晒される現代国家が抱える様々な課題や、既存制度の限界を打破する画期的な特徴を備えている。その中の中核となる仕組みを紹介しよう。

図9-1はエストニアが目指す未来の電子国家の概念図である。

この図が示すように、ＩＣＴを活用した未来国家の改革を目指す中で、エストニアの人々は、政府の在り方とともに民主主義そのものの原点に立ち戻り、それぞれの分野におけるイノベーションを実現しようと試みている。

この図には、エストニアの人々が理想とする未来国家の基本概念が明瞭に表現されている。そのコンセプトは次の二つのコメントに凝縮される。

「ｅデモクラシーの本質は、テクノロジーを駆使して民主化のプロセスと民主主義の制度を支え、より強固なものにしてゆくことだ。これにより、国民は政治的プロセスへの更なる参加の機会を与えられる。」

「もはや政府は、ＩＣＴを駆使して公共サービスを効率化する単なるテクノロジーの利用者ではない。デジタル変革が秘めた潜在性と影響力を最大限に享受するために、自ら率先してデジタル国家

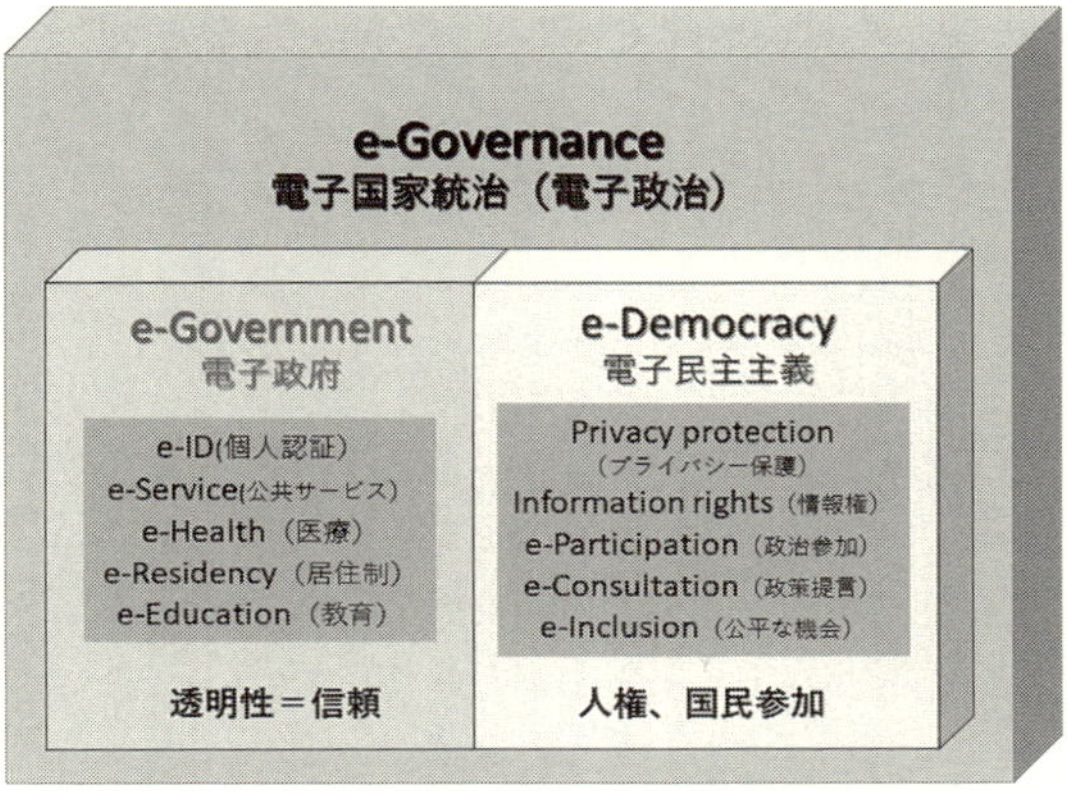

図9-1　エストニアが目指す電子国家

（各種資料を基に著者作成）

へのロードマップを策定してゆく必要がある。」

（いずれも原典は、『e－エストニア　デジタル・ガバナンスの最前線』）

つまり、ここで述べられているのは、未来のデジタル国家のあるべき姿と、その実現のための国家戦略なのだ。補足すると、その要旨はこうだ。

「社会全体のデジタル改革においては、電子的民主主義の導入が肝要である。現代のICT活用は、国民が政治に参加する新たな可能性をもたらし、結果的に政治の透明性、説明責任能力、反応力を改善する可能性を秘めている。それこそが目指すべき未来社会の姿である。

そして最新のデジタルテクノロジーを活用した電子政府として国家機能を大胆に再構築するだけでなく、現代のICTを民主主義の強力なツールとし積極的に活用する電子民主主義という新たな概念も同時に取り入れる。その結果、国民が政治に向き合う姿勢・スタイルを大きく変革できる。」こういう未来国家戦略なのである。

インターネット投票（i-Voting）はその典型的な試みのひとつだ。

SNSが既存世界を一変させたような大変革を、国家、国民の双方が推進することによって、未来の政治、民主主義の姿が見えてくるということである。そしてその変化のプロセスに際して最も重要なキーワードは、政府における「透明性と信頼」、そして国民における「人権と参加」である。政府の行動が国民の眼からよく見える、つまり透明であることが政治の信頼につながるとエストニアの人々はとらえる。そして一方では国民の権利、中でもデジタル時代の大きな課題となっている「情報権」つまり個人情報の厳格な管理が必須であり、それが実現されてこそ、電子民主主義のコンセプトを基盤とする、過去とは異なる国民の「政治への参加」が可能になるという考え方だ。

このエストニアが目指す未来の国家の在り方は、デジタルテクノロジーの驚異的進化によって21世紀の人々の経済活動、コミュニケーションが全く異質な形態に変貌した中で、まったくその潮流から取り残された感のある、国家の役割、民主主義の未来に大きなヒントを与えるものである。

その中の主な試みをいくつか紹介してみよう。

◇e-Identity電子アイデンティティ

エストニアはすべての国民にDigital-ID（デジタル本人証明）を発行している。e-Estoniaという電子国家を実現できるのは、すべての国民をデジタル技術によって確実に認証（識別）できる仕組みが確立されているからだ。

独立直後の１９９２年、新エストニア政府は個人ＩＤコードを導入した。国民は誕生と同時に自動的に11桁の個人認識番号（個人ＩＤコード）を付与される。勿論役所への出生届も不要であり、誕生後数日で政府からお祝いが届くのである。

15歳に達すると、次に述べる「IDカード」を所有することが義務付けられるが、それまでは両親が子供の個人コードを管理する。

エストニアの国民は現時点で3種類のID認証ツールを利用できる。

2002年に導入された「IDカード」は現時点で国民のほぼ100%が所有しており、顔写真付き身分証明書として、また電子公共サービスにログインするときに使用される。カード内のチップには必要データが埋め込まれ、2Kバイトの公共デジタル鍵暗号を使って、利用者の電子認証と電子署名が可能となる。

「IDカード」は、戸籍・住民登録、EU圏内旅行者ID、電子署名、インターネット投票、電子医療記録、電子処方箋、電子納税申告、自家用車登録、自動車保険など多様な電子公共サービスの利用時に使われる。つまり一枚の「IDカード」さえあれば快適な市民生活が営めるというわけだ。

2007年導入の「モバイルID」は携帯電話のSIMベースの電子認証である。IDカードや、カードリーダー、PCなしで携帯電話だけで電子サービスが利用できる便利さが特徴だ。

2017年には「スマートID」が導入され、専用アプリをダウンロードすればスマートフォンやタブレットなど、複数の端末から電子認証が使用できるようになった。そして2018年12月から配布され始めた「新IDカード」は非接触式の読み取りが可能であり、交通機関をはじめ多彩な利用機会が増えると期待されている。

エストニアの市民はクルマの運転時にも免許証は携帯しないという。警官に止められても「IDカード」を提示すれば、警官はすぐにシステムで免許情報を確認できるのだ。クルマの運転以外にも、健康保険証やほかの身分証は殆ど不要であるという。

コンピュータを多くの現代人が使用するようになった現代社会においては、ユーザを確実に識別する電子的個人認証（ID）の確立が情報化社会の最も重要な出発点であることは今や常識だ。独立直後に国民のID体系を確立し、21世紀に入ってすぐに電子認証の整備を開始したエストニアは、電子ID（アイデンティティ）の重要さを明確に認識していた。その後に整備された電子公共サービスや電子居住民のシステムは、電子IDが確実に存在するからこそ実現したことを忘れてはならない。

2020年代を迎えようとしている現在でも電子ID普及の未来像がはっきり見えてこない日本の現状と比べると、エストニアははるか先を歩いている。

残念ながらこれまで日本には、2016年1月に個人番号（マイナンバー）が発番されるまで、統一的な国民のID（個人認証番号）は全く存在していなかった。

国民であることを証明するものはパスポートや運転免許証などしかなく、それゆえ海外旅行に行かない人や、車を運転しない人を公的に証明するには、戸籍謄本とか住民票が必要だった。

日本が情報化社会へ移行するのに手間取っている最大の理由は、国民IDが普及しないからである。ようやく最近になって国が重い腰を上げて全国民に発行したのが個人番号（マイナンバー）であるが、理想的に運用されているとはいいがたい現状だ。マイナンバーは医療分野の利用が先送りされるなど、本来の目的とは程遠い状況にあり、２０１９年2月時点での普及率が12・5％と低迷し、政府の当初の想定通りに浸透していない。またマイナンバー利用のメリットも国民に明確に認識されておらず、マイナンバーカードを持たない最大の理由は、「所有しなくても困らない」というありさまだ。制度の導入のみが最優先された結果、本来の受益者であるべき国民への広報活動がおろそかになり、その価値が明確に認識されていない。

危機感を抱いた政府はようやく本腰を入れ始め、２０２1年3月からすべての病院でマイナンバーを健康保険証として使う目標を掲げ健康保険法を改定した。遅ればせながら、エストニアを追随するためのスタートラインにやっと着いた。だが先を行く電子国家エストニアのデジタルＩＤに追いつくまでの道のりはまだ遠い。

◇e-Service電子公共サービスとX-Road

電子エストニアの電子公共サービスは、政府システム、民間システムが統合された柔軟な構造を備え、また利用者である国民の目線に立った高い利便性が特徴である。ＩＤカードさえあれば、国民はさまざまな政府サービスのほとんどをオンラインで利用できる。しかも利用者としての国民の負担は驚くほど小さい。

その複合システムを支える社会インフラはX-Roadと呼ばれる。それは複数の異なるデータベースの間でデータを交換するための「交差路」クロスロードを意味する。X-Roadは分散された異なる政府機関、民間組織のデータベースを安全に連携させるプラットフォームであり、複数の分散情報システムを中央管理するための統合レイヤーとして機能する。いわば縦割りで構築されたシステム間のデータ交換の際の互換性、匿名性、整合性を保証するものだ。

したがって、ユーザである国民は、X-Roadにアクセスし、一度だけ電子IDを入力するだけで複数の公共、民間組織が提供するサービスを容易に利用できる。そしてその内部処理においては、必要に応じて、ブロックチェーンで採用されている暗号ハッシュ機能をいち早く採用し、安全性を確保している。

図9－2にX-Roadの基本概念図を示す。

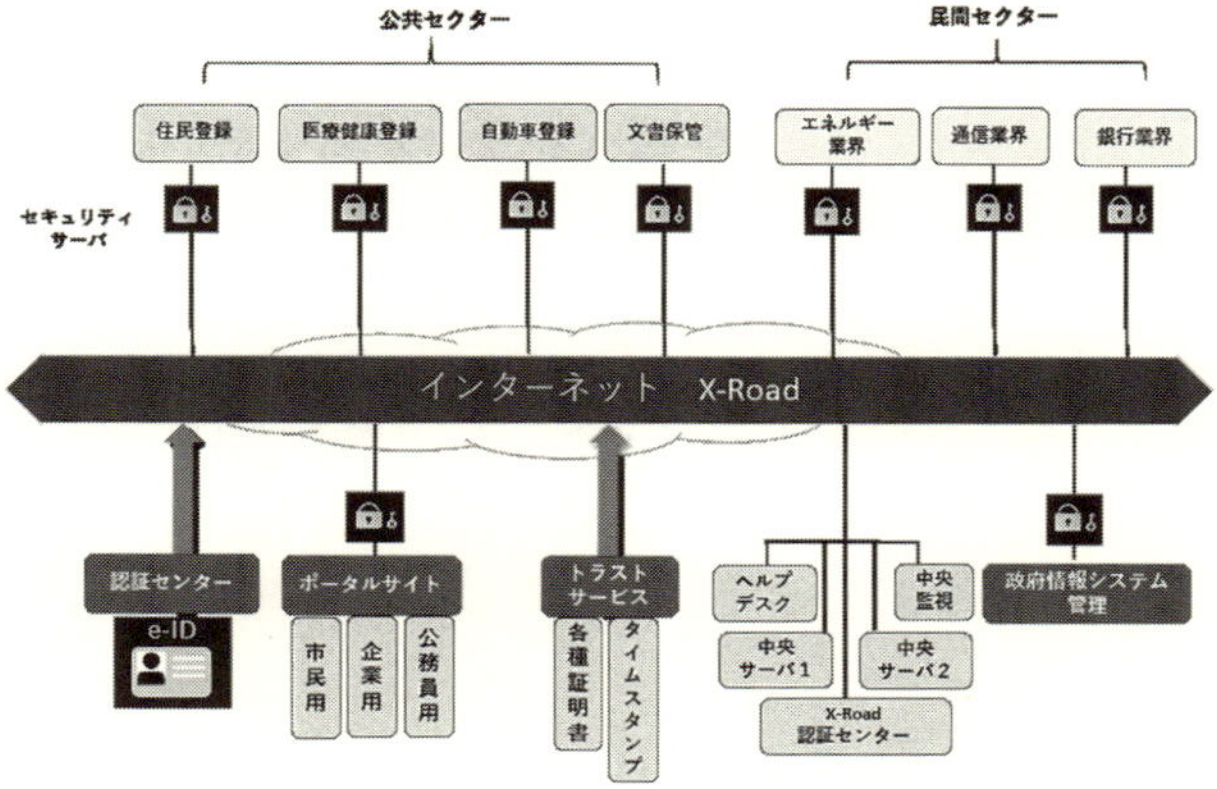

図9-2　X-Roadの概念図

（各種資料を基に著者作成）

現在の日本の公共システムと対比するとそのコンセプトの違いがよく分かる。日本では各省庁主導の個別システムが複数存在し、ユーザである国民は目的によって異なるシステムを使用せざるを得ない。納税、戸籍、公的保険、年金など目的が異なると、別々なシステムに個別にログインすることが求められる。そして複数のシステムを新規利用しようとすると、そのたびに住所、家族構成などの情報を入力することを求められる。

一方X-Roadでは、ログイン時にユーザ情報を一度入力するだけで、複数システムのサービスを横断的に利用できる。「Once Only」ポリシーによって個人情報の入力は一回だけで済む。行政は決して同じ内容の情報入力を重複して国民に求めない。

複数の社会的データベースが個人ＩＤをキーとして統合される設計思想がこの理想的な社会システムを可能にしており、そのメリットは計り知れない。

電子公共サービスの利便性は、例えば次のように表現できる。

税務申告は自動入力のデータをチェックするのみでオンラインにより約5分で完了。同じく法人登記は約20分。救急車が病院に着く前に、医師、看護師は患者の病歴や通院歴をすべて把握。電子処方箋による薬の受け取り、禁忌飲み合わせの防止、健康診断結果と家族の遺伝情報による予防治療。裁判時の法的手続きと弁護士サポートもオンラインで。インターネット投票による期日前投票と、投票最終日までの投票内容変更が可能。子供の学校での学習内容と試験成績のオンライン確認。

このような多様な公共サービスが24時間365日利用可能となっている。先進国と自称する日本の実情と比較すると、いかに国民の負担が少ないか実感していただけるであろう。このような国民生活に不可欠な公共サービスの約99%がオンラインサービスとして実現されている。対象から外れているのは、婚姻届と離婚届、そして不動産の取得売却届のみである。これらはオンラインで手軽に済ませるのではなく、あえて手間のかかる手順にすることで、その決定に熟慮を促すのだという。

公式ウェブサイトによると2019年3月現在のX-Road稼働状況は、約2700以上のサービスが提供され、毎月1億件以上、累計で44億件以上のリクエストを処理している。1回あたりのユーザ利用で15分の業務短縮が可能であるため、年間では2018年ベースで、約1400年分の業務削減が達成されたと公式サイトは報告している。

X-RoadというIT基盤をベースにして、ほぼすべての国家機能をデジタルシステムに移行したことによって、小国エストニアの行政効率と国民の利便性は飛躍的に向上した。

だが、それにとどまらずエストニアの国家としての将来の選択肢も更に拡がっている。電子エストニアのデジタルシステムサービスは、物理的制約を超越し、その結果e-Residency電子居住性のように、既存の国家観を打破する斬新な制度も生み出し始めているのだ。

「X-Roadはサーバースペースにおける『領地』であり、e-IDはその仮想領地に入るための『パスポート』である」。この短い文章は、エストニアが目指す未来国家の本質を言い尽くしている。

◇i-Votingインターネット投票

電子エストニアを象徴するサービスのひとつは、国内の様々な選挙において国民がインターネット環境から投票できることだ。2005年の地方議会選挙から開始され、2007年には世界で初めて国政選挙でも利用されたこのサービスはコスト削減だけが目的ではないとエストニアの人はいう。それは選挙に参加するための選択肢を増やすことが目的であり、市民の政治参加を支援するためのツールなのである。

IDカードやモバイルIDを使ってインターネット環境にログインした選挙民は、事前投票期間なら何度でも投票内容を修正できる。なりすまし投票などにより万が一自分の意図と異なる内容が書き込まれた場合でも、投票者の意思を確実に反映させるための措置である。インターネット投票率は、2015年の1・9%から、2019年3月の最新の国政選挙では46%まで上昇している（なおこの選挙の結果、日本の大相撲で活躍した元大関把瑠都、本名カイド・ホーヴェルソン氏が国会議員に初当選している）。

また2005年から2019年の間、インターネット選挙に対する国民の信頼度は、ほぼ一貫して約70%レベルを保っている。

先のイギリスのEU脱退国民投票に際しては、悪天候が離脱反対者の多い若者の投票率低下の一因になったともいわれる。また日本の選挙においても、当日の天候が快晴か雨天かによって、各政党の得票率が異なってくるなどと解説されるが、大事な国の行く末を決める選挙結果が自然現象に左右される現実を傍観するようではとても先進国家と自負できたものではない。

デジタル先進国を目指すのであれば、試験的にでもエストニアのようなインターネット型選挙が試されるべきではないだろうか。

◇e-Residency電子居住制

電子エストニアが提供する公共サービスの中で最もユニークかつ革新的なものが、電子居住制である。これはウェブ空間に存在する電子エストニアという国家に、世界のだれでも登録し参加できる仕組みだ。ただし市民権や入国・居住する権利が与えられるわけではない。

このサービスは、対象をエストニア国民以外の世界の「ウェブの民」としている。この制度によって、希望すれば世界のだれでもエストニアの電子住民（e-Resident）になれるのだ。その結果、政府が発行する電子ＩＤを入手し、エストニア政府の電子サービスが利用可能になる。また起業を目指すアントレプレナーは、電子居住制を通してＥＵ企業として登録することが許されるので、電子銀行の口座開設や電子決済、電子認証、電子納税などのサービスを受けられるメリットを得る。つまりエストニアを基盤とする経済活動において、国民に準ずるステータス（身元）をエストニア政府が保証するということだ。

電子居住制が画期的コンセプトであるのは、これまでの国民国家がその領土内に居住する人々のみを国民と定義してきたのに対し、その概念から脱却し、ウェブ空間の中で仮想的に国土を拡張した電子国家を創設し、その新たな構成員としての電子住民（e-Resident）というジャンルを考案した点である。

それは、いわば「ウェブの民」を自国経済圏の準構成員として受け入れるというコンセプトだ。

一般的に国家が成立するための主要三要素は、国民、国土そして主権（統治機能）とされる。電子エストニアは、ウェブの中にe-Residentという新たな種類の国民と、電子居住制という新たな居住環境（国土）を創造したのである。そして、主権としての国家統治機能（政府業務、公共サービス、安全保障、三権機能、医療、教育など）を徹底的にデジタル処理に代替することで、結果的に、国家を構成する三要素すべてがデジタル環境の中で再現されることになる。

これは別な表現を用いると、「ネット空間の中に国家機能を有するボーダーレス・コミュニティを創造する」ことだ。ＧＡＦＡがそのプラットフォームを介して構築してきた、コミュニケーション・コミュニティやコマース・コミュニティなどを包含する、さらに上位の概念としての国家圏コミュニティという新たなスキームを、エストニアはウェブ空間の中に築こうとしているのである。

e-Residentという電子版国民は、物理的に居住している現国民が有する権利の一部を、ネット空間内の準国民として獲得できる。

２０１９年1月現在、世界からe-Resident電子住民として登録した人の数は約5万人、そのうち日本からの登録者は約2千5百人に達しているという。

電子エストニアの政府ＣＩＯ（最高情報責任者）ターヴィ・コトカ氏は、将来的には「電子人口」を1千万人まで増やすという大きな目標を掲げる。１３０万という現在のエストニア人口からみると一見背伸びしたゴールにも見えるが、ＧＡＦＡのプラットフォームがすでに20億人のユーザを抱えるネット世界の現状を考えれば、決して非現実的な目標ではない。

◇e-Government電子政府

筆者は２０１９年のエストニア訪問の際、首都タリンにおけるデジタル研修の一コマとして、政府施設を訪問し、首相執務室、その隣の閣議室などを見学した。エストニア政府内閣の意思決定は完全な電子閣議による。閣議議事内容はあらかじめ閣僚や関係者にオンラインデータとして配布される。メンバーはその内容を事前に確認し、意見や提案がある場合はオンラインでコメントする。全メンバーから何も反論や質問、意見が出ない場合、その議題は承認されたものとして扱われる。このようなシステムを導入した結果、電子エストニアの閣議の所要時間は、従来の平均4～5時間が30～90分程度にまで減少したという。勿論リモート参加も可能であり、海外からも閣議に出席できる。

そしてここでも国民の直接参加の道が準備されている。閣議議事の内容はe-Consultationポータルサイトを通して誰でも閲覧可能であり、意見をコメントすることもできる。閣議以外にも、同様の機能は法律草案の国民による事前チェックや意見上申にも利用されている。ソーシャルメディアがウェブ空間における個人の自由な情報発信の道を切り開いてから十数年経過しているが、国家レベルの意思決定プロセスにその道を拓いている事例は少ない。電子エストニアは、中央集権的ではないフラットな国家を実現しようとしているのだ。

◇e-Health電子医療制度

電子エストニアの医療制度e-Healthは、日本が目指す未来の医療制度を先取りしている。そこでは、国民のデジタルＩＤをベースにすべての医療関連データが完全に統合されている。つまりＩＤ情報さえ入力すれば国民であれば誰でも自分の医療に関する全データを簡単に見ることができるのだ。My e-Healthポータルにアクセスするだけで、診療、検査、治療、健康保険支払い、処方箋などの詳細な内容を簡単に確認できるようになっている。何時、どの医療機関において、どの医師によって、どのような治療が実施され、その結果どのような薬が処方され、その支払金額はいくらであったか、などのような情報がすべて集約されており、国民は正確かつ迅速にその内容をチェックできるのである。

おそらく現代人の社会生活の中で、ＩＣＴが最もその価値を発揮できる領域のひとつは医療健康分野である。しかし、日本の現状が示すように、過去の医療レガシーの存在が、情報テクノロジーの有効活用の障害になっている例は多い。

だがエストニアの医療分野の先進的状況は、どこの国においても同様な効率的システムの構築が可能なことを確信させてくれる。医療に関する情報は現代のＩＣＴによって極限まで集約可能であり、その恩恵はすべての人々に及ぶはずである。しかしそういう状況が実現されていないのは、テクノロジーに問題があるわけではない。人間側がテクノロジーを有効に活用できない状況に陥っているのだ。

日本ではマイナンバーの医療分野への導入に関して、一部の強い反対意見がある。その主張の根拠のひとつは、個人医療情報の保護が確約されないという懸念だ。

だがエストニアはその問題の解決に、独自に開発したＫＳＩブロックチェーンを活用している。医療情報の改ざんは現実的に不可能であり、医療情報の意図的な修正は容易に発見される。また不正な医療情報アクセスは、速やかに発見できるようになっており、違反者には大きなペナルティーが科せられる。自分に無関係の患者の医療データにアクセスした医療従事者には、失職や資格喪失などを含む厳しい処分が待っている。要はテクノロジーを利用する側の知恵次第である。

甲論乙駁を繰り返し、政治がリーダーシップをとれない日本の前時代的意思決定プロセスが、近代的な医療情報活用の阻害要因になっていると感じざるを得ない。

◇e-Democracyデジタル（電子）民主主義

電子エストニアが目指すデジタル民主主義とは何か。それは、デジタルテクノロジーを駆使した国民の政治へのダイレクトな参画、ウェブ環境を通した政策の立案、可視化された遂行プロセスなどの確立によって、政治の在り方あるいは民主主義そのものを再構築しなおすという、未来コンセプトだ。

日本の政治の現状を前提とするとイメージするのが難しいが、エストニアでは政府に関係する情報は、国民のだれでも簡単にアクセスしてその内容を見ることができる。閣議に提出される議題を、希望する国民は事前に閲覧、さらには意見を述べることも可能である。フェイスブックで友人の一日の行動を簡単に把握できるように、電子国家の日々の活動内容は、簡単かつ明確にその内容を認識できるということである。つまり、政治、政府の透明性が格段に高いのだ。エストニア政府の哲学は、政治の透明性こそが政治への信頼につながるというものだ。そしてそれはすでに実現され、国民は最新のデジタル環境を通して、政治の当事者という意識のもとに、政府や政治に関わるのである。

それこそが、デジタル時代における「民主主義の改革（Transform of democracy）」に他ならない。

本書の中で見てきたように、ウェブ環境が創り出すサイバー空間は、地球上の人々の周りに深く広く浸透している。その情報空間の存在を社会全体に活かすための新しいコンセプトは何か。

すでに経済活動や個人レベルのコミュニケーションではＧＡＦＡに代表されるプラットフォーマが新時代のビジネスモデルとサービスを構築してきた。だが、これまで政治や民主主義とサイバー空間の関わり合いを国家レベルで真剣に議論したという例は残念ながらほとんど聞かない。しかしそのテーマに正面から向き合っているのがエストニアであり、電子エストニアはその第一歩なのだ。

タリン訪問を通して筆者が強い印象を持ったのは、この小国エストニアが一歩踏み込んで、デジタル時代の民主主義にはどのような可能性があるのかという命題に取り組んでいる姿であった。

そしてエストニアが提示するデジタル民主主義の核心は「代議制から市民参加制へ」（From Representative to Participatory）というアプローチだ。

本書の第一章と第二章で見たように21世紀の市民はその意志さえあれば、自分の意見や考えを世界に発信し、だれとでも密接に情報交換できる。ＳＮＳはそのモデルでビジネスを成功させた。そしてデジタルライフスタイルは、時間と空間を極限まで圧縮し、過去の物理的な制約をほぼ征服してしまった。しかしそのインパクトをいまだに受けていない領域が政治やその根底にある民主主義の世界なのだ。

ＧＡＦＡが実現したようなアプローチを政治や民主主義の世界に応用すると何ができるのだ

ろうか。

それこそがデジタル民主主義の発想の原点だ。そして電子エストニアの人々は、ＳＮＳのプラットフォームでできたように、民主主義においても、これまでのような「代議制」という多くの市民が小数の人に一任する形態ではなく、市民一人ひとりが国家政治の運営に積極的に参加し、自分の意思を直接発信する「市民参加制」の方が望ましいのではないかと考え始めているのだ。

勿論１３０万人という人口規模だからできるという背景はある。しかし、ＧＡＦＡはすでに20億人強の利用者がダイナミックに参加するコミュニティを提供している。民主主義においてもそれに近いダイナミズムを構築することは不可能ではない。電子エストニアという未来の国家に生きる人々はそう考えだしたのだ。

日本の現状を見ると民主主義の危機は明白だ。選挙の投票率は低下する一方で、投票しても自分が期待する政治は実現されないという諦観が若者の間に蔓延している。50％の投票率の選挙で過半数を占めても、全体の25％に過ぎない。代議制民主主義の限界点に近づきつつある典型的な国家が日本であると言わざるを得ない。

そういう現代民主主義の混迷を打破する一歩として市民参加型民主主義（Participatory）を電子エストニアは標榜し始めた。そしてそのためのツールや環境も整備されつつある。

前述のインターネット投票はそのための典型的なツールであるが、他にも様々な直接参加型システムが構築されている。

２００１年にはToday I decided platformというポータルサイトから政府へ意見提言が可能となり、２００８年にはe-Participation Portalが、そして２０１１年には立法草案に市民が参加できるInformation system for legislative draftingが導入されたのである。

掛け声だけでなく、国民が直接政治に物申すウェブ環境を構築しているのだ。

本書の中の多くの事例で見てきたように、21世紀の現代人はすでに、従来的な物質世界とウェブ空間という情報空間の双方で自分の行動を使い分け始めている。経済活動やプライベートな行動では、物質空間とウェブ空間を行き来しながらデジタルライフを過ごしている。そして、政治や民主主義の分野において、この物質空間とウェブ空間をどのように活用できる可能性があるのかを、最も真剣に模索しているのはエストニアだ。

多くの現代人は19世紀以来続く国民国家が制度疲労を起こし始め、デジタル時代の大きな潮流から少しずつ乖離しはじめたことをすでに認識している。電子エストニアが目指すデジタル民主主義は、そういう混迷状況に明確な方向性を示す初めての事例なのだ。サイバー空間が市民の身近に確実に存在し、個人の意思を自由にかつ容易に発信できる現代は、直接参加型の民主主義の時代であるべきだとエストニアの人々は考えているのだ。

もう一つ印象に残ったものは、Digital citizenship development「デジタル市民意識の拡大」とe-Participation「電子的政治参加」という言葉である。それが意味するところは、デジタルテクノロジーを活用する能力を有する市民を増やすとともに、民主主義や政治の分野において電子技術を使いこなしアクティブに国家の運営に参画するという市民の自覚を促すという発想である。過去の歴史における非力で受け身であった市民観を捨て、いつでもどこでも自分の思想や信条を直接発信するパワーを備える現代の「デジタル市民」という意識を喚起する呼びかけだ。

国家が危機に直面した時に最後の力になるものは、国民一人ひとりの力の結集であることを、歴史の中で身をもって体験してきたエストニアだからこそ、この思想が自然と湧いてくるのであろう。

大事な選挙の投票率も低く、政治や民主主義を他人事のようにとらえがちな、現代の日本国民が何をおいても学ぶべき教訓のように感じられた。

◇電子国家連携、Federal（連邦）X-Road

前述したX-Roadはすでにエストニアの他に、フィンランド、キルギスタン、ウクライナ、アゼルバイジャンなど10カ国においても構築されている。その中で2018年2月には、エストニアとフィンランドの2カ国間で連邦サービスが実現された。「連邦」とは、それぞれのエコシステムつまり社会制度が類似する国家の間で、双方のX-Roadのデータをボーダーレスで安全に利用できるサービスである。例えば、エストニア政府は自国民がフィンランド国内でどのような経済行為を行ったのか、連邦X-Roadを通してデータとして入手できるという。国家という伝統制度を保ったまま、最新テクノロジーによる新たな電子国家連携が可能になるわけだ。

人口100万人クラスの複数小国家がデジタル空間で「連邦」を形成することは未来の世界に「デジタル経済同盟」をもたらす可能性も考えられる。電子居住制によって海外からのビジネス活動が活性化した結果、エストニアへの投資は従来に比べ増加した。明らかに経済的メリットが確認されているのだ。したがって仮に複数の国家間の電子居住制 e-Residency が多元的に動き出すと、更なる経済インパクトが期待できることになる。

この動きは、大国より少ない法人税率を設定して、小国がグローバル大企業の法人登記を勧誘するという従来型アプローチを代替する将来性を秘めている。前の章で見たように、低法人税率競争はGAFAの異様な高収益率につながり、いびつな富の配分を増幅する負の側面が指摘される。しかし電子居住制 e-Residency は、効率的で可視性の高いデジタル公共サービスを武器にして、小国が新しいタイプのビジネス・インキュベータを目指すものだ。今後しばらく、連邦 X-Road の進化に注目する必要がある。

☑電子国家e―エストニアの安全保障

小国エストニアが、何世紀もの間に体験してきた苦難の歴史から学んだ教訓とは何であろうか。

それは、大国の武力によって物質的に国土が占拠される状況の中、いかにして国家主権と国民のアイデンティティ（国家への帰属意識）を継続できるかということだ。

第二次世界大戦中、ナチスドイツに占領されたフランス国民の大部分はフランス人としての誇りと意識を捨てることはなかった。イギリスに難を逃れたドゴールは、ロンドンにあるBBCのスタジオからラジオ放送を通してフランス国民に向かって国家の再起を呼び掛けた。そして人々はレジデンスという名の地下組織を結成し、傀儡政権が主導する魂を抜かれた偽フランスを否定し、自分たちの真の国家としての「自由フランス」を胸の中に持ち続けた。

万が一エストニアの国土が、再び外敵に侵略され占拠されたとき、最新のデジタルテクノロジーを活用して「自由エストニア」を維持し続けるには、どのようなアプローチが可能であろうか。その思いが電子エストニアというコンセプトの中に込められている。そして現代のデジタルテクノロジーがエストニアにとっての国家精神の独立を支える重要な役割を担っている。

電子エストニアはe-Embassy電子大使館というコンセプトを実現している。その実体は友好国に設置される、エストニア国内のX-Roadデータベースのバックアップシステムである。仮に本国のデータベースが占拠されても、電子大使館が管理するバックアップシステムに速やかに移行することで、デジタル化された国家機能のほとんどを維持できることになる。すでにルクセンブルグに電子大使館を設置済みであるという。

ウェブ空間の中に国家機能を構築することで、電子エストニアは物理空間における国家存亡のリスクに直面しても、国家の主権をウェブの中で維持する道を選択したのである。「X-Roadはサーバースペースにおける『領地』であり、e-IDはその仮想領地に入るための『パスポート』である」

この言葉がすべてを物語っている。

電子エストニアの実現というゴールにたどり着くまでに約20年を要したが、エストニアのとったアプローチを辿ってみると、この未来国家コンセプトは用意周到な準備のもとに一歩ずつ着実に構築され、現在に至ったことが解る。

エストニアがまず着手したのは、国内に居住する現国民への公共サービスをはじめ、国家の統治機能を徹底して情報処理プロセスに移行することであった。勿論物理的な社会インフラサービスなどは従来通りであるが、政府業務（e-Cabinet, i-Voting, e-Identity, ID-Card, e-Law）、経済活動（e-Banking, e-Tax, e-Business Registry）、医療（e-Health Record）、教育（e-Schoolbag, e-Kool and Stadium）などのように、情報処理型の業務のほとんどを人的処理からコンピュータ処理に移行したのである。まさにデジタル国家への変身だ。これは業務効率の向上と経費削減という、小国政府にとっての直接的効果をもたらし、加えて住民サービスの品質向上につながったのである。

そしてエストニアは、国家主権の継続という究極の目標に向かって、主要な国家機能をウェブ空間の中に複製し、物理的な安全保障をデジタルテクノロジーの視点から補強するという道を歩き始めたのである。

☑小さな国家の躍進

筆者はジョン・ネイスビッツがその著書、『グローバル・パラドックス』で述べた予言を思い出さずにはいられない。「グローバル化が進展すればするほど、末端の小さな組織が強力になる。それゆえに世界の国家は分化の道をたどる」

大国家の分裂はネイスビッツの予言通りには進んでいないが、21世紀になって大国からその一部の地域が独立を目指す動きが始まっている。スコットランド、カタルーニャ、ケベックなどのローカル・ナショナリズムが勢いを増しているのだ。

そして既存の小さい国が存在感を増しているのは紛れもない事実だ。世界の金融センターに変身しつつあるシンガポールやドバイ首長国は、大国が過去からの強い慣性力に抗しきれないことをよそに、短期間で大胆な国家の未来像を打ち出している。

世界が分散ネットワークに移行し液状化する状況の中で、柔軟かつ敏捷に環境の変化に対応できるのは小さな組織、小国家なのだ。中央集権型の重構造の大国は、分散化しフラットになったネットワークの中では、緩慢で鈍い行動しかとれない。

21世紀の大激変の中、未来社会のデファクトスタンダードが出現するとすれば、それはエストニアのような小国が実験的に設計し、実現しつつある連邦X-Roadや電子居住制e-Residencyのような未来型国家モデルに違いないであろう。

バルト海の小さな国の画期的な挑戦は、少しずつ国民国家のコンセプトが変わり始めたことを感じさせる。

☑アーサー・C・クラークの法則

20世紀を代表するＳＦ作家であり、『２００１年宇宙の旅』の原作者であるアーサー・Ｃ・クラークは科学の実現性を予言する有名な法則を残した。

「高名だが年配の科学者が〝可能である〟といった場合、その主張はまず正しい。しかし、〝不可能である〟といった場合、その主張はまず間違っている」

技術的な実現可能性は、その時代の科学の限界に依存する。新時代の科学は、それより以前の科学が実現できなかったことを何度も可能にした。私たちはおそらくこの先、もっと頻繁にそういう場面を目撃するだろう。

クラークの言葉は未来に向かう人類に大きな夢と希望を与えてくれる。そしてその未来は、向こうで静かに待っているのではない。

社会学者ドラッカーもそのことを的確に指摘している。

「未来は知りえない、しかし自ら創る事はできる。成功した人・企業はすべからく、自らの未来を自らの手で創ってきた」

私たちが数十年前には予想もしなかった今日のスマートフォン社会、デジタル文化は、だれかが意図的に設計し、かつ実現したものだ。それは21世紀のメガトレンドとなって、この後も拡大し、加速するであろう。

そして現在、この瞬間にも、いろいろな分野で、だれかが、どこかの企業が、どこかの国家が未来の設計図を描き始めており、もしかするとすでに未来を作り始めているかもしれない。その意味では、バルト海に面する小さな国エストニアは、すでに未来の国家を建設中なのである。

「ウェブの民」が向かう未来は少しずつ形を現し始めている。

あとがき

最近いろいろなメディアで取り上げられる言葉がある。ＳＤＧｓ（Sustainable Development Goals）「持続可能な開発目標」だ。これだけを見るとどこかの企業の中期経営目標のようにしか見えないが、実はテーマの対象はもっと広く大きい。

あえて枕詞を加えると、このようになるだろう。

【人類にとって豊かで快適な社会を維持するための「持続可能な開発目標」】

つまりＳＤＧｓは副題的な意味合いであり、主題は右の文章の太文字で記した内容だ。

ＳＤＧｓは２０１５年に国連で開催されたサミットにおいて、世界のリーダーが合意した、国際社会の共通目標である。

その背景には、現代世界が抱える様々な地球規模の課題に対して、先進国と開発途上国が一体になって最優先でその解決を目指すべきだという危機感がある。それはＳＤＧｓの中に掲げられた、２０３０年までに達成すべき17の目標を見れば明らかだ。

貧困の撲滅、飢餓ゼロ、全人類の健康と福祉、均等な教育機会、ジェンダー平等、安全な水とトイレ、クリーンエネルギー、気候変動対策、海と陸の豊かさ、平和と公正などである。それは21世紀の人類が直面するグローバル社会のリスクそのものだ。ＳＤＧｓとは、この人類共通の問題に正面から向き合い、その解決を図ろうとする行動なのである。

このSDGsの取り組みは、本書の第九章で紹介したエストニアの電子国家プランにも織り込まれている。地域的SDGsとは現在の多くの都市が抱える人口集中や貧富の拡大など、様々な課題を解消するための活動であるが、そのひとつにスマートシティ・プロジェクトがある。タリンやヘルシンキで進行中の、デジタル技術の活用による未来都市づくりは、SDGsのための有望なアプローチとして注目されているのだ。

そして、本書の中でデジタル文化の未来に関連して繰り返し述べてきたテーマとSDGsコンセプトは、深層において繋がっている。

それは社会の可変性と不変性の均衡というポイントだ。

資本主義が世界経済の主流として再認識された1990年代頃から、経済の成長という目標が絶対的ゴールとして掲げられてきたが、ふと立ち止まって世界を見つめると、もっと大切なものが置き去りにされてしまっているのではないかという世界的な認識がSDGsの背景にある。経済の成長の結果、社会が進化することも大事だが、その前提として、人間社会の安定した持続性という永遠のコンセプトがもっと前面に明示され、世界の共通課題としてもっと強く意識されるべきであると多くの人が感じ始めている。その意味においてSDGsは社会の不変性を見つめなおす動きなのだ。

デジタル文化という社会の大激変をつぶさに見てゆくと、このメガトレンドは多くの価値をもたらす半面、過去になかった様々な社会的リスクも生み出しつつある。しかし、それらのリスクは人間の知恵を絞れば解決できるはずのものだ。そしてその知恵の根底には、急激に変化する状況の中では、逆に変えてはいけないものを明確に把握し、それを守り続けるという強い意志が必要なのである。そのことを人類は生命の不変性を実現してきた生物の遺伝子から学んできた。

本書の後半では、文化の伝承構造を、ミーム（文化の遺伝子）の概念から振り返り、その中で日本の伝統芸術の「守・破・離」の精神がミームにつながるものであることを見た。それに関するエピソードを一つ。

戦前戦後を通して日本を代表する電気機器メーカであった松下電器産業（現パナソニック）を創業した松下幸之助の経営理念は、「水道哲学」とも呼ばれた。それは「低価格で良質な製品を、水道の水のように大量供給することが、社会を豊かにし、人々の生活に幸せをもたらす。それが松下電器の使命である」という、幸之助の経営の哲学だ。それは１９３２（昭和７）年の第一回創業記念式での社主告示で発表された。

この幸之助の水道哲学から約70年後、第一章で紹介したように、デビッド・ボウイは「音楽は水道のような存在になる」とコメントした。

幸之助とボウイが、70年という時間を隔て、また日本と米国という全く異なる環境の中で述べた内容は、はからずも社会の本質を明確に表現している。それは「守」と「破」の大切さだ。

人間が生きてゆくうえで欠かせない、水と音楽を、どこでも誰にでも安価に提供することは社会への大きな貢献である。「水道のような存在」というメタファーは、世のために大切なものを、安価にかつ確実に社会に提供するという、時代を超えた普遍の心構えを的確に表現している。それが「守」の精神だ。

だが一方で、水道のように供給される中身は、70年の時の流れの結果、幸之助が考えていた電気製品のような物体型製品ではなく、デジタル情報化した音楽という、液体型サービスに変化している。そこに「破」としての変異が発生している。

つまり、社会を幸せにするという「守」を維持したまま、物質から情報への「破」が生まれているのである。

本文の中でも触れたように、常に変化する21世紀のデジタル宇宙に生きる「ウェブの民」が思い出すべきは、この「守るべきもの」と「変えるもの」の程よい均衡だ。

そこが未来社会の原点であることに触れて、本書のあとがきとしたい。

本書の刊行に当たっては多くの方々からご支援、ご助言を賜った。

東京図書出版編集室次長、和田保子氏には本書の全般にわたる著者の要望や希望を実現するにあたり、大きなお力添えをいただいた。

またテクマトリックス株式会社代表取締役社長、由利孝氏には、前作に引き続き本書の企画段階から終始貴重なアドバイスとサポートを賜った。

そして株式会社ＫＳＪコーポレーション代表取締役社長、下村芳弘氏には本書の全体コンセプトに関する様々なご助言にとどまらず、エストニア電子政府の取材訪問にも同行いただいた。

これらの方々をはじめとした多くの関係者各位のご協力なしには本書が世に出ることはなかった。

皆様のご支援に対して、こころより感謝の気持ちをお伝えします。ありがとうございました。

中村重郎

令和元年十月

参考文献

まえがき

『ブロックチェーン、AIで先を行くエストニアで見つけたつまらなくない未来』P301、小島健志著、ダイヤモンド社

第一章

David Bowie, 21st-Century Entrepreneur By JON PARELES JUNE 9, 2002, *The New York Times*

『リキッド・モダニティ　液状化する社会』ジークムント・バウマン著、大月書店

『スティーブ・ジョブズ　Ⅰ・Ⅱ』ウォルター・アイザックソン著、講談社

『声の文化と文字の文化』W. J. オング著、藤原書店

『平成29年版情報通信白書』総務省

『なぜ人工知能は人と会話ができるのか』三宅陽一郎著、マイナビ出版

第二章

『〈インターネット〉の次にくるもの“未来を決める12の法則”』ケヴィン・ケリー著、NHK出版

『リキッド化する世界の文化論』ジグムント・バウマン著、青土社

『近代とはいかなる時代か？』アンソニー・ギデンズ著、而立書房

『第三の道』アンソニー・ギデンズ著、日本経済新聞社

『グーテンベルクの銀河系』マーシャル・マクルーハン著、みすず書房

『文化とは何か“知性の文化の発見”』笹口健著、日本図書刊行会

『人間拡張の原理 ── メディアの理解』マーシャル・マクルーハン著、竹内書店

「仮想現実が拓く世界④」平成31年5月29日『日本経済新聞』

第三章

『電磁波を拓いた人たち　日本人も歩んだ400年の旅』福田益美著、アドスリー
『プラットフォーム革命』アレックス・モザド/ニコラス・L・ジョンソン著、英治出版
「海底ケーブル網」平成30年10月29日『日本経済新聞』
『ハイエク“知識社会の自由主義”』池田信夫著、PHP研究所
「ハイエク」https://ja.wikipedia.org/wiki/フリードリヒ・ハイエク
『対デジタル・ディスラプター戦略“既存企業の戦い方”』マイケル・ウェイド他著、日本経済新聞出版社
「メルカリ公開データ」https://about.mercari.com/press/fast-fact/
「メルカリ　2019通期業績予想」https://pdf.irpocket.com/C4385/GDpy/ocCG/cq3h.pdf
「フェイスブック利用者」https://ja.newsroom.fb.com/news/2019/07/2019_second_quarter_results/
「YouTube利用者」https://www.youtube.com/yt/about/press/
「iPhone利用者」https://fortune.com/2017/03/06/apple-iphone-use-worldwide/

第四章

『デジタル・ビッグバン　驚異的IT進化のメカニズム』中村重郎著、日経メディカル開発

第五章

『グローバリゼーションとは何か“液状化する世界を読み解く”』伊豫谷登士翁著、平凡社
『シュンペーターの社会進化とイノベーション』吉尾博和著、論創社
『ドラッカーと松下幸之助』渡邊祐介著、PHP研究所
『暴走する世界“グローバリゼーションは何をどう変えるのか”』アンソニー・ギデンズ著、ダイヤモンド社
『FinTech大全“今、世界で起きている金融革命”』Gordon Bell & Jim Gemmell, A PLUM BOOK、スザンヌ・キシュティ、ヤノシュ・バーベリス編著、日経BP社
『限界費用ゼロ社会“〈モノのインターネット〉と共有型経済の台

頭”』ジェレミー・リフキン著、NHK出版
『財産区有林の整備とフットパス事業の推進』NPO法人調和の響きエコツーリズムネットワーク編著、森と人のつながりを考える㈱日本林業調査会
「エリノア・オストロム」https://ja.wikipedia.org/wiki/エリノア・オストロム
『グローバル・パラドックス “21世紀へ、この巨大潮流をどう読むか”』ジョン・ネイスビッツ著、三笠書房

第六章

『ブロックチェーン・レボリューション “ビットコインを支える技術はどのようにビジネスと経済、そして世界を変えるのか”』ドン・タプスコット＋アレックス・タプスコット著、ダイヤモンド社
『アフター・ビットコイン “仮想通貨とブロックチェーンの次なる覇者”』中島真志著、新潮社
『デジタルデータは消えない』佐々木隆仁著、幻冬舎

第七章

『世界をつくった６つの革命の物語 “新・人類進化史”』スティーブン・ジョンソン著、朝日新聞出版
「SONY　トランジスタラジオ」https://www.sony.co.jp/SonyInfo/CorporateInfo/History/SonyHistory/1-06.html
『利己的な遺伝子』リチャード・ドーキンス著、紀伊國屋書店
『遺伝子VSミーム “教育・環境・民族対立”』佐倉統著、廣済堂出版
「守破離」https://ja.wikipedia.org/wiki/守破離
「我が信条」https://www.jnj.co.jp/about-jnj

第八章

『文明の衝突』サミュエル・ハンチントン著、集英社
『キャズム “ハイテクをブレイクさせる「超」マーケティング理論”』ジェフリー・ムーア著、翔泳社
「ストアキング」平成31年１月７日『日本経済新聞』
「OECD　国際教員指導環境調査」https://www.nier.go.jp/kenkyukikaku/

talis/pdf/talis2018_summary.pdf
「Go On UK」http://www.nextgenevents.co.uk/files/pdf/nextgen13/ng13presentations/Tristan%20Wilkinson.pdf
「ICTと教育」:『e-エストニア　デジタル・ガバナンスの最前線』e-Governance Academy編著、日経BP
「GAFA売上高・利益の比較」https://wakarukoto.com/?p=20321
「ヘルシー・ソサエティー賞」https://www.jnj.co.jp/tag/healthy-society-award
「EU:一般データ保護規則GDPR」https://eugdpr.org/the-regulation/
「EU:GDPR制裁金」https://www.nikkei.com/article/DGXMZO40322290S9A120C1EA2000/
「CCPAカリフォルニア消費者プライバシー法」https://johobanknavi.com/knowledge/6/
「EU:AI倫理ガイドライン」https://ec.europa.eu/futurium/en/ai-alliance-consultation/guidelines#Top

第九章

「e-エストニア」https://e-estonia.com/
『ブロックチェーン、AIで先を行くエストニアで見つけたつまらなくない未来』孫泰蔵監修、小島健志著、ダイヤモンド社
『e-エストニア　デジタル・ガバナンスの最前線』e-Governance Academy編著、三菱UFJリサーチ&コンサルティング監訳、日経BP

中村　重郎（なかむら　しげろう）

株式会社デジタルプラネット　代表取締役
（ウェブサイトアドレス）http://www.digital-planet.co

1953年　鹿児島県出身
　　　　ラ・サール高校から東京大学工学部大学院修士課程修了
1977年　日立造船㈱
1986年　㈱ニチメンデータシステム
1994年　㈱ジョンソン・エンド・ジョンソン
　　　　情報システム部長
2001年　Johnson & Johnson（USA）
　　　　Vice President, IT Operations in Asia Pacific
2007年　㈱ヤンセンファーマ　執行役員
2014年　独立行政法人　地域医療機能推進機構
　　　　理事（IT担当）
2017年より現職

著書『デジタル・ビッグバン　驚異的IT進化のメカニズム』（日経メディカル開発）

ウェブの民、未来へ向かう

21世紀のメガトレンド・デジタル文化とは何か

2019年11月16日　初版第1刷発行

著　者　中 村 重 郎

発行者　中 田 典 昭

発行所　東京図書出版

発売元　株式会社 リフレ出版

〒113-0021　東京都文京区本駒込 3-10-4

電話 (03)3823-9171　FAX 0120-41-8080

印　刷　株式会社 ブレイン

ISBN978-4-86641-283-2 C0034

Printed in Japan 2019

ご意見、ご感想をお寄せ下さい。

[宛先] 〒113-0021　東京都文京区本駒込 3-10-4

東京図書出版